Dietrich Kuessner

Die Deutsche Evangelische Kirche und der Russlandfeldzug

Kirche & Weltkrieg
Band 7

Dietrich Kuessner

Die Deutsche Evangelische Kirche und der Russlandfeldzug

Eine Arbeitshilfe

Neuedition nach
der Ausgabe von 1991

edition *kirche & weltkrieg*

Neuedition der Ausgabe von 1991
in Kooperation mit der
Solidarischen Kirche im Rheinland.

Umschlag-Bildmotive (commons.wikimedia.org):
1. Heinrich Himmler 1941 an der Ostfront bei der Besichtigung
eines Gefangenenlagers; 2. Gedenkskulptur für die Opfer des
Massakers an den Dorfbewohnern von Khatyn 1943.

© 2021

Dietrich Kuessner
*Die Deutsche Evangelische Kirche
und der Russlandfeldzug*
Eine Arbeitshilfe

Kirche & Weltkrieg, Band 7
(Buchreihe zur Digitalbibliothek
https://kircheundweltkrieg.wordpress.com)

Herausgeber, Satz & Buchgestaltung: Peter Bürger.

Herstellung & Verlag: BoD – Books on Demand, Norderstedt
ISBN: 978-3-7526-7109-4

Inhalt

Vorbemerkungen zu dieser Neuedition   9
Vorwort zur Auflage 1991   11

A. DIE DEUTSCHE EVANGELISCHE KIRCHE UND DER RUSSLANDFELDZUG

1. Die Evangelische Kirche zu Beginn des Zweiten Weltkriegs   17
2. Antikommunismus in der evangelischen Kirche   21
3. Der Kreuzzug Hitlers gegen die Sowjetunion   25
4. Kirchliche Kundgebungen und Telegramme zu Beginn des Russlandfeldzuges   33
5. Die russisch-orthodoxe Kirche zu Beginn des Russlandfeldzuges   41
6. Die evangelische Kirche unterstützt Hitlers Krieg bis zur Niederlage   43
7. Predigten an der Front und in der Heimat   47
8. Exkurs: „Der Krieg als geistige Leistung" – Eine Schrift aus dem Jahr 1941 von Hanns Lilje, Generalsekretär des Lutherischen Weltkonventes   53
9. Traueranzeigen, Orden und Ehrentafeln   61
10. Der Gefallenen-Gedächtnisgottesdienst   73
11. Gegenströmungen und Lichtblicke   83
12. Die Bindung der evangelischen Pfarrerschaft an Person und Amt Hitlers   87
13. Der Anfang einer Spurensuche   92

B. QUELLENTEIL – DOKUMENTATION

1. Landesbischof H. Hirschler: Versöhnung braucht
   Erinnerung (22.06.1991) 99
2. Zum 50. Geburtstag des Führers (Badische Kirche, 1939) 103
3. Das Gedicht einer Diakonisse (April 1939) 104
4. Deutsche Wacht im Osten (Nationalkirchliches Blatt, 1939) 105
5. Die Kirche als Bollwerk des Antikommunismus (1933) 107
6. Zur kirchlichen Lage 1936 (Kirchliches Gesetzesblatt) 109
7. Wort an die Gemeinden zum 30. Januar 1937 111
8. Die Ökumene (Die Junge Kirche 1936) 113
9. W. Gaede: Sieg oder Bolschewismus (23.01.1943) 116
10. „6. Armee Südgruppe …" (01.02.1943) 118
11. Stalingrad (04.02.1943) 119
12. A. Wandt: Kernspruch (04.02.1943) 120
13. M. Buschmann: Die 6. Armee (06.02.1943) 121
14. Unterhaltungsstätten geschlossen (1943) 122
15. Die Ankunft der deutschen gefangenen Generäle im
    Kriegsgefangenenlager (August 1942) 122
16. Letzte Briefe aus Stalingrad 125
17. Führer-Telegramm des Geistlichen Vertrauensrats (1941) ... 129
18. In weltgeschichtlicher Stunde (25.06.1941) 130
19. Wort an die evangelischen Kirchengemeinden
    Ostpreußens (01.07.1941) 132
20. Thüringer Kundgebung (August 1941) 133
21. Brief des Landesbischofs, Braunschweig (08.07.1941) 135
22. Deutsches Pfarrerblatt (27.07.1941) 137
23. Die Entscheidungen im Osten (10.08.1941) 137
24. Aus dem Zeitgeschehen (Kirchenzeitung, 28.03.1941) 138
25. Aus dem Bericht eines Geistlichen (November 1941) 141
26. Sendschreiben des Metropoliten Sergij (22.06.1941) 144
27. Ansprache des Metropoliten Sergij (26.06.1941) 144
28. Moskau erzwingt „Bittgottesdienste" (1941) 145
29. Nochmals: Moskau ‚betet' (1941) 146
30. Neujahrsgruß an die Gemeinden (Januar 1942) 148
31. Neujahrsgruß! (Lübeck, 29.12.1941) 149

32. Neujahrsgruß: Landesbischof Thüringen (31.12.1941) — 150

33. Geistlicher Vertrauensrat: Führer-Telegramm (01.09.1942) — 152

34. Aufruf des Metropoliten Sergij (30.12.1942) — 153

35. Geistlichen Vertrauensrat: Zum neuen Jahr (23.12.1942) — 154

36. Kirchliches Amtsblatt Mark Brandenburg (Februar 1943) — 156

37. H. Nordmann: Tapferes Ja (Februar 1943) — 158

38. Paul Althaus: Tapfere Leute (1942/43) — 160

39. Paul Althaus: Predigt am 1. Advent, dem 30.11.1941 — 166

40. Doerne: Meditationen, 2. Sonntag nach Trinitatis (1941) — 168

41. Fiebig: „Predigt bei Ausbruch des Krieges mit Rußland" — 171

42. M. Braun: Weihnachten draußen (1942) — 172

43. Kriegspfarrer Fischer: Kreuz und Krone (1941) — 175

44. Briefwechsel (Pastoralblätter 1942/43) — 181

45. Gebet um Sieg über die Deutschen (1943) — 183

46. Losungen und Lehrtexte der Brüdergemeinde 1943 — 184

47. Der letzte Augenblick im Spiegel von Trauer-Annoncen — 185

48. Agenda zum Gefallenen-Gedächtnis (Dr. Söhngen, 1943) — 189

49. Gedächtnis der Gefallenen – Gottesdienst (Hamburg, 1941) — 194

50. Richtlinien: Gefallenen-Gedächtnis (München, 12.11.1942) — 198

51. Kein Gedächtnisgottesdienst für alle (18.02.1943) — 200

52. Gedächtnisgottesdienst für einen Sturzkampfflieger (1940) — 201

53. Damrath: Entwurf einer Grabrede (Mitteilungsblatt
des Feldbischofs 1942) — 204

54. Ein Lied für Gedächtnisgottesdienste (W. H. Sch.) — 206

55. Drei Danksagungen 1943 — 207

56. Entschließung der Breslauer Bekenntnissynode 1943 — 209

57. Vier Gedichte (H.-W. Wolff, A. Goes, S. Stehmann) — 210

58. Zum 30. Januar (Kirchliche Rundschau, 1939) — 213

59. Christliche Redensarten Hitlers — 214

60. Führer-Treueid der Pfarrer (Bayern, 1938) — 215

61. Meldung zum Treueeid an Führer (Thüringen, 1938) — 216

62. Führereid – Einzelne protestieren — 216

63. Reichsbund deutsch. Pfarrervereine: Führergeburtstag 1938 — 217

64. Das Evangelische Deutschland: Führers Geburtstag 1942 — 218

65. Ev.-Luth. Kirche Bayern: Geburtstag des Führers 1943 — 218

66. Das Evangelische Deutschland: Führers Geburtstag 1944 — 219

67. Sonntagsblatt Bayern: ‚Führergeburtstag' 1941   219
68. Das Evangelische Deutschland, Führers Geburtstag 1943   220
69. Oberkirchenrats 30.01.1942: Nationale Gedenkfeiern   220
70. „Junge Kirche" zum Münchener Anschlag 1939   221
71. Hamburgische Kirche: Dank und Fürbitte für den Führer (November 1939)   222
72. Kirchenprovinz Pommern: Führer-Telegramm, Juli 1944   223
73. Ev.-luth. Landeskirche Sachsen: Mitteilungen Juli 1944   223
74. Kriegsbrief des Landesbischofs, Hamburg Juli 1944   224
75. Rheinprovinz: Dank für die Errettung des Führers (1944)   226
76. Dank für die Errettung des Führers (Hannover, Juli 1944)   228
77. Loccumer Bischofswort vom Juli 1944   229
78. Thüringer Predigt: Errettung des Führers (1944)   230
79. Der Anschlag auf den Führer (Ev. Deutschland, 1944)   233
80. Bericht eines Ministerialbeamten (Sommer 1943)   234
81. Zeitungsbericht: Gedenkgottesdienst 1988   235
82. Kurt Dockhorn: Lasst uns Brücken bauen   237
83. „Fremdarbeiter" kam als Freund (Braunschweig 1991)   239
84. Überfall auf die Sowjetunion: Kirchliche Erklärung 1991   241

C. ANHANG

Literaturverzeichnis (mit Kurztiteln)   245

Über den Autor (mit einem Verzeichnis seiner Arbeiten)   247

Vor fünf Jahren bewertete der Direktor der Stiftung Brandenburgische Gedenkstätten, Günter Morsch, es im Gespräch mit dem Evangelischen Pressedienst als enttäuschend, dass anlässlich des 75. Jahrestages des Angriffs auf die Sowjetunion am 22. Juni 1941 keine ‚herausgehobene Veranstaltung' stattfinde; das „historische Ereignis mit Millionen von Toten sei bis heute eine große Leerstelle im öffentlichen Gedenken der Bundesrepublik"; in der deutschen Öffentlichkeit wurde der Angriff lange einfach als ‚normaler Krieg' betrachtet, doch er war *„ein rassistisch und antisemitisch motivierter Vernichtungsfeldzug zur Eroberung neuen Lebensraums, den man sich gar nicht schlimmer vorstellen kann"*[1].

Ob nun zum 80. Jahrestag 2021 Erfreulicheres zur öffentlichen Gedenkkultur vermeldet werden kann, bleibt zur Stunde noch ungewiss. Die hier vorgelegte Neuedition *„Die Deutsche Evangelische Kirche und der Russlandfeldzug"* ist ein erster Beitrag im Rahmen des Editionsprojektes „Kirche & Weltkrieg". Dietrich Kuessner hat uns 2019 diese erstmals vor 30 Jahren gedruckte Arbeit für eine erneute Veröffentlichung im Rahmen der friedenstheologischen Erinnerungsarbeit zu den beiden Weltkriege zur Verfügung gestellt.[2] Sie enthält im Quellenteil eine Predigt *„Versöhnung braucht Erinnerung"*, gehalten von Landesbischof Horst Hirschler am 22. Juni 1991 im Braunschweiger Dom (→B.1), sowie die *„gemeinsame Erklärung der Evangelischen Kirche in Deutschland und des ostdeutschen Bundes der Evangelischen Kirchen zum 50. Jahrestag des deutschen Überfalls auf die UdSSR am 22. Juni 1941"* (→B.84). Die gesamtdeutsche kirchliche Erklärung von 1991 bezeugte eine Europa-Vision, die besonders den ‚Kalten Kriegern' des Jahres 2021 erneut ins Stammbuch geschrieben werden muss: „Die Beziehungen zwischen den Völkern der Sowjetunion und dem deutschen Volk sind jetzt und in Zukunft eingebunden in die weitere gesamteuropäische Entwicklung. Der Umbruch in der Sowjetunion

---

[1] „Historiker: Überfall auf Sowjetunion muss neu bewertet werden." 22.06.2016. https://www.evangelisch.de/inhalte/135706/22-06-2016/historiker-ueberfall-auf-sowjetunion-muss-neu-bewertet-werden (abgerufen ab 03.05.2021).

[2] Ein Auszug ist bereits neu abgedruckt worden im Band *„Im Sold der Schlächter"* (2019).

und in anderen zentral- und osteuropäischen Ländern verlangt von den Völkern des westlichen Europa, nicht allein auf ihr eigenes Wohl zu achten, sondern Solidarität mit denen zu beweisen, die von der Nachkriegsentwicklung benachteiligt wurden. Auch durch Teilen muß die Teilung des europäischen Kontinents überwunden werden. Die Verantwortung für ein größeres und soziales Europa zu wecken und lebendig zu erhalten, stellt für die Kirchen eine vordringliche Aufgabe dar."

Wie diese beiden Quellentexte ist D. Kuessners Werk heute auch ein bedeutsames ‚Dokument' zur Erinnerungsgeschichte in Deutschland. Eine so breit angelegten Arbeitshilfe aus kirchlicher Perspektive gab es vor drei Jahrzehnten vielleicht nirgendwo anders.[3] Im Jahr 2021 liegen uns bahnbrechende historische Forschungsbeiträge zu den systematischen und unaussprechlichen Verbrechen der deutschen Waffenträger auf dem Gebiet der Sowjetunion vor, die der Verfasser noch nicht heranziehen konnte. Doch Kuessners Buch durchbricht vorauseilend jenes Tabu, mit dem die *kirchliche Beihilfe zum Vernichtungsfeldzug* so lange belegt war – und z.T. noch immer ist. Die konzentrierte Darstellung basiert durchgehend auf historischen Quellen, die den Leser*innen zur eigenen Spurensuche auch dargeboten werden. (Diese überzeugende – demokratische – Form der Geschichtsvermittlung hat uns 2020 bei der Konzeption des Editionsprojektes „Kirche & Weltkrieg" sehr inspiriert.)

In der vorliegenden Neuedition sind besondere regionalhistorische Bezüge erhalten. Doch einige *formale* Veränderungen waren unumgänglich. Viele jüngere Leute können heute Frakturschrift nur noch mit großen Mühen lesen. Großformatige Originale wären nach einer passenden Verkleinerung – für Buchseiten – kaum noch zu entziffern gewesen. Sämtliche Quellentexte habe ich deshalb am Computer neu erfasst, so dass sie nicht zuletzt im Rahmen historischer Aufklärungsprojekte „kopiert" und in neue Kontexte eingefügt werden können.

Düsseldorf, im Mai 2021   Peter Bürger

---

[3] Hingewiesen sei aber auch auf folgende Publikation: PROJEKTGRUPPE SOWJETUNION IN DER EKHN (Hg.): Von deutschem Boden ... Zum 50. Jahrestag des deutschen Überfalls auf die Sowjetunion am 22.6.1941. Frankfurt: Pfarrstelle für Friedensarbeit in der EKHN 1991.

Am 22. Juni dieses Jahres jährt sich zum 50. Mal der Überfall Deutschlands auf die Sowjetunion. Dieser Jahrestag wird im Fernsehen und den Zeitungen viel behandelt werden. Auch die kirchliche Öffentlichkeit wird sich dieses Themas annehmen. Landesbischof Hirschler hat bereits in seinem Weihnachtsbrief die Pastorinnen und Pfarrer seiner Landeskirche auf die Bedeutsamkeit dieses Jahrestages aufmerksam gemacht. In der Stadt Hannover findet in der Dietrich Bonhoeffer-Kirche unter dem Leitmotiv „Erinnern und versöhnen" eine Veranstaltungsreihe mit zahlreichen Zeitzeugen statt. Dieses Thema wird uns über den Sommer 1991 hinaus beschäftigen, denn im Februar 1993 folgt der 50. Jahrestag von Stalingrad, wo spätestens der Russlandfeldzug verloren ging.

Der Gedenktag hat eine erhebliche seelsorgerliche Dimension. In unseren Gemeinden leben noch Gemeindeglieder, die diesen Feldzug mitgemacht haben und in russischer Gefangenschaft gewesen sind. Sie gehören heute zu der Generation der über 65-Jährigen, einer durchaus typischen Altersgruppe für unser kirchliches Leben. Als sie zurück in das geteilte Deutschland kamen, war für sie eine Eingliederung und Eingewöhnung in die ganz neue politische und wirtschaftliche Situation mit vielen Schwierigkeiten verbunden. Die Eindrücke des Krieges und der Gefangenschaft sind unvergessen, oft unausgesprochen und vielfach unverarbeitet. Sie äußern sich immer noch in heftigen Aggressionen gegen „die Russen", gegen „die Generäle", gegen „die Kommunisten".

Hinzu kommt, daß erst in jüngster Zeit die wirkliche Rolle der deutschen Wehrmacht in diesem Vernichtungskrieg gegen die slawische Bevölkerung vor allem durch die Arbeit von Christian Streit „Keine Kameraden" auch öffentlich bekannt gemacht worden ist. Willi Dreeßen, seit 1967 bei der Ludwigsburger Zentralstelle zur Aufklärung nationalsozialistischer Verbrechen tätig, hat unter dem Titel „Gott mit uns" eine erschütternde Dokumentation über das Verhalten deutscher Wehrmachtsteile im Fischer-Verlag 1989 veröffentlicht. Im gleichen Jahr ist bei Rowohlt die umfangreiche Abhandlung von Arno J. Mayer „Der Krieg als Kreuzzug" erschienen.

Ein solcher Jahrestag ist eine Gelegenheit, daß diese von Krieg und Gefangenschaft geprägten Gemeindeglieder neu ins Blickfeld kommen und ein offenes Ohr wenigstens bei der Kirche finden.

Um ein offenes Ohr zu haben, ist es gut, selber etwas Bescheid zu wissen über diesen Krieg und über die Stellung der evangelischen Kirche zu ihm. Über die Haltung der evangelischen Kirche zum 2. Weltkrieg informiert das Buch von Günter Brakelmann *„Kirche im Krieg"*. Brakelmann wertet dabei die kirchlichen Äußerungen zum Polenfeldzug 1939 aus. So wichtig diese Abhandlung zum Grundverständnis der evangelischen Kirche im Zweiten Weltkrieg ist, so wenig informiert sie im speziellen über die Haltung zum Russlandfeldzug. Auch der 3. Band von Kurt Meier *„Der evangelische Kirchenkampf"*, der in Kapitel VII „die evangelische Kirche im zweiten Weltkrieg" abhandelt, bleibt für unser Thema unergiebig. Meier beschreibt vor allem die innerkirchlichen Bewegungen, die Aufsplitterung der Deutschen Christen, den schwindenden Einfluß der Bekennenden Kirche, die scharfe Auseinandersetzung der nationalsozialistischen Führung mit der Kirche im Warthegau, die repressiven Maßnahmen gegen die Kirchen im lokalen Bereich, das Einigungswerk von Bischof Wurm. Meier setzt dabei voraus, daß die Dominanz der Außen- und Militärpolitik in den Kriegsjahren 1939 – 1945 und ihre beträchtliche Einwirkung auf das kirchliche Leben bekannt sind und keiner Beschreibung bedürfen.

Dabei bleiben nun aber wichtige Themen unbearbeitet: Hat sich die Kirche dem anfänglich triumphalen Erfolgskurs Hitlers im Sommer 1940 entziehen können? Wie ist die Bombardierung der deutschen Städte den Gemeinden seelsorgerlich begreiflich gemacht worden? Wie ist nach Stalingrad gepredigt worden?

Auf diese Fragen gehen schon eher Darstellungen der einzelnen Landeskirchen ein, so z.B. Eberhard Klügel in seinem 1964 erschienenen Buch über die Hannoversche Landeskirche und Helmut Beier in der 1979 erschienenen Monographie *„Kirche in Not. Die bayrische Landeskirche im Zweiten Weltkrieg"*. Beide beschreiben vor allem die kirchlichen Behinderungen (z.B. im Pressewesen, beim kirchlichen Unterricht, in der Schule, in der diakonischen Arbeit) während der Kriegszeit und setzen die Kenntnis der grundsätzlichen Zustimmung der evangelischen Kirche zum außenpolitischen Kurs Hitlers beim Leser voraus. Wo diese Zustimmung unübersehbar wird, wird sie aber rasch apologetisch abgeschirmt.

Es ist daher nicht verwunderlich, daß von den Geschichtswissenschaften die Rolle der Kirchen nicht zur Kenntnis genommen wird. Der vor zwei Jahren von Wolfgang Michalka bei Piper herausgegebene Sammelband *„Der zweite Weltkrieg – Analysen, Grundzüge, Forschungsbilanz"* enthält unter 56 Beiträgen nicht einen einzigen über die Rolle der Kirchen. Dies ist gewiß noch besser als der peinlich-apologetische Beitrag von Heinz Hürten über die Rolle der katholischen Kirche in *„Die deutschen Eliten und der Weg in den Zweiten Weltkrieg"*, herausgegeben von Martin Broszat 1989. Die Zunft der neueren Kirchengeschichtler hat die Jahrestage verstreichen lassen, ohne ein umfassendes Quellenbuch zur Haltung der evangelischen Kirche im 2. Weltkrieg vorzulegen. Diese Lücke ist bei der Erarbeitung der vorliegenden Arbeitshilfe empfindlich spürbar gewesen.

Umso nachdrücklicher möchte ich auf zwei andere Arbeitshilfen zu diesem Anlaß hinweisen: Die Evangelische Akademie Mühlheim hat unter dem Titel *„Kriege enden nicht im Frieden"* ein Textbuch zum Unterricht an der Sekundarstufe 1 und 2 herausgebracht. Der niedersächsische Arbeitskreis „Frieden und Versöhnung mit den Völkern der Sowjetunion" hat unter dem Titel *„erinnern und versöhnen"* eine Materialsammlung vorgelegt mit den wichtigen Artikeln von Christian Streit *„Es geschah Schlimmeres, als wir wissen wollen"*, Ulrich Herbert *„Zwangsarbeiter in der deutschen Kriegswirtschaft"*, Werner Krusche *„Versöhnung mit den Völkern der Sowjetunion"* und zahlreichen Vorschlägen für Veranstaltungen und Gottesdienste mit guten Meditationstexten. Diese hier vorgelegte Arbeitshilfe besteht aus meist noch unveröffentlichten, mit einer Einleitung versehenen Quellentexten[1], die noch methodisch und didaktisch aufbereitet werden müssen. Sie sind auf die Jahre 1941-1944 und auf Äußerungen aus der evangelischen Kirche begrenzt. Ich wünschte mir, daß die hier abgedruckten Quellentexte in Amtskonferenzen, im Gottesdienst, in Jugendarbeit und Altenkreisen, auch bei der Arbeit im Kirchenvorstand Verwendung fänden und zum kritischen Gespräch miteinander führten.

---

[1] Ich danke den Landeskirchlichen Archiven in Hamburg und Stuttgart für die Genehmigung der Wiedergabe [einzelner Dokumente].

Man mag einwenden, es sei des Guten manchmal etwas zu viel. Tatsächlich reicht das Material für die Winterarbeit 1991/92 und 1992/93.

Die Druckvorlage ist in meinem schlichten Dorfpfarramt von mir hergestellt worden; daher die Mängel. Der Druck ist mit Hilfe des Landeskirchenamtes in der Druckerei des Hauses für Kirchliche Dienste besorgt worden, wofür ich mich freundlich bedanke. Für weitere Anregungen, Texte, Bilder, kritische Einwände bin ich dankbar.

Die Arbeitshilfe beginnt mit der Abbildung eines Kindergesichtes. Andere Kohlezeichnungen folgen. Sie sind wahrhaftig nicht als „Dekoration" oder „Abwechslung" gedacht, sondern als „Lichtblicke", die an der Front entstanden sind [dazu mehr →A.11]. Die Kinder von damals sind, wenn sie überlebten, die Generation der heute Fünfzigjährigen. Vor ihnen muß eine Abhandlung Bestand haben.

Dietrich Kuessner, Offleben im April 1991

Die kleine 1. Auflage ist vergriffen. Diese zweite ist auf Fehler durchgesehen und geringfügig ergänzt worden. Die Evangelische Kirche in Deutschland und der Bund der evangelischen Kirchen haben eine gemeinsame Erklärung zum Jahrestag veröffentlicht, in der es u.a. heißt: „Mit Scham erinnern wir uns daran, daß im Zusammenhang des 22. Juni 1941 die Kirchen entweder geschwiegen oder unverantwortlich geredet haben" [→B.84].

Dietrich Kuessner, Offleben im Juli 1991

A.
DIE DEUTSCHE EVANGELISCHE KIRCHE UND DER RUSSLANDFELDZUG

Kurt Reuber (1906-1944): Porträt – während des Russlandfeldzuges, 20.6.1942

Zu Beginn des Jahres 1939 ging es der Deutschen Evangelischen Kirche eigentlich ganz gut. Die Kirchensteuern waren im Vergleich zur Zeit vor 1933 gestiegen, der Kirchbau hatte im Vergleich zur Weimarer Zeit einen Aufschwung genommen, in der theologischen Wissenschaft hatte es wichtige Neuerscheinungen im exegetischen, kirchengeschichtlichen und dogmatischen Fachbereich gegeben, in den Gemeinden erschienen im allgemeinen unangefochten eine Vielzahl von Gemeindebriefen. Mehr als 90 % aller Deutschen gehörten nach dem Ergebnis der Volkszählung von 1939 der evangelischen oder katholischen Kirche an. Die volkskirchliche Struktur der evangelischen Kirche war im allgemeinen unversehrt. Es gab auch Schwierigkeiten innerhalb der Kirche. Es war nicht gelungen, eine von allen Landeskirchen anerkannte Gesamtkirchenleitung durchzusetzen. Das 1933 geplante Projekt einer straff zentral ausgerichteten Reichskirche mit einer Reichssynode war gescheitert. Dadurch behielten aber die Leitungen der 27 Landeskirchen ihr altes, bereits früher unangefochtenes Gewicht. In allen Landeskirchen gab es unterschiedlich starke, miteinander konkurrierende Strömungen: die Bekennende Kirche und die Deutschen Christen. Die große Masse der Gemeinden jedoch hielt sich aus dem Kirchenstreit heraus. In der Zustimmung zur Regierung Hitler aber waren sich alle Kirchengruppen über die Grenzen ihres Kirchenstreites hinweg einig. Unbestritten hatte die Regierung Hitler insbesondere nach dem allseits gefeierten sogenannten „Anschluß" Österreichs an das Reichsgebiet die Zustimmung der überwältigenden Mehrheit der Deutschen. So wollten also die Gemeindeglieder beides miteinander verbinden: christlichen, volkskirchlichen Glauben und Gehorsam und Treue zum Hitlerstaat.

Es gab immer wieder Konflikte zwischen dem Glauben und der Loyalität zur nationalsozialistischen Staatspartei, insbesondere zu dem von Alfred Rosenberg geleiteten Parteiflügel. Einige Pfarrer der Bekennenden Kirche waren inhaftiert worden, die Frauenhilfen wehrten sich gegen ihre Eingliederung in die nationalsozialistische Frauenschaft, die kirchliche Jugendarbeit war auf biblische und kirchliche Themen eingeschränkt, die Gestapo überwachte die kirchliche Tätigkeit und fertigte Berichte über sie an. In den Dörfern besonders spürbar wegen der engen Verhältnisse und in den Städten war neben die gewohnte Führungsschicht (Ratsherr, Lehrer, Arzt, Vereinsvorsitzender, Pfarrer) eine neue Elite getreten: der Ortsgruppenleiter, der HJ-Führer, die BDM-Führerin, die Frauenschaftsleiterin. Unverkennbar anders als in der Weimarer Republik war die Atmosphäre im Deutschen Reich unter der Regierung Hitler, aber die meisten Deutschen und ihre Volkskirchen hatten die Einschränkungen in Kauf genommen. Für sie überwogen bis 1939 die Wohltaten der Regierung Hitler die Einschränkungen und Veränderungen bei weitem.

So war es nicht verwunderlich, daß beim 50. Geburtstag Hitlers am 20. April 1939 auch die Kirche den „Führer" mit überschwänglichen Dankadressen, Reden und Geschenken öffentlich geradezu überschüttete (→B.2, B.3) In Gottesdiensten wurde der Person und der Regierungstätigkeit Hitlers gedacht. Die Kirche bekundete damit die vorbehaltlose Zustimmung zum außenpolitischen Kurs Hitlers. Dieser zielte auf die Aufhebung des sogenannten „Schandvertrages" von Versailles. Mit dieser Zielsetzung war Hitler bei allen Bevölkerungsgruppen und auch bei der evangelischen Kirche ungeheuer populär. Ihre Zustimmung hatte die evangelische Kirche seit 1933 immer wieder öffentlich kundgetan: Sie hatte den Austritt aus dem Völkerbund im November 1933, die Angliederung des Saargebietes im Januar 1935, den völkerrechtswidrigen militärischen Einmarsch in das entmilitarisierte Rheinland im März 1936, den sogenannten „Anschluß" Österreichs im April 1938, des Sudetenlandes im Oktober 1938, den Einmarsch in Prag im März 1939 begrüßt. Aber auch den innenpolitischen Kurs Hitlers hatte die evangelische Kirche, wenn auch nicht mit der gleichen öffentlichen Begeisterung, in wesentlichen Teilen mitgetragen: die Ausschaltung der politischen linken Opposition im Frühjahr 1933, der SA im Sommer 1934, die Einführung der allgemeinen Wehrpflicht im Frühjahr 1935, die Verkündung der Nürnberger Rassengesetzgebung 1935, die schrittweise Zurückdrängung des sogenannten „jüdischen Einflusses auf das öffentliche Leben". Die Kirche hatte sich womöglich wider Willen als tragender Pfeiler des nationalsozialistischen Systems erwiesen. Der von ihr immer wieder geäußerte Widerspruch gegen repressive Maßnahmen von

Partei und Regierung tastete ihre grundsätzliche Zustimmung zur Regierung Hitlers nicht an. Sie erinnerte den Kanzler vielmehr immer wieder an die der Kirche in der Regierungserklärung im März 1933 mehrfach zugewiesene Rolle als „wichtigsten Faktor" und „unerschütterliches Fundament" des Volkes und damit dieser Regierung. Die nationalsozialistische Regierung sei entschlossen, das öffentliche Leben zu entgiften und „die Voraussetzungen für eine wirklich tiefe Einkehr religiösen Lebens" zu schaffen, hatte Hitler erklärt. Trotz zahlreicher Querelen und Reibereien kann das Verhältnis zwischen Hitlerregierung und der Kirche als notwendiges, unvermeidliches und von unterschiedlicher Sympathiebewegung gekennzeichnetes Nebeneinander charakterisiert werden.

Der Krieg bedeutete, daß jetzt die Außenpolitik den vollständigen Vorrang erhielt. Ein Abrücken von der Politik Hitlers war nun völlig unmöglich. Damit würde die Kirche in das Lager des auswärtigen Feindes wechseln. Wenn es überhaupt Ansätze für einen prinzipiellen Widerstand gegeben hat, dann blieb er auf Einzelgänger beschränkt. Es entsprach auch nicht dem Bedürfnis der Gemeinde, etwa in den Widerstand geführt zu werden, sondern die Gemeindeglieder wollten gesagt bekommen, wie man im nationalsozialistischen Staat als Christ leben kann.

Ende August 1939 kommt es auf Veranlassung des Ministers für die kirchlichen Angelegenheiten Hans Kerrl zur Bildung des Geistlichen Vertrauensrates. Er ist eine Art vorübergehender, nur für die Kriegszeit installierter Kirchenleitung für die gesamte evangelische Kirche. Er hat nach eigenem Bekunden die Aufgabe, „diejenigen Entschlüsse zu fassen und diejenigen Maßnahmen zu treffen, die sich aus der Verpflichtung der evangelischen Kirche gegen Führer, Volk und Staat ergeben, und ihren geordneten und umfassenden Einsatz zu seelsorgerlichem Dienst am deutschen Volk zu fördern geeignet sind." Diese Aufgabenstellung macht die Ängste der Regierungsseite deutlich, nämlich daß die Kirche aus der allgemeinen Kriegsordnung herausbrechen könnte. Die Aufgabenstellung des Geistlichen Vertrauensrates besteht in einer möglichst stromlinienförmigen Ausrichtung der Kirche auf die Kriegsziele Hitlers und auf die bei ihrer Durchführung angewandten Methoden. Der Minister für die Kirchlichen Angelegenheiten empfängt am 30. August 1939 als Mitglieder des Geistlichen Vertrauensrates den Hannoverschen lutherischen Landesbischof D. August Friedrich Karl *Marahrens* (1875-1950), den deutschchristlichen mecklenburgischen Landesbischof Walther *Schultz* (1900-1957) und den Vizepräsidenten der Kirche der Altpreußischen Union Johannes Peter *Hymmen* (1878-1951). Für die Hitlerregierung ist damit ein möglicher Unsicherheitsfaktor erfolgreich neutralisiert. Tatsächlich gibt es in der Kirche keine grundlegende Diskussion über Rechtfertigung und Notwendigkeit des Krieges.

Während des Polen- und bis zum Ende des Frankreichfeldzuges war es für die evangelische Kirche leicht, Hitlers Krieg zuzustimmen. Sie befand sich auf der Seite des Siegers. Die Zustimmung der Kirche war zwar unterschiedlich dosiert: beim Geistlichen Vertrauensrat groß, bei den deutsch-christlichen Kirchenführern Thüringens, Sachsens, Mecklenburgs, Lübecks noch viel größer, bei den lutherischen Bischöfen vergleichsweise etwas zurückhaltender; aber die Kirche setzte die alte Linie der Unterstützung des außenpolitischen Kurses Hitlers fort und fühlte sich nicht zu Unrecht im Sommer 1940 darin bestätigt. Die Siegesmeldung von der Kapitulation der französischen Armee im Juni 1940 war im Radio von Chorälen eingerahmt. Manche wiegten sich in der Hoffnung, daß der Krieg doch begrenzt bleiben würde, zumal das erklärte Ziel, die Beseitigung des sog. Schandvertrages" von Versailles, offensichtlich erreicht war. Das unausgesprochene militärische Ziel Hitlers dagegen war die Niederwerfung der Sowjetunion.

Einer der weiter zurückliegenden Gründe für den Russlandfeldzug und für seine Akzeptanz in der deutschen Bevölkerung war der Antikommunismus in Deutschland. Bei Hitler verknüpfte er sich zusätzlich mit seinem Antisemitismus. Hitler sprach mit Vorliebe von der „jüdisch-bolschewistischen Weltverschwörung". Die evangelische Kirche hat am Erstarken des Antikommunismus in Deutschland erheblichen Anteil. Hitler und die evangelische Kirche waren sich im Antikommunismus einig. Ihre Gründe waren aber unterschiedlich.

Die Religionskritik von Marx, Engels und Bebel brachte die Linke in schroffen Gegensatz zu den staatskirchlichen Landeskirchen. Die Sozialisten wollten eine Trennung von Staat und Kirche, von Schule und Kirche. Die evangelische Kirche wollte die Verbindung unbedingt aufrechterhalten. Die Sozialisten erstrebten eine Demokratie, die evangelische Kirche wollte bei der Monarchie bleiben. Die Sozialisten agitierten mit dem Schlachtruf „Heraus aus der Kirche", die evangelische Kirche blieb formal neutral, tatsächlich aber dachte und predigte sie national.

Als nach 1918 die Sozialdemokraten im Reich und für längere Zeit im Land Preußen in die Regierungsverantwortung kamen, versuchten sie, ihre Grundsätze in die Wirklichkeit umzusetzen. Es gelang ihnen gegen den Widerstand der evangelischen Kirche nur in geringem Maße. Als Anfang der 1920iger Jahre die erste nennenswerte Kirchenaustrittsbewegung wegen der Einführung der Kirchensteuern aufkam, wurde sie fälschlicherweise der Agitation der Kommunisten und Sozialdemokraten angelastet. Der Graben zwischen der politischen Linken und der evangelischen Kirche vertiefte sich. Weil die Weimarer Republik demokratisch und Preußen obendrein sozialdemokratisch geprägt war, hatte die evangelische Kirche nur ein gestörtes Verhältnis zu diesem Staatswesen entwickelt. Der Regierungsantritt Hitlers wurde deshalb von der evangelischen Kirche so herzlich begrüßt, weil der „roten Flut" ein Ende bereitet war. (→B.5)

Der Antikommunismus in der Kirche hat unter anderem die Form des Antibolschewismus. Die Bolschewisierung Russlands unter Lenin und Stalin hatte für die russisch-orthodoxe Kirche verheerende Folgen: der Staat trennte sich vollständig von der Kirche, der Kirche wurden alle Zuschüsse gesperrt, Gotteshäuser und Priesterseminare wurden geschlossen, im Lande wütete eine wüste Gottlosenpropaganda, das Oberhaupt der orthodoxen Kirche Tychon sprach feierlich den Fluch über den Bolschewismus aus und wurde verhaftet.

Eine neue Verfolgungswelle ging im Jahre 1935 über die orthodoxe Kirche. In diesem Jahre sind nach Angaben des Volksinnenkommissariates 14.000 Gotteshäuser geschlossen worden, gegen 3.687 Priester Untersuchungen angestrengt und 29 Pfarrer zum Tode verurteilt worden.

Besonders bedrückend ist die Lage der evangelischen Kirche in Russland (→B.8). Von den 230 evangelischen Pfarrern, die in 539 Kirchspielen 1.828 Gotteshäuser verwalteten, sind im Jahre 1936 noch drei oder vier Pfarrer übrig. Die evangelische Kirche in Deutschland hat gute Gründe, gegen den Bolschewismus zu sein.

Die innenpolitische Situation in Spanien 1936 gibt dem Antikommunismus auch im deutschen Reich neuen Auftrieb. Als die konservativen Kräfte in Spanien gegen die gewählte links-republikanische Mehrheit putschen und einen Bürgerkrieg entfesseln, stellt sich Hitler als Bewahrer und Retter abendländisch-christlicher Werte gegen die kommunistische Weltrevolution dar und schickt Waffen nach Spanien. Das gibt der evangelischen Kirche erneut Gelegenheit, sich gegen den Bolschewismus zu äußern und an die Seite Hitlers zu stellen. Eine Anzahl von Kirchenführern erklärt in einem Wort „Zur kirchlichen Lage" am 20. November 1936: „Wir stehen hinter dem Führer im Lebenskampf des deutschen Volkes gegen den Bolschewismus." (→B.6)

Der erklärte Antikommunismus der evangelischen Kirche ist nicht uneigennützig. Die Kirchenführer verknüpfen ihr Angebot an die Nationalsozialisten zum gemeinsamen Kampf gegen den Bolschewismus mit der energisch ausgesprochenen Bitte, die Regierung möge den kirchenfeindlichen Flügel der Partei zurückpfeifen und die gegenchristliche Propaganda bei Kundgebungen, Parteischulungen und in der Erziehungsarbeit beenden.

Mit einem besonders antikommunistischen Akzent ist das Wort des Reichskirchenausschusses, der provisorischen Reichskirchenleitung von 1935-1937, an die Gemeinden anläßlich des 4. Jahrestages der sogenannten „Machtergreifung", versehen (→B.7). Hier wird die Regierung Hitler als *gute Ordnung Gottes"* der „bolschewistische(n) Zersetzung und Auflösung der göttlichen Ordnungen" gegenübergestellt. In diesem Kampf zwischen guter Obrigkeit und „dunklen Mächten" stehe die Kirche in vorderster Front. „Wir haben im letzten Jahre besonders eindringlich erlebt, wie der Kampf des Führers ein Kampf gegen den Bolschewismus ist. Die Deutsche Evangelische Kirche steht in diesem Kampf von ihrem Auftrag her mit in vorderster Linie". Die evangelische Kirche und Hitler befinden sich in einer Art Kampfgemeinschaft: der eine kämpft mit politischen Waffen, die Kirche mit „geistlichen Waffen, ohne die dieser Kampf nicht endgültig siegreich entschieden werden kann".

Völlig unvorbereitet trifft der Hitler-Stalin-Pakt Mitte 1939 die deutsche und kirchliche Öffentlichkeit. Es gibt auch kaum Äußerungen dazu. Zu Beginn des Russlandfeldzuges dagegen kann die evangelische Kirche an die alte antikommunistische Linie wieder anknüpfen. Nun ist das gewohnte Feindbild wieder hergestellt.

Gesetzes- und Verordnungsblatt

für die

Vereinigte Evangelisch-protestantische Landeskirche Badens.

Ausgegeben   **Karlsruhe, den 18. April**   1939.

Inhalt: Zum 50. Geburtstag des Führers.

Zum 50. Geburtstag des Führers.

Am fünfzigsten Geburtstag des Führers und Reichskanzlers treten wir in Freude und Dankbarkeit vor den Allmächtigen, der uns durch Adolf Hitler aus Not und Schande, Zerrissenheit und Ohnmacht zu Freiheit und Ehre, Einigkeit und Stärke geführt und Millionen von Volksgenossen vom Fluch der Arbeitslosigkeit erlöst hat. Als ein Baumeister von Gottes Gnaden hat der Führer auf dem Boden der nationalsozialistischen Volksgemeinschaft mit fester, sicherer Hand Stein auf Stein gefügt zum Bau des neuen Großdeutschen Reiches und die Saar, die Ostmark, das Sudetenland und die Memeldeutschen heimgeholt.

In bedingungsloser Gefolgschaftstreue stehen wir einsatzbereit hinter unserem Führer in seinem weiteren Kampfe gegen jeden äußeren und inneren Feind, gegen alle volk- und lebenzerstörenden Kräfte und Mächte.

Gott, der Herr erhalte uns den Führer auch fernerhin. Er schenke ihm Gesundheit und Kraft zur Fortführung seines großen Werkes und segne ihn und unser ganzes deutsches Volk.

Karlsruhe, den 18. April 1939.

Heil dem Führer!

Der Vorsitzende
der Finanzabteilung beim Oberkirchenrat.

Dr. Lang.

Druckerei Friedrich Gutsch in Karlsruhe.

Die Niederwerfung der Sowjetunion ist das eigentliche politische Ziel des Krieges. Für Hitler war der 1939 begonnene europäische Krieg von vornherein ein Weltkrieg. Er zielte auf die Sowjetunion. Hitler betrachtet den Krieg als „heilige Mission" und deklariert ihn zum „Kreuzzug gegen den Bolschewismus". Zwar hatte Hitler vor dem Reichstag nach dem Frankreichfeldzug am 19. Juli 1940 erklärt: „Das deutsch-russische Verhältnis ist festgelegt", er habe mit Russland eine „nüchterne Interessenfestsetzung" vorgenommen, „um einmal für immer klarzulegen, was Deutschland glaubt, für seine Zukunft als Interessengebiet ansehen zu müssen, und was umgekehrt Russland für seine Existenz als wichtig hält", aber bereits seit Juni 1940 plant Hitler den Überfall auf die Sowjetunion. In der Weisung Nr. 42 vom 18.12.1940 bekundet Hitler die Absicht, noch „vor Beendigung des Krieges gegen England Sowjetrussland in einem schnellen Feldzug niederzuwerfen".

Der Überfall

Als Termin für den Beginn des Überfalls ist der Mai 1941 gedacht, der aber wegen des Balkanfeldzuges verschoben werden muß. Am Sonntag, dem 22. Juni 1941, beginnt Hitler – wieder wie schon gegen Polen ohne Kriegserklärung – den Krieg gegen die Sowjetunion. Am Abend vorher, Sonnabend, den 21. Juni erklärt der ahnungslose deutsche Botschafter von Schulenburg in Moskau dem sowjetischen Außenminister Molotow die Loyalität der deutschen Reichsregierung. Hitler begründet seinen Russlandfeldzug in einer „Proklamation an das deutsche Volk" am 22. Juni 1941 mit einer englisch-sowjetischen Verschwörung, mit angeblichen Forderungen der Sowjetunion auf dem Balkangebiet, mit dem erfundenen Aufmarsch von 160 russischen Divisionen an der Grenze und mit erlogenen Grenzverletzungen, auf die Hitler später auch nie wieder zurückkommt. Er schließt seine Proklamation mit: „Möge uns der Herrgott gerade in diesem Kampf helfen."

Mit mehr als drei Millionen Soldaten und 3.580 Panzern rücken die deutschen Truppen vor.

Der Beginn des Krieges sieht mit der Eroberung des Baltikums, Weiß-
russlands, der Ukraine wieder wie ein „Blitzkrieg" aus. Die Städte Bialystock, Minsk und Smolensk, die Festung Brest-Litowsk werden im
Sturm erobert. In der Kesselschlacht von Kiew werden 650.000 „Gefangene gemacht". Ende August steht das deutsche Heer 650 Kilometer tief
im russischen Gebiet. Am 8. Oktober 1941 verbreitet der Rundfunk die
Sondermeldung: „Der Endsieg, der die entscheidenden Schlachten im
Osten einleitete, ist da." Am 10. Oktober 1941 meldet „Der Völkische Beobachter" als Schlagzeile: „Die große Stunde hat geschlagen: der Ostfeld-
zug ist beendet," und er berichtet, daß Stalins Armeen vom Erdboden
verschwunden seien. In Berlin kursiert das Gerücht, Moskau sei gefallen.

Der Kreuzzug als Vernichtungskrieg

Der Russlandfeldzug ist grundsätzlich anders als der Krieg gegen Polen
und gegen Frankreich. Er zielt von Anfang an auf die Vernichtung des
Gegners und die Beseitigung der slawischen Bevölkerung. Im März 1941
erklärt Hitler vor 250 deutschen Generälen: „Wir müssen vom Stand-
punkt des soldatischen Kameradentums abrücken. Der Kommunist ist
vorher kein Kamerad und nachher kein Kamerad. Es handelt sich um
einen Vernichtungskampf ... gegen Russland: Vernichtung der bolschewistischen Kommissare und der kommunistischen Intelligenz ... Die
Führer müssen von sich das Opfer verlangen, ihre Bedenken zu überwinden"[2]. Kein General widerspricht. Seit dem Putsch Hitlers gegen die
von Röhm geführte SA im Juni 1934 gilt Hitler als „oberster Gerichts-
herr". Von ihm habe kein unrechter Befehl kommen können, sagt noch
1961 einer der Generale von damals aus. Vom 12. Mai 1941 stammt der
berüchtigte Kommissarbefehl, wonach politische Hoheitsträger und
Kommissare sofort zu erschießen seien. Am 13. Mai 1941 wird im Erlaß
über die Ausübung der Kriegsgerichtsbarkeit geregelt, daß militärische
Verbrechen nicht verfolgt werden. Gegen ganze Ortschaften können

---

[2] DOMARUS 1973, S. 1682.

„kollektive Gewaltmaßnahmen durchgeführt" werden. Hitler führt keinen Krieg im üblichen Sinne, sondern einen Ausrottungsfeldzug gegen die slawische Bevölkerung. Vor Beginn des Feldzuges rechnet der Wirtschaftsstab Ost, Gruppe Landwirtschaft, mit 10 Millionen Toten allein in der westlichen Sowjetunion. Aus dem Hauptquartier vermerkt der Parteisekretär Martin Bormann am 16. Juni 1941 als Geheime Reichssache u.a. „Der Riesenraum müsse natürlich so rasch wie möglich befriedet werden; dies geschehe am besten dadurch, daß man Jeden, der nur schief schaue, totschieße"[3].

Die deutschen Soldaten, die praktisch freie Hand zum Töten der russischen Zivilbevölkerung haben, hinterlassen bereits im ersten halben Jahr eine furchtbare, mörderische Spur. In der Stadt Shitomir werden vom 4.7.-5.9.1941 30.000 Russen, Juden, erschossen. Als die deutschen Truppen die Stadt Charkow Ende Oktober eingenommen haben, werden 250 Bürger der Stadt auf Straßen und Plätzen aufgehängt. Deutsche Soldaten fotografieren immer wieder die aufgehängten Leichen und tragen die Fotos mit sich. Am 23. Oktober 1941 werden 19.000 Juden auf einen offenen Platz in der Nähe des Hafens von Odessa zusammengetrieben und von den rumänischen Verbündeten zusammengeschossen und die Toten auf der Stelle verbrannt. Das Einsatzkommando V der Einsatzgruppe C mordet bis zum 20. Oktober 1941 insgesamt 15.110 Russen in Dnjepropetrowsk. Die Befehlshaber des Einsatzkommandos IV,1 der Einsatzgruppe C melden ihrem Vorgesetzten in Berlin: „Als Vergeltungsmaßnahme für die Brandstiftung in Kiew wurden sämtliche Juden verhaftet und am 28. und 29.9. insgesamt 33.771 Juden exekutiert." Heute werden die Besucher an die Gedenkstätte bei der Schlucht Babi Yar geführt. ... „Eine besonders starke seelische Belastung der mit der Durchführung beauftragten Männer des Einsatzkommandos V stellte die am 18.10.1941 vorgenommene Liquidation von 300 geisteskranken Juden der Kiewer Irrenanstalt dar", heißt es in der Ereignismeldung UdSSR Nr. 132.[4] Der Wehrmachtsbefehlshaber Ostland berichtet am 19.11.1941 stolz, die Gesamtzahl der Gefangenen betrage 10.940, „davon erschossen 10.431." Die Wirkung auf die kämpfende Truppe ist verro-

---

[3] DREßEN/KLEE 1989, S. 23.
[4] DREßEN/KLEE 1989, S. 85.

hend. Der 22jährige Hugo O. aus Cannstatt schreibt nach Hause: „Selbstverständlich ziehen wir den toten Russen die Filzstiefel usw. aus, und wenn das nicht geht, lassen wir die Lebendigen die Klamotten ausziehen und knallen sie dann über den Haufen. In dieser Beziehung sind wir ganz kalt geworden." Die sowjetische Regierung verläßt am 16. Oktober 1941 die Hauptstadt Moskau. Mehr als 1.2 Millionen sowjetische Soldaten sind bereits in Kriegsgefangenschaft geraten. Der Moskauer Metropolit Sergius weicht nach Uljanowsk an der Wolga aus.

Der unerwartete Winterkrieg

Aber der Ablauf der Ereignisse entspricht bereits seit September nicht den illusionären Vorstellungen Hitlers. Der hatte auf einen „Blitzsieg" gesetzt und auf die Winterausrüstung der Soldaten verzichtet. Die Operation „Barbarossa" sollte im November beendet sein. Bis Ende Juli soll nach Plan die Rote Armee in Einzelteile aufgelöst sein und Anfang August die deutschen Truppen den entscheidenden zweiten Schlag gegen Moskau und Leningrad führen, die dem Erdboden gleichgemacht werden sollen. Den Angriff auf Moskau befiehlt Hitler nun am 2. Oktober unter dem Namen Operation „Taifun". Wieder ist der Anfangserfolg groß, aber im November verlangsamt sich der Vormarsch unprogrammäßig, und am 1. Dezember 1941 kommt die Offensive 27 km vor Moskau endgültig zum Stehen. Die deutschen Truppen ziehen sich zurück. Hitler und seine Generäle hatten die Weite des Raumes, die Nachschubmöglichkeiten bei den andersartigen Straßenverhältnissen, die Beweglichkeit der sowjetischen Truppen auf eigenem Boden, die Fähigkeit, rasch neue Divisionen aufzustellen, und die Wirksamkeit des Partisanenkrieges weit unterschätzt. Die Überlebenschancen schätzen die Soldaten vorne an der Front bereits ganz nüchtern miserabel ein. Der Cannstätter Hugo O. schreibt an seinen Vater am 1. November 1941: „Ich schreibe dir ganz nüchtern die Möglichkeiten, wie ich sie taxiere, in Prozenten auf. Zeig das aber bloß der Mutti nicht, sonst wird sie ganz besonders nervös und Du hast dann das Kreuz mit ihr! In einem Monat bin ich schätzungsweise, wenn es so weitergeht wie bis jetzt, zu 10 Prozent Möglichkeiten tot, zu 5 Prozent Möglichkeiten gefangen, zu 30 Prozent

Möglichkeiten schwer verwundet, zu 40 Prozent Möglichkeiten krank oder mit erfrorenen Füßen im Lazarett, zu 10 Prozent leichter erkrankt oder verwundet im Lazarett. Bleiben 5 Prozent Möglichkeiten. Diese Aufstellung ist durchaus sachlich und mag Dir einen Anhalt geben, wie ich die Lage für mich taxiere. Das ist ein Wort unter Männern. Frauen und andere weiche Gemüter geht das nichts an. Herzliche Grüße Dein Sch."

Fünf hohe Generäle treten zurück oder werden entlassen. Hitler übernimmt selber den Oberbefehl und erwartet nun vom neuen Jahr eine Wende, aber er bereitet die Bevölkerung auf „gewaltige Anforderungen" vor. In seinem im *Völkischen Beobachter* veröffentlichten Neujahrsaufruf beeindruckt er wieder seine christlichen Zuhörer: „Wir können an der Wende dieses Jahres nur den Allmächtigen bitten, daß er dem deutschen Volk und seinen Soldaten die Kraft geben möge, das mit Fleiß und tapferem Herzen zu bestehen, was erforderlich ist, um uns Freiheit und Zukunft zu erhalten ... Das Jahr 1942 soll, darum wollen wir alle den Herrgott bitten, die Entscheidung bringen zur Rettung unseres Volkes und der mit uns Verbündeten Nationen"[5]. Am 30. Januar 1942 beschwört Hitler im Sportpalast die Vernichtung des Judentums in Europa. „Wir sind uns dabei im klaren, daß der Krieg nur damit enden kann, daß entweder die arischen Völker ausgerottet werden oder daß das Judentum aus Europa verschwindet." Das Ergebnis des Krieges werde „die Vernichtung des Judentums" sein.[6] Diese schauerliche Rede beendet Hitler in Gebetsform: „Herrgott, gib uns Kraft, daß wir uns die Freiheit erhalten, unserm Volk, unseren Kindern und Kindeskindern, und nicht nur unserem deutschen Volke, sondern auch den anderen Völkern Europas. Denn es ist nicht ein Krieg, den wir diesmal für unser deutsches Volk allein führen, sondern es ist ein Kampf für ganz Europa und damit für die ganze zivilisierte Menschheit"[7]. Tatsächlich hat nun die systematische Ausrottung des russischen Judentums längst begonnen, nämlich am Anfang des Kreuzzuges. Sie ist ein wichtiger Bestandteil des Kreuzzuges. Als am 27. Juni 1941 Bialystock erobert wird, werden noch am

---

[5] DOMARUS 1973, S. 1821.
[6] DOMARUS 1973, S. 1829.
[7] DOMARUS 1973, S. 1834.

selben Tage 2000 Juden der Stadt von Einheiten der deutschen Wehrmacht und des Einsatzkommandos ermordet. Ende 1941 ist ein großer Teil der in ihrer Heimat verbliebenen weißrussischen Juden systematisch umgebracht. Aber Hitler erreicht damit keine Veränderung an der militärischen Front.

Stalingrad

Vielmehr ist seit dem 22. November 1942 die 6. Armee bei Stalingrad eingeschlossen. Der fromme Wunsch Hitlers in seinem Neujahrsaufruf am 1. Januar 1943, „wie immer unseren Herrgott zu bitten, daß er uns so wie bisher seinen Beistand nicht versagen möge. Der Winter mag schwer sein. Härter wie im vergangenen Jahr kann er uns nicht treffen"[8], geht nicht in Erfüllung. Am 2. Februar 1943 kapituliert der letzte Truppenteil in Stalingrad. 100.000 deutsche Soldaten gehen entkräftet und ausgehungert in die Gefangenschaft, die Generalität und 300 Offiziere dagegen werden im Schlafwagen und bei üppiger Beköstigung in die Gefangenschaft gefahren (→B.9-15). Schon im Januar wird die Bevölkerung in der Heimat auf die militärisch unhaltbar gewordenen Lage eingestimmt, und durch überspitzte Alternativen („Dasein oder Nichtsein" – „Sieg oder Bolschewismus") zum Durchhalten aufgemöbelt (→B.9-11). Am 4. Februar erfährt die deutsche Öffentlichkeit unter abstoßenden Phrasen ein Heldenepos, demzufolge die Übergabe der Truppen zweimal stolz abgelehnt sei und alle Offiziere und Mannschaften Schulter an Schulter „bis zur letzten Patrone" kämpfend gefallen seien (→B.11, B.12). Für vier Tage wird Nationaltrauer befohlen (→B.14).

Zum ersten Mal hat Hitler eine Niederlage zugegeben. Nun sei der Krieg nicht mehr zu gewinnen, kann man hinter vorgehaltener Hand hören. Um sich ein echtes Bild von der Stimmung unter den Soldaten zu verschaffen, werden aus der letzten aus dem Kessel herausgeflogenen Maschine am 12. Januar 1943 sieben Postsäcke beschlagnahmt, die Briefe geöffnet, Anschrift und Absender entfernt und dem Oberkommando folgender Stimmungsbericht übergeben: positiv zur Kriegsführung: 2,1%;

---

[8] DOMARUS 1973, S. 1968.

zweifelnd: 4,4%; ungläubig, ablehnend: 57%; oppositionell: 3,4%; ohne Stellungnahme, indifferent: 33%. Ein daraus zusammengeschriebenes dokumentarisches Werk über *„Die Schlacht an der Wolga"* wird von Goebbels verboten, weil „untragbar für das deutsche Volk". Was Goebbels für tragbar hält, demonstriert er am 18. Februar 1943, als er in der berüchtigten, wüsten Rede im Sportpalast die schon 1918 von Ludendorff verbreitete Redeweise vom „totalen Krieg" aufgreift und die deutsche Öffentlichkeit auf den „totalen Sieg" verpflichtet: „Glaubt ihr mit dem Führer und mit uns an den endgültigen totalen Sieg des deutschen Volkes?" (Antwort: „ja"). In einer Proklamation anläßlich der Parteigründungsfeier am 24.2.1943 pocht Hitler ausdrücklich auf seinen Glauben, ein erwähltes Werkzeug göttlicher Vorsehung zu sein: „Ich habe ein Recht zu glauben, daß mich die Vorsehung bestimmt hat, diese Aufgabe zu erfüllen", nämlich den Sieg über die „jüdische Weltkoalition"[9].

Aber das Jahr 1943 bringt eine Niederlage nach der anderen: am 13. Mai kapitulieren die deutschen Truppen in Afrika, am 8. September kapituliert die italienische Regierung vor den amerikanischen Truppen. In Russland bricht nach wenigen Tagen im Sommer 1943 die Panzeroffensive „Zitadelle" zusammen, und im Gegenzug rücken erstmals die sowjetischen Divisionen im schnellen Gegenzug Hunderte von Kilometern vor. 1943/44 toben noch der Krieg und die schauerliche Vernichtung über die nun vom Rückzug zum zweiten Mal betroffenen russischen Städte und Dörfer. Im Januar 1944 gehen der amerikanische Präsident Roosevelt und der britische Premier Churchill bei der Konferenz in Casablanca von der Niederlage Hitlers aus und vereinbaren als Modalität der Niederlage „die bedingungslose Kapitulation". In Teheran schließt sich Stalin im März 1944 dieser Modalität an, und auf Vorschlag Churchills wird die Oder als die neue Ostgrenze des deutschen Reiches bestimmt. Aber erst im Januar 1945 dringen sowjetische Truppen in das Gebiet des deutschen Reiches ein und erobern nun ihrerseits in einem „Blitzkrieg" die deutschen Ostprovinzen. Am 2. Mai 1945 kapituliert die „Reichshauptstadt" Berlin vor der russischen Armee, und am 9. Mai unterzeichnet General Kasten die bedingungslose Kapitulation in Berlin-Karlshorst.

---

9 DOMARUS 1973, S. 1991.

Kirchliches Amtsblatt
der Kirchenprovinz Ostpreußen

Nr. 7	Ausgegeben Königsberg (Pr), den 1. Juli	1941

Inhalt: Wort an die evangelischen Kirchengemeinden Ostpreußens. — Nr. 10085. Neuordnung der Pfarrbesoldungswirtschaft im Rechnungsjahre 1941. — Nr. 10086. Luftschutz in Kirchen. — Nr. 10087. Beurlaubung der Geistlichen. — Nr. 10088. Nachforderung von Kirchensteuern. — Nr. 10089. Beschaffung von Eisen. — Nr. 10090. Sendung erststelliger Hypothekenzinsen. — Nr. 10091. Arbeitsplatzwechsel hauptberuflicher Kirchenmusiker. — Nr. 10092. Aufrechterhaltung des Versicherungsanspruchs bei Verbeamtung von Gefolgschaftsmitgliedern. — Nr. 10093. Verzeichnis der im zweiten Halbjahr 1941 einzusammelnden Kirchenkollekten. — Nr. 10094. Warnung vor einem Betrüger. — Kirchliche Nachrichten. — Anhang.

Wort an die evangelischen Kirchengemeinden Ostpreußens

Unsere Wehrmacht steht auf Befehl des Führers im Kampf mit der Roten Armee. Keine Provinz deutschen Landes ist so unmittelbar beteiligt an diesem Kampf als Ostpreußen. Wir spüren alle die Größe der Stunde. Es entscheidet sich in diesem ungeheuren Ringen nicht nur unser persönliches Schicksal und die Zukunft unserer Heimat, sondern es geht zugleich um die Niederringung der Weltmacht Bolschewismus. Schon heute dürfen wir Gott dafür danken, daß die rote Flut, die unsere Grenzen bedrohte, durch den siegreichen Vormarsch weit zurückgedämmt ist. Die evangelischen Gemeinden erheben ihre Hände zum Herrn alles Geschehens, daß er dem Kampf unserer Soldaten und den Plänen des Führers weiterhin Sieg und Gelingen schenke. Wir evangelischen Christen wollen die Kraft unseres Glaubens bewähren und uns unter den Befehl unseres Gottes stellen: „Siehe, ich habe Dir geboten, daß Du getrost und freudig seist. Laß Dir nicht grauen und entsetze Dich nicht, denn der Herr, Dein Gott, ist mit Dir in allem, was Du tun wirst."

Evangelisches Konsistorium der Provinz Ostpreußen
Heyer

Vorstehendes Wort an die Gemeinden bitten wir im nächsten Gottesdienst bekanntzugeben.

Die Äußerungen der evangelischen Kirche zu Beginn des Russlandfeldzuges sind zahlreich und unterschiedlich. Im Telegramm des Geistlichen Vertrauensrates zum Überfall der deutschen Wehrmacht auf Sowjetrussland am 21. Juni 1941 wird der Bolschewismus als „Todfeind aller Ordnung und aller abendländisch christlichen Kultur" bezeichnet (→B.17). Dem Führer wird wiederum im Hinblick auf die „Säuberungsaktionen" im Jahre 1933 gedankt: „Sie haben, mein Führer, die bolschewistische Gefahr im eigenen Lande gebannt." Nun gelte es, die Gefahr in Europa zu bannen. Daher versichert die Kirche dem Führer „unwandelbare Treue und Einsatzbereitschaft der gesamten evangelischen Christenheit des Reiches". Gegenstand des Gebetes der Kirche sei es, daß unter Hitlers Führung eine neue Ordnung in ganz Europa entstehe. Der Geistliche Vertrauensrat übernimmt auch die von Hitler gegenüber dem Reichstag ausgesprochene Begründung, es habe ein Komplott zwischen Stalin und Churchill zur Vernichtung Deutschlands gegeben. Die Berufung auf die baltischen Märtyrer ist deshalb problematisch, weil im Hitler-Stalin-Pakt die baltischen Länder Stalin überlassen worden waren, was im Sommer 1939 zu einer großen Aussiedlungswelle gerade unter den deutschsprachigen Balten führt, die vom Evangelischen Bund und der westpreußischen Kirchenprovinz besonders betreut wird und keineswegs unbekannt geblieben ist. Der Beginn des Russlandfeldzuges widerspricht allen Kennzeichen eines „gerechten Krieges". Auch unter dem Gesichtspunkt einer klassischen christlichen Ethik hätte die Kirche wenigstens schweigen, besser: Protest einlegen sollen.

Das Telegramm wird den Landeskirchen zur Verlesung von den Kanzeln zugesandt. Das stößt auf Kritik. In der bayrischen und württembergischen Landeskirche wird der Text nicht von der Kanzel verlesen. Das Telegramm sei zu spät bei den Kirchenleitungen eingetroffen, bemerkt Bischof Hans *Meiser* (1881-1956). Tatsächlich waren inzwischen 14 Tage verstrichen.

Bischof Franz Eduard Alexander *Tügel* (1888-1946) in Hamburg schickt ein eigenes Telegramm an Hitler und gelobt im Namen der evan-

gelischen Kirche in der Hansestadt Hamburg dem „heißgeliebten Führer" aufs neue „Treue und Gehorsam". Die Kirche werde täglich um den
Sieg bitten. Anders als der Geistliche Vertrauensrat verknüpft Bischof
Tügel aber das neue Treuegelöbnis mit der Bitte, kirchenfeindliche Maßnahmen wieder rückgängig zu machen. Der Führer sei wohl uninformiert und möge die Kirche mit einem „Machtwort von diesem Druck"
befreien.

Tatsächlich war ja die Gemeindepresse seit Juni 1941 drastisch eingeschränkt worden; auch die Post an die Front unterlag Beschränkungen,
die diakonischen Einrichtungen und die Jugendarbeit mußten sich empfindliche Schikanen gefallen lassen, das Verhältnis von Staatsjugend zur
kirchlichen Jugendarbeit war auf dem Nullpunkt.

Auch Bischof Tügel kann wie die süddeutschen Bischöfe seinen
Hamburgischen Pfarrern nicht empfehlen, den Wortlaut des Telegramms des Geistlichen Vertrauensrates zu verlesen. Für eine Verlesung
sei es am dritten Sonntag „nach dem Beginn des Kampfes gegen die bolschewistischen Verbrecher in Moskau" viel zu spät. Das Telegramm sei
außerdem für den Führer und nicht für die Gemeinden gedacht. Eine
Kanzelabkündigung müsse „die christlichen Gedanken besonders stark
betonen, die uns mit der Gemeinde in weltgeschichtlicher Stunde bewegen".

Tügel hatte bereits unter dem 25. Juni 1941 eine eigene Kanzelabkündigung im Amtsblatt unter der Überschrift *„In weltgeschichtlicher Stunde"*
veröffentlicht und ihre Verlesung seinen Hamburger Pfarrern freigestellt
(→B.18). Die Tügel'sche Kanzelabkündigung gliedert sich in drei Teile:
der Führer hat gesprochen – die Waffen sprechen – der Ewige hat das
letzte Wort. Im ersten Teil zitiert Tügel ausführlich aus der Proklamation
Hitlers und macht sich dessen verlogene Begründung zum Überfall auf
die Sowjetunion zu eigen. Es ist ein schönes Beispiel gegen die nach 1945
immer wieder vorgetragene Behauptung, man habe kirchlicherseits den
Reden Hitlers keinen Glauben schenken können, der immer nur von der
„Vorsehung" gesprochen habe. Im 2. Teil liefert Tügel eine theologische
Rechtfertigung für den Überfall: Gott, der Schöpfer der Völker, wolle nur
diejenigen Völker erhalten, die nach Gottes Willen leben. Gott kenne
„das namenlose Verbrechen, das der Bolschewismus als organisierte
Macht der Gottlosigkeit auf sich geladen" habe, und „das Seufzen der

geknechteten Völker sei „nicht umsonst jahrzehntelang an das Herz Gottes gedrungen". Der Beginn des Russlandfeldzuges ist die Offenbarung Gottes als Richter der Welt. Die deutsche Wehrmacht ist folgerichtig „das Werkzeug des Gerichts über den Bolschewismus" und zugleich ein Werkzeug „der Gnade über unser heißgeliebtes Volk und alle Völker". Mit welchen Gedanken mögen wohl die Soldaten, die den Russlandfeldzug heil überstanden haben, nach 1945 in ihren Hamburgischen Kirchen gesessen haben? Und gibt es einen überzeugenden Augenblick in unserer Kirche, in dem sie sich nach 1945 von dieser furchtbaren Verkehrung des Evangeliums vor den als Werkzeug des Gerichtes wiederholt mißbrauchten Soldaten gereinigt hat?

Nicht nur den Hamburger Gemeinden wird von ihrer Kirchenleitung ein deutendes Wort gesagt. Auch die Kirchenleitung der Kirchenprovinz Ostpreußen wendet sich noch vor Eintreffen des Telegramms des Geistlichen Vertrauensrates bereits sieben Tage nach dem Überfall auf Russland an die Gemeinden (→B.19). Anders als im Inneren des Deutschen Reiches ist die ostpreußische Bevölkerung von dem Überfall auf die Sowjetunion betroffen und auch informiert. Seit Wochen sind die Dörfer an der Grenze überfüllt mit deutschen Soldaten. Mehr als die Bevölkerung im Westen des Reiches wird sie sich mit der Frage beschäftigt haben, ob es etwa einen Krieg gegen Russland geben wird. Erinnerungen an das Kriegsjahr 1914 tauchen auf, als die Russen nach Ostpreußen einbrachen und von Hindenburg bei Tannenberg 1915 zurückgeschlagen wurden. Es sind Erinnerungen an siegreich bestandene Kämpfe, die aus der Erinnerung aufsteigen. Warum also nicht auch im Kriegsjahr 1941? 1914 waren es noch die Truppen des Zaren. Jetzt bedrohe „die rote Flut" die Grenzen Ostpreußens. Eigentlich hätte sich die Bevölkerung Ostpreußens durch den deutschrussischen Freundschaftsvertrag besonders sicher fühlen können. Aber solche psychologischen Auswirkungen hat der Hitler-Stalin-Pakt nicht gehabt.

Auch den ostpreußischen Gemeinden wird eine biblische Begründung für den Überfall geboten und zwar in Form des Bibelzitates aus Josua 1,9, in dem Josua nach dem Tode Moses bestärkt wird, das Volk Israel über den Jordan in ein neues, unbekanntes Land hineinzuführen. Den Gemeinden wird der Glaube vermittelt, daß Gott wohl auch in allem sein wird, was Hitler und die deutsche Wehrmacht nun tun werden.

Daher ist ihnen das Gebot nicht deplatziert, „getrost und freudig" auch diesen Abschnitt des unseligen Krieges zu beginnen. Die Warnung „Laß dir nicht grauen und entsetze dich nicht" haben dann die ostpreußischen Gemeinden besonders nötig gehabt, als sie fluchtartig ihr Land 1945 vor dem unerwarteten Einbruch der sowjetischen Truppen verlassen mußten. Ist es in den ostpreußischen Flüchtlingsgemeinden und Flüchtlingsgottesdiensten nach 1945 jemals – und einmal langt eigentlich nicht – bußfertig und vor Ort zur Sprache gekommen, daß eben dieselben gefalteten Hände sich schon einmal, nämlich 1941, zum Herren alles Geschehens erhoben haben, „daß er dem Kampf unserer Soldaten und den Plänen des Führers weiterhin Sieg und Gelingen schenke"? Und wo ist in den Gemeinden darüber gründlich nachgedacht worden, daß Gott jahrelang diese Art von Gebeten seiner Gemeinde in der furchtbaren Weise erhört hat, daß Millionen von betenden Gemeindegliedern geflüchtet sind und vertrieben wurden?

Sehr viel später wendet sich auch die Leitung der Thüringischen Landeskirche an ihre Gemeindeglieder (→B.20). Sie ist unverkennbar geprägt von dem deutschchristlichen Vokabular dieser deutsch-christlich verseuchten Kirchenleitung. Diese Kundgebung unterscheidet sich von allen bisherigen dadurch, daß sie ihre vorbehaltlose Anerkennung der Person und Politik Hitlers benutzt, um anderen evangelischen Bruderkirchen in Deutschland mangelnde Loyalität zu Hitler und zum Nationalsozialismus vorzuwerfen. Jene anderen – offenkundig nicht staatstreuen – Landeskirchen hörten nur auf das Wort Gottes in der Vergangenheit, aber nicht auf sein Wort in der Gegenwart, das ihrer (heute unfaßlichen) Ansicht nach aus dem Wortschwall Hitlers entgegentöne. Das Wort, das Gott „heute durch den Führer spricht", lautet: „Es werde Ordnung". Beachtlich ist die in der Erklärung genannte, für Deutsche Christen typische Reihenfolge „Adolf Hitler, Deutschland, Gott und Welt". Den Gruppen der kirchlichen Mitte, den Lutheranern und natürlich den Gemeinden der Bekennenden Kirche wirft die Thüringische Kirchenleitung ihrerseits Bolschewismus vor. Bolschewismus wird zum Sammelbegriff aller Kräfte, die gegen Hitler angetreten sind. Daher paßt ihr der Begriff des Bolschewismus auch auf alle kirchliche Gruppen, die sich angeblich gegen Hitler stellen. Eine Antihitlerhaltung jedoch läßt sich aus dem Telegramm des Geistlichen Vertrauensrates und aus den bisherigen kirchlichen Verlautbarungen anläßlich des Beginns des Russlandfeldzuges beim besten Willen nicht herauslesen. Offenkundig wittern die Deutschen Christen – und wohl nicht nur in Thüringen – eine gründliche Verbesserung ihrer Situation nach dem natürlich siegreich – was anderes kam ja nicht in Frage – verlaufenen Kriege. Es ist bezeichnend, daß in dieser deutsch-christlichen Kundgebung auch die Judenfrage so verhängnisvoll auftaucht. Mit dem Russlandfeldzug beginnt die systematische Ausrottung des europäischen Judentums sofort hinter der Front in den eroberten Gebieten. Dazu wird den deutsch-christlichen Gemeinden mit dieser Kundgebung ein gutes Gewissen gemacht. Der Landeskirchenrat zieht per Telegramm an die Thüringer Oberpfarrer allerdings die Weisung zurück, diese Kundgebung in den Gottesdiensten vorlesen zu lassen. Die Kundgebung habe „die Aussöhnung deutscher Menschen im Innersten vorbereiten" wollen. Die Zeit sei dafür aber noch nicht reif. Auch mit diesem Rückzieher bleibt die Kundgebung ein hervorragendes Beispiel deutsch-christlichen Denkens im Zweiten Weltkrieg.

Man mag gegen diese Telegramme an Hitler und die Worte und Kundgebungen an die Gemeinden einwenden, daß sie nach außen gewendete und auf Außenwirkung zielende Veröffentlichungen seien und daher „eben gar nicht anders konnten", als sich führertreu und in Übereinstimmung auch mit seiner Kriegspolitik zu geben. Gegen diese nach dem Krieg immer wieder vorgebrachte Behauptung stehen jene Quellen, die sich nicht an die große und allgemeine Öffentlichkeit wenden, sondern an einen begrenzten Empfängerkreis, etwa die Pfarrerschaft. Gewiß mußten die Verfasser davon ausgehen, daß auch solche Rundbriefe von der Gestapo mitgelesen und weitergegeben wurden. Trotzdem ist es doch auffällig, daß auch in solchen mehr internen Rundbriefen die nach außen gewendete Position wiederholt und nun zur eigenen Sache gemacht wird. So äußert sich Landesbischof Marahrens unter dem 8. Juli 1941 im Rundbrief Nr. 2562 VIII,22 an seine Hannoverschen Amtsbrüder ganz ähnlich wie in dem Telegramm des Geistlichen Vertrauensrates, das er mit unterzeichnet hat, ohne inhaltliche Abstriche zu machen (→B.21). Er bezeichnet den Überfall auf die Sowjetunion als „Daseinskampf des deutschen Volkes". Damit übernimmt er auch intern die Version Hitlers, ohne sich zu fragen, was denn deutsche Soldaten in russischen Dörfern und Städten eigentlich zu suchen haben und was der

Überfall für die zwei Millionen Deutschen an der Wolga bedeutet. Dabei wird man unterstellen dürfen, daß Marahrens die schauerliche Theorie vom ‚Untermenschentum des Slawischen' und die Vernichtung der slawischen Völker aus dem Anfangsprogramm der Hitler'schen Erklärungen gekannt und verurteilt hat.

Der Wochenbrief von Bischof Marahrens wird jeweils von einer biblischen Betrachtung eingeleitet. Was bedeutet die theologisch bedenkliche Äußerung des Bischofs, daß es Gott nicht widerfahren könne, „daß er den Tüchtigen übersieht oder den Untüchtigen bevorzugt?" Zunächst erinnert diese Äußerung an eine Zeile aus dem damals in Kirche und auf Parteiversammlungen viel gesungenen Lied „Wir treten zum Beten vor Gott den Gerechten", in der es heißt: „Er läßt von den Schlechten die Guten nicht knechten". Hier wird die Welt in Gute und Schlechte, Tüchtige und Untüchtige eingeteilt, und Gottes Kraft ist in den Guten und Tüchtigen mächtig. In der Heiligen Schrift lesen wir eigentlich das Gegenteil, nämlich von der Hinwendung Gottes zu den Schwachen und den vor der Welt Untüchtigen und Armen. Es läßt einen heute ratlos zurück, wenn der Leser einen frommen und bibelfesten Bischof das Wort aus Samuel 6,7, daß der Herr das Herz, aber der Mensch nur das sehe, was vor Augen ist, in einer aus der heutigen Sicht verblendeten Weise bedenken sieht. Gott habe für den Fortgang Seines Werkes auf Erden die Werkzeuge schon bereit. Auf wen anderes sollen die lesenden Pfarrer in diesem Zusammenhang kommen als eben auf die tüchtigen Deutschen und am 8. Juli 1941 auf die tüchtige Wehrmacht und den tüchtigen, erfolgreichen Führer?

Auch der bayrische Landesbischof Meiser schreibt an seine Pfarrer Rundbriefe, in denen er ihnen immer wieder nahelegt, daß der Krieg gegen Russland kein Krieg im üblichen Sinne, sondern ein Gesinnungskrieg sei. Aus den Antworten, die er von den an der Front stehenden Amtsbrüdern bekomme, spreche „die Bereitschaft, ungeachtet aller Entbehrungen und Strapazen standzuhalten bis zum Äußersten. Diejenigen von Euch, die in Russland stehen, wissen ja auch, welcher Todeshauch über Deutschland ginge, wenn die organisierte Gottlosigkeit des Bolschewismus den Sieg erränge. Das zu verhindern, rechtfertigt die größten Anforderungen, die auch weiterhin an Euch gestellt werden." (Brief vom 25. März 1942).

Die kirchliche Presse stimmt in den zu frühen Jubel mit ein (→B.22, B.23). Der Bolschewismus in Europa sei „jetzt und nach menschlichem Ermessen für alle Zeiten abgewendet", jubelt das „Evangelische Deutschland" vom 10. August 1941 und fügt ein Gebet an, daß in seinem Sprachstil an den Jubelton nach dem Frankreichfeldzug anknüpft.

Die evangelische Kirche hält dem neuen Stil des Vernichtungskrieges nicht die altkirchliche Theorie vom „gerechten Krieg" entgegen, die von Augustinus einmal entworfen war, um einer Brutalisierung und „Entartung" des Krieges zu wehren. Der Geistliche Vertrauensrat akzeptiert vielmehr die Vernichtung des Gegners als Kriegsziel, indem er in seinem Grußtelegramm das Bild vom „Pestherd" gebraucht, der beseitigt werden muß (→B.17). Bereits vor Beginn des Russlandfeldzuges stellt die angesehene *Allgemeine Ev.-Lutherische Kirchenzeitung* psychologisch den Leser auf dieses neue Kriegsziel ein. Die Vernichtung sei „das eigentliche Gesetz des Krieges" (→B.24). Dem Wehrmann sei „die Vernichtung aufgetragen". Die Verantwortung dafür brauche er nicht zu tragen, sondern gebe sie an den Vorgesetzten ab. Zu dieser von keiner christlichen Ethik mehr getragenen Glosse *„Zum Zeitgeschehen"* muß gefragt werden, ob für den Fall, daß ein solcher Artikel der Redaktion aufgezwungen worden ist, das damit erst ermöglichte Erscheinen anderer kirchlicher Informationen und Artikel noch gerechtfertigt erscheint. Es ist eher zu vermuten, daß der Rausch der Jahre im Sommer 1940/41 eine allgemeine, ruhige, kritische Betrachtung unmöglich machte. Diese harmlos erscheinende Glosse macht es verständlich, daß diese hochangesehene Zeitung der deutschen Lutheraner nach 1945 unter diesem Titel nicht wieder erschienen ist.

Kurt Reuber (1906-1944): Porträt – während des Russlandfeldzuges, 12.4.1942

5. DIE RUSSISCH-ORTHODOXE KIRCHE
ZU KRIEGSBEGINN

Die anfangs siegreichen deutschen Truppen erleben hier und da eine Bevölkerung, die sich vom Stalinismus befreit fühlt. Wehrmachtspfarrer öffnen die geschlossenen oder mißbrauchten orthodoxen Kirchen und halten darin zum ersten Mal seit langer Zeit einen Gottesdienst ab. Von der gläubig gebliebenen russischen Bevölkerung werden die geöffneten Gotteshäuser dankbar neu in Gebrauch genommen. In der Heimatkirche kursieren Berichte von solchen erstmaligen Gottesdiensten (→B.25). Sie bestärken den Eindruck, als ob es in diesem Krieg darum gehe, dem christlichen Abendland die russisch-christliche Kultur zu erhalten.

Dieser Eindruck, wird nicht nur von dem mörderischen Verhalten der Einsatzgruppen und von Wehrmachtsteilen widerlegt, sondern auch von der russisch-orthodoxen Kirche selber. Der Überfall auf die Sowjetunion bringt eine bisher unvorstellbar gehaltene Koalition zustande: die der Stalin-Diktatur mit der russisch-orthodoxen Kirche. So wie Hitler mit der evangelischen Kirche 1939 einen Burgfrieden geschlossen hatte, so schließt Stalin nun einen mit der orthodoxen Kirche. Das ist deswegen eine weit über die sowjetischen Grenzen hinausgehende Sensation, weil die russisch-orthodoxe Kirche zwischen 1917 und 1941 einer furchtbaren Kirchenverfolgung ausgesetzt war. Die orthodoxe Kirche wurde vollständig enteignet, die Kirchengebäude von 60.000 vor 1917 auf 4.500 reduziert. Gegen die Kirche läuft eine unerbittliche atheistische Propaganda. Die Ausbildungsseminare wurden geschlossen. Die Kirche hat kein amtierendes Oberhaupt mehr, nur einen Stellvertreter. Für die nationalsozialistische Propagandathese, es gehe im Krieg gegen die Sowjetunion um einen Kampf gegen den Atheismus, gab es historische Gründe, die für Hitler durchaus von innen- und kirchenpolitischer Bedeutung waren.

Einen Tag nach dem Einmarsch der deutschen Truppen verfaßt der 70jährige Patriarchatsverweser Metropolit Sergej ein Sendschreiben an die Christen in der Sowjetunion und ruft sie zur Verteidigung der Heimaterde auf dem „Wege der Selbstaufopferung" auf (→B.26). Kirche und Volk seien in der russischen Geschichte ungetrennt gewesen. Der

Kampf gehe gegen „vom Geist des Faschismus besessene Räuber". Mit der Hilfe Gottes werde der Sieg auf der Seite der rechtgläubigen Krieger sein. Der Aufruf stößt auf ein geteiltes Echo. Er vermeidet jede Verurteilung des Kommunismus. Tatsächlich aber vermeidet der Aufruf auch jede Erwähnung der Unterstützung des kommunistischen Regimes. Die Verteidigung gilt der Heimaterde, nicht dem atheistischen System; die Verbundenheit gilt dem Volke, nicht der atheistischen Partei.

In derselben Woche hält der Metropolit in der Epiphanias-Kathedrale am 26. Juni 1941 eine Ansprache, in der er dringend vor dem Irrglauben warnt, die deutschen Truppen würden die Gotteshäuser schonen (→B.27). Möglicherweise sind bereits Nachrichten von wieder geöffneten und von deutschen Truppen zurückgegebenen Kirchen im nunmehr besetzten Gebiet bis nach Moskau gedrungen. Der Metropolit warnt daher vor Überläufern und verweist auf die Verbreitung altgermanischer Kulte, wie sie ja auch bei Teilen der NSDAP besonders unter Führung von Alfred Rosenberg und Heinrich Himmler üblich geworden waren. Nicht zu Unrecht vermutet der Metropolit, daß „dieser Wahnsinn" darauf ziele, ganze Völker damit anzustecken, die unter deutsche Herrschaft geraten seien. Sergej sieht die orthodoxe Kirche einem zweiten „Gottlosenansturm" ausgesetzt, und die wenigen verbliebenen Gotteshäuser würden durch den Krieg noch verwüstet.

In der evangelischen Kirche in Deutschland wird der Burgfriede mit Verwunderung zur Kenntnis genommen. „Moskau erzwingt Bittgottesdienste", meldet „Das Evangelische Deutschland" (→B.28; vgl. →B.29). Der Gottesdienst sei nicht für die Gläubigen, sondern für amerikanische Wochenschauaufnahmen abgehalten worden, und die Änderung der Religionspolitik sei ein Trick Stalins. Der evangelischen Kirche wird kaum bewußt, daß in diesem Krieg sich zwei in der christlichen Tradition tief verwurzelte Völker mit langen staatskirchlichen Traditionen gegeneinander bekriegen, und der Begriff „Kreuzzug" schlechterdings unpassend ist.

6. Die evangelische Kirche
unterstützt Hitlers Krieg bis in die Niederlage

Der Kirche bleibt es nicht verborgen, daß der im Oktober 1941 dreist angekündigte Endsieg auch bis zum Jahresende ausgeblieben ist. Daher klingen die Neujahrsgrüße mancher Kirchenleitungen für 1942 zurückhaltend. Das Maß des Menschenmöglichen sei im vergangenen Jahr wohl überschritten, mutmaßt der Evangelische Oberkirchenrat der Kirche der Altpreußischen Union (→B.30), und gerade in einer solchen Situation würden die Menschen vom Empfinden einer ewigen Gottesmacht ergriffen. Die schwieriger gewordene Situation legt dem Oberkirchenrat nicht nahe, jetzt umzukehren, sondern er erinnert noch einmal die Gemeinden an die vom Geistlichen Vertrauensrat im Sommer 1941 genannten politischen Ziele hin zu einer „neuen Ordnung der Welt", und zwar auf einem „deutschen Weg". Dieser deutsche Weg sei unmißverständlich mit dem Führer verknüpft. Für ihn und seine Heere gelte es auch im neuen Jahr einzustehen. Auch die vor dem Feind gefallenen und zu beklagenden Opfer könnten die Hinterbliebenen nicht scheiden von der Liebe Gottes. „Das ist unser Trost, unsere Kraft, unser Friede." Hier wird das Bibelwort – wie auch in den zahlreichen Trauerannoncen – als Betäubungsdroge gereicht, die den Gedanken verdrängen soll, daß „Gatte, Sohn und Bruder" in einem verbrecherischen Krieg für einen fanatischen „Führer" Hitler gestorben sind.

Der Lübecker Kirchenrat erwähnt als Ersatz für den ausgebliebenen Endsieg im Osten die Siege der ersten Jahreshälfte 1941 (→B.31). Er schließt sich mit der irrwitzigen Behauptung, daß in der „eisigen Kälte des Ostens und Nordens, in der heißen Wüste Afrikas" die Heimat beschirmt werde, den Großraumphantasien Hitlers an. Die Lübecksche Kirchenleitung ist fest in der Hand der Deutschen Christen. Daher endet der Neujahrsgruß stilgerecht mit einem Hitlerzitat. – Auch der deutschchristliche Neujahrsgruß an die evangelischen Christen in Thüringen kreist um die allbeherrschenden Themen: Führer, Kampf, Sieg, Frieden (→32).

Die Leitung der russisch-orthodoxen Kirche verbreitet dagegen Siegeszuversicht: „Die Stunde unseres Sieges ist nahe", beginnt das dritte

Sendschreiben des Metropoliten Sergij, das er am 24. November 1941 von seinem neuen Aufenthaltsort Uljanowsk an der Wolga an die Christen in der Sowjetunion sendet. Es ist in besonders scharfer Sprache abgefaßt, um den religiösen Vorwand des deutschen Überfalls zu demaskieren. Die ganze Welt wisse von dem Hitler-Moloch, „daß diese Höllenbrut unter der Maske der Frömmigkeit nur ihre Untaten zu bemänteln sucht ... Den faschistischen Tieren ist das Herz des Christen verschlossen; angesichts des Feindes strömt es nur vernichtenden, tödlichen Haß aus." (Vgl. auch →B.34)

Statt Umkehr oder wenigstens Zurückhaltung zu üben versteift sich die Deutsche Evangelische Kirche in einem trotzigen Beharren auf dem einmal eingeschlagenen Weg. Die Treue zum Führer sei „unwandelbar", versichert der Geistliche Vertrauensrat in einem Telegramm an Hitler anläßlich der 3. Wiederkehr des Tages des Kriegsbeginns (→B.33). Gedanklich greift er zurück auf den Aufruf vom 2. September 1939. Die Kirche reiche zu den Waffen aus Stahl „unüberwindliche Kräfte aus dem Evangelium". Hier beschwört er „die religiösen Kräfte des Evangeliums", mit der die seelische Haltung ihrer Gemeindeglieder gestärkt werden solle. Es ist die Absicht des Geistlichen Vertrauensrates, die Kraft der Waffen mit den Kräften des Evangeliums zu verbinden. Daß Jesus in Gethsemane dem Petrus die Waffe aus der Hand genommen hat, darf nicht gedacht werden.

Das Wort des Geistlichen Vertrauensrates zum Weihnachtsfest vermeidet nach dem auch Ende 1942 ausgebliebenen Endsieg sichtlich die großen Vokabeln und zieht sich in die ihm vertrautere ‚Sprache Kanaans' zurück (→B.35). Der ausführlichste – vierte – Teil wendet sich den Verwundeten und Leidtragenden und erstmals den Opfern des Bombenkrieges zu. Nach einer fremdartig anmutenden dogmatischen Einleitung äußert der Geistliche Vertrauensrat den Dank an Gott und äußert darin prophetisch dankbar, „daß kein Feind deutsches Land hat betreten dürfen". Das ist eine erstaunliche Äußerung. Sie paßt auch nicht zu dem gleich darauf folgenden Dank, „daß siegreicher Kampf den Lebensraum unseres Volkes gesichert und erweitert habe". Damit identifiziert sich der Geistliche Vertrauensrat wie schon häufiger seit Kriegsbeginn mit den territorialen Zielen Hitlers. Die Bekundung der Verbundenheit mit dem Volk bekommt erstmals den Nebenklang „des leidenden, belasteten

Volkes". Während die hier eigentlich zu erwartende Beschreibung der belasteten Lage des Volkes Ende 1942 erst im nächsten Abschnitt beginnt, verweist der Geistliche Vertrauensrat als Zeichen der Verbundenheit der Kirche mit dem Volk auf den hohen Anteil der eingezogenen Pfarrer. Es sind nach einer Statistik der Evangelischen Kirchenkanzlei in Berlin am 1.10.1942 insgesamt 7.769 Pfarrer und Pfarramtsbewerber eingezogen; das sind 42,85 % der gesamten Pfarrerschaft. 641 von ihnen sind bisher gefallen oder an den Kriegsfolgen gestorben. Die abschließende Bitte enthält die alten Stichworte „Kampf, Sieg, tapfere Wehrmacht, Person und Werk des Führers", aber es fehlen die schmetternden Trompetentöne und die Zitate der sieghaften Choralverse aus der Zeit des Kriegsanfangs.

Schon sechs Wochen später steht die Kirche vor der schwierigen Aufgabe, die Niederlage von Stalingrad zu deuten. Der erste Sonntag nach Stalingrad, der auf die viertägige verordnete Staatstrauer fällt, der 7. Februar, ist der seltene 5. Sonntag nach Epiphanias. Die alte Epistel des Sonntags, Kolosser 3,12 ff, ermahnt die Brüder, „herzliches Erbarmen, Freundlichkeit, Demut, Sanftmut, Geduld" anzuziehen, und „vertraget einer den andern und vergebet euch untereinander, wenn jemand Klage hat wider den andern." Als Predigttext wird die Epistel der neuen Reihe, Röm. 8,1ff empfohlen. „So ist nun nichts Verdammliches an denen, die in Christo Jesu sind; die nicht nach dem Fleische wandeln, sondern nach dem Geist." Mit diesem „nichts verdammlich" schließt Gottes Wort selber die Tore der Hölle von Stalingrad zu.

Es gibt nur wenige Zeugnisse, wie die Kirche auf Stalingrad geistlich geantwortet hat. Das Wort der Leitung der Kirchenprovinz Brandenburg fällt durch ihren markigen Ton auf (→B.36). Sie übernimmt die Propagandathese vom „Fanal des Heldentums unserer Soldaten in Stalingrad". Es ist ein wenig seelsorgerlicher Hinweis. Offenkundig wird aber eine bis zum Kriegsende zunehmende Bewegung schon deutlich, nämlich: die Reihen auch in der Kirche gerade in der drückender werdenden Notzeit enger zu schließen. Also gerade jetzt „in Liebe und Treue zu Führer und Vaterland und in vorbehaltloser Einsatzbereitschaft nicht zurückstehen", wird ein Grundtenor kirchlicher Äußerungen.

Das „Evangelische Deutschland" nimmt am 28. Februar im Leitartikel *„Tapferes Ja"* das Getöse des Propagandaministers vom totalen Sieg auf (→B.37). Die Kirche habe zu dieser Aufforderung ein vorbehaltloses, tapferes, freudiges Ja zu sprechen. So reiht der Verfasser die Evangelische Kirche in die enthusiasmierte Menge des Sportpalastes am 18. Februar 1943 nachträglich noch ein.

Quelle der Graphik: Blätter aus dem evangelischen Diakonieverein 1939, S. 46.

Hitler beginnt seinen Krieg an einem Sonntag. Die Kirche feiert den 2. Sonntag nach Trinitatis. Noch vor Beginn des Gottesdienstes ist die Nachricht vom Beginn des Krieges gegen Russland durch den Rundfunk in den Häusern. Hitler hat gesprochen. Die Hoffnung auf ein Ende des Krieges gegen England und damit auf das Ende dieses Krieges überhaupt hat getrogen. Nun beginnt ein Weltkrieg. Der Prediger steht vor der Aufgabe, ob er seine vorgesehene Predigt überhaupt halten soll.

Rudolf Bultmann, weithin bekannter Professor für Neues Testament an der Universität Marburg, hatte sich als Text das alte Evangelium Lukas 14,16-24, das Gleichnis vom Großen Abendmahl, ausgesucht. Einleitend nimmt er Bezug auf die Morgennachricht. „Wir sind alle tief ergriffen und erregt von der Nachricht, die wir heute morgen hörten. Die Ereignisse haben nun eine neue Wendung genommen, und wir stehen auch im Krieg mit Russland! Mit gespaltenem Herzen werden wir das Eingangslied gesungen haben: ‚Halleluja, schöner Morgen, schöner als man denken mag! Heute fühl ich keine Sorgen‘.“ Bultmann vermeidet jedes Pathos und die Fixierung auf den Kriegsgegner. Er bleibt bei dem von ihm ausgesuchten Text und der ausgearbeiteten Predigt und stellt die Bereitschaft für den Ruf Gottes in die Mitte seiner Predigt. Am Ende fügt er in einem aktuellen Schluß hinzu: „Wer verstanden hat, was die Forderung der Bereitschaft bedeutet, zu der uns unser Gleichnis mahnt, der wird auch wissen, was diese Forderung gerade heute bedeutet. Wohl werden wir alle auch ohne unser Gleichnis wissen, daß wir für das Kommende bereit sein müssen durch Tat und Opfer, in Ruhe und Tapferkeit. Unser Gleichnis mahnt uns darüber hinaus, bereit zu sein für das, was Gott uns durch das Kommende sagen will. Es lehrt uns, den festen Boden zu suchen, auf dem wir allein Ruhe und Tapferkeit finden können; auf dem wir die innere Freiheit gewinnen von allem, was uns die irdische Zukunft bringen kann: Gutes und Böses, Siege und Opfer, – die innere Freiheit, die wir gewinnen, wenn wir bereit sind für Gottes Zukunft und Ihm stille halten.“

Bultmanns Predigt ist ein schönes Beispiel für das, was Karl Barth schon 1933 mißverständlich das „Weitermachen, als ob nichts geschehen wäre", nannte. 1941 ist der Kommentar zum Johannesevangelium von Rudolf Bultmann erschienen. Vor allem aber erregt jetzt schon die evangelische Kirche sein Programm der Entmythologisierung. Bultmann hatte 1941 in der Reihe „Beiträge zur Evangelischen Theologie" den Aufsatz *„Neues Testament und Mythologie"* veröffentlicht und eine neue Interpretation grundlegender Aussagen über Jesus Christus und das Ende der Zeit gefordert. „Läßt sich das Evangelium ‚entmythologisieren‘, ohne es zu verkümmern", fragt Paul Althaus in einer ausgiebigen Buchbesprechung in der Theologischen Literaturzeitung noch im selben Jahr. Helmut Schreiner stellt die Thesen Bultmanns in den Pastoralblättern vor. Bischof Tügel von Hamburg schreibt an Bultmann. Hans Asmussen lehnt erbittert jedes Gespräch mit Bultmann ab, weil dafür die theologischen Grundlagen entzogen seien. Der Krieg und der Hitlerstaat haben keineswegs die theologische Debatte über Grundfragen verebben lassen. Es erscheinen auch in anderen Fachbereichen 1941 wichtige Werke: ein Kommentar zu den kleinen, nachexilischen Profeten von Magister Hellmuth Frey, von Leonhard Fendt im Handbuch zum Neuen Testament *„Die neuen Perikopen"*, von Karl Rahner im Köselverlag *„Hörer des Wortes"*, im Burckhardthaus-Verlag ein Sammelband über die Problematik der Konfirmation, von Ernst Lohmeyer ein Aufsatzband zum Thema ‚Stellung des synoptischen Jesus zum Tempelkult‘, von Kurt Leese als Kröner-Taschenausgabe *„Der Protestantismus im Wandel der neueren Zeit"*. Es könnte sich der Eindruck eingestellt haben, als sei unter der Diktatur Hitlers, unter Zensur, Beschränkungen, Papierzuteilung und Kriegsfolgen die wissenschaftliche Forschung zum Erliegen gekommen. Es gibt aber im Gegenteil eine lebendige, kontroverse, öffentlich ausgetragene theologische Forschung, was auch der Predigt und ihrer Vorbereitung zugute kommt.

Auch Pfarrer Fiebig in Leipzig bleibt am 2. Sonntag nach Trinitatis bei seinem vorgesehenen Predigttext, 1. Thess. 5,1-10, aber er setzt ein den Kriegsbeginn deutendes Wort voran (→B.41). Die Ausweitung des Krieges nach Osten ist völlig unerwartet. „Das schlug wie ein Blitz ein." Fiebig greift dann den Gebetswunsch Hitlers am Ende seiner Proklamation auf und schließt sich der verhängnisvollen Parole an, es ginge darum, „ob Gott oder die Gottlosigkeit die Herrschaft in Zukunft haben soll". Der Krieg habe „Ewigkeitsgehalt". Es ist fraglich, ob sich der Zuhörer nach einer so drastischen Einleitung dem Inhalt der Predigt noch wird zuwenden können, die sich dann in herkömmlicher Weise mit dem „Tag des Herrn" beschäftigt.

Die *„Pastoralblätter"* veröffentlichen fortlaufend in einer 1939 neu eingerichtete Rubrik *„Predigt im Kriege"* offenbar richtungsweisende Predigten. Die 55. ist eine von Paul Althaus, Professor für Dogmatik an der Universität Erlangen, regelmäßiger Prediger an der Neustädter Universitätskirche. Althaus gibt ein Jahr nach dem Kriege unter dem Titel *„Der Trost Gottes"* 1946 dreißig Predigten in den Druck, 22 davon seit 1941 bis Kriegsende gehaltene. Die 55. Kriegspredigt über Luk. 9,57-62, wo Jesus drei Männer in die Nachfolge ruft und sie warnt, fehlt in dieser Sammlung (→B.38). Althaus beschäftigt sich mit dem Thema „Jesus und der Krieg". Er sieht große Unterschiede, aber auch Gemeinsamkeiten. Und diese will Althaus seinen Predigthörern nahe bringen. Der Krieg und Jesus hätten die Radikalität des Rufes in den Gehorsam gemeinsam. Die Härte der Zurückweisung Jesu gegenüber den drei Männern entspreche der Härte des Krieges. Daher hätten Soldaten an der Front einen leichteren Zugang zu diesem Bibelwort. Althaus identifiziert schließlich das Gesetz des Krieges, nämlich zu siegen, mit dem Willen Gottes: *„… daß ein Volk den Kampf siegreich bestehe, ist oberstes Gebot – dieses Gesetz der Stunde ist nichts anderes, als Gottes Wille an uns."* Althaus läßt den Satz gesperrt drucken.

Der Aufruf zur erforderlichen „Härte" wiederholt sich bei Althaus, überraschenderweise in der Predigt zum 1. Advent 1941 über Luk. 1,78, als Althaus über jene Zeile „und richte unsere Füße auf den Weg des Friedens" zu sprechen kommt (→B.39). Er wehrt sich dabei gegen den Vorwurf, Christen seien weichliche Leute, und legt den Hörern die von der „geschichtlichen Stunde" geforderte „Härte" nahe. Althaus zitiert eine Zeile aus dem Gedicht ‚Kriegsadvent' von Rudolf Alexander Schröder: „Es darf nicht immer Friede sein". Wie sollen die Gottesdienstbesucher dies anders verstehen als Zurüstung zum Durchhalten im Kriege?

Die Auswahl der Predigttexte ist durchaus nicht x-beliebig; es gibt vielmehr empfohlene Predigtreihen, zu denen auch Predigthilfen angeboten werden. Der Leipziger Professor Martin Doerne gehört zu den ständigen Mitarbeitern solcher in den „Pastoralblättern" abgedruckten Predigtvorbereitungen. Doerne legt die empfohlene Epistelreihe aus, am 2. Sonntag nach Trinitatis einige Verse aus dem ersten Johannesbrief (→B.40). Mitte des Textes ist die Aussage, „daß die Liebe das Kennzeichen des gottgezeugten Lebens ist". Doerne spricht von der Verpflichtung zur Liebe, von der sich kein Christ entbinden könne und von der es keine Ausnahme gebe, die sich der Mensch aber so gerne gestatte. „Wehe einer Theologie, wehe einer ‚evangelischen' Predigt, die dieser Verleugnung noch geistliche Waffen leihen will, die unserm Selbstdispens von der Übung der Liebe noch ein gutes Gewissen gibt." Dieser Weheruf trifft, ohne daß Doerne es ausspricht, eine Vielzahl von kirchlichen Aufrufen zum Kriegsgeschehen, die sich ausdrücklich als „geistliche" Waffen verstanden wissen wollen.

An der Front herrscht zwar eine völlig andere Predigtsituation, aber das Evangelium ist dasselbe. Zu Anfang des Krieges herrschte eine große Angst davor, die patriotische, anfeuernde Predigt aus der Zeit des 1. Weltkrieges zu wiederholen. Der Predigt von Militärpfarrer Braun spürt man die Mühe um einen nüchternen Sprachstil an (→B.42). Pfarrer Martin Braun rahmt seine Weihnachtsansprache mit Versen des damals viel zitierten Walter Flex ein, der die Hirten auf dem Feld von Bethlehem mit den Wache schiebenden Soldaten vergleicht. Beide, Hirten und Soldaten, stünden an den Hürden und hüteten des Nachts ihre Herde, zu Weihnachten 1942 offenbar die deutsche Heimat. Der Militärpfarrer verkündet den Soldaten die Liebe Gottes, die auch den Hirten als große Freude widerfahren sei. Aber er verschweigt seiner Soldatengemeinde den Aufbruch der Hirten zur Krippe.

Die Länge des Krieges hat ihre Auswirkungen auch auf die Predigt an der Front. Ein Beobachter aus der damaligen Zeit, lic. Werner Jentsch, hält fest: „Seit dem Osteinsatz und durch den Afrikakampf treten dieselben Erscheinungen wie im Weltkrieg neu auf. Eine Schützengrabenreligion entsteht." Er meint damit wohl den Irrglauben, als Frontkämpfer durch den Heldentod unmittelbar in die Seligkeit und Ewigkeit Gottes hineinzusterben. Der Krieg habe also – nicht erst durch den tödlichen Ausgang – auch sein Gutes, z.B. die Intensität der sinnlichen Wahrnehmung. Daher bedeutet der Kampf „zugleich unser Glück". Das Schlachtfeld sei Ort der Offenbarung Gottes. Damit werden Motive aus der Umwelt von Theodor Körner wieder aufgenommen. Die Predigt hat erbaulichen Charakter. Kleine Scenen aus dem Fronterleben gehören zum Repertoire des Predigers, die auch die Heimatfront beeindrucken sollen (→B.44). Ein gutes Beispiel für diesen Predigtstil ist die in den „Pastoralblättern" abgedruckte 54. Musterpredigt von Kriegspfarrer A. Fischer (→B.43).

Neben dem Predigthören können die *Herrnhuter Losungen* der geistlichen Verarbeitung des Kriegsgeschehens dienen (→B.46). Es kann eine reizvolle Aufgabe sein, den biblischen Losungen die Schlagzeilen und Ereignisse aus der Tagespresse gegenüberzustellen. Die Losung für den 10. Jahrestag der Hitlerregierung, den 30. Januar 1943, ist der Klageruf des Propheten Daniel (9,19a): „Ach Herr, höre! Ach Herr, sei gnädig! Ach Herr, merke auf", dem der Lehrtext aus Mt.18,7 angefügt wird: „Sollte Gott nicht Recht schaffen seinen Auserwählten?" – Am Tage der drohenden Niederlage von Stalingrad, dem 31. Januar 1943 lautet die Losung aus Hiob 9,4: „Gott ist weise und mächtig; wem ist's je gelungen, der sich gegen ihn gestellt hat?" Am Tag der Kapitulation, dem 2. Februar 1943, stammt der Lehrtext aus dem letzten Vers der Beschreibung der Sturmstillung, Mt. 8,26: „Und stand auf und bedrohte den Wind und das Meer. Da ward es ganz stille".

Was für die deutsche Seite eine Katastrophe und wie ein Gericht Gottes erscheint, das ist den Christen auf der sowjetischen Seite eine Gebetserhörung. Ein Diakon hat beschrieben, wie der Metropolit Sergij die Nachricht vom Sieg in Stalingrad aufgenommen hat (→B.45).

Furche-Schriften Nr. 26

Der Krieg
als geistige Leistung

Von

Dr. Hanns Lilje

Furche-Verlag / Berlin

8. „Der Krieg als geistige Leistung"

Eine Schrift aus dem Jahr 1941 von Hanns Lilje,
Generalsekretär des Lutherischen Weltkonventes[10]

„Die geistige Leistung, die der Krieg von dem einzelnen fordert, besteht darin, daß er mit allen geistigen und sittlichen Mitteln, die ihm Gott an die Hand gibt, sich seinem Schicksal zu stellen trachtet, jenem großen einmaligen Schicksal seines Lebens, das ihm im Kriege mit einer Deutlichkeit und Dringlichkeit gegenübertritt, der er nicht ausweichen kann." „Es muß nicht nur auf den Koppelschlössern der Soldaten, sondern in Herz und Gewissen stehen: Mit Gott! Nur im Namen Gottes kann man dies Opfer legitimieren." „In viel tieferem Sinne, als die bürgerliche Alltagsweisheit jemals wissen kann, gilt das Jesuswort: Wer sein Leben liebhat, wird es verlieren."

Dr. Hanns Lilje: Der Krieg als geistige Leistung.
Berlin 1941, S. 12 und 14.

Mit zunehmender Dauer des Hitlerkrieges sieht sich die Kirche in der Zwangslage, den Krieg zusätzlich rechtfertigen zu müssen. Sie will der kirchlichen und politischen Öffentlichkeit kundtun, dass sie nicht abseits steht, sondern dem Krieg einen inneren Sinn abgewinnen kann. Sie will damit vor allem auch gegenüber der NS-Regierung und der NS-Partei den unbegründeten Verdacht entkräften, nur halbherzig die Kriegspolitik Hitlers zu unterstützen. Dieser immer neu besonders von Parteikreisen und den Deutschen-Christen unterschwellig geäußerte Verdacht muss in regelmäßigen Abständen zurückgewiesen werden. Diese Ab-

---

[10] [Redaktionelle Zusätze für diese Neuedition stehen in eckigen Klammern. Vgl. zur Schrift von Hanns Lilje auch, leicht zugänglich: Gerd Lüdemann, Die Evangelisch-lutherische Kirche Hannovers und Hanns Lilje. Einwände gegen dessen Schrift „Der Krieg als geistige Leistung" aus dem Jahre 1941 (mit Auszügen und Referaten). In: Gerd Lüdemann's Homepage, Veröffentlichungen 2004. http://wwwuser.gwdg.de/~gluedem/eng/00 300 a004.htm (Kurztitel: Lüdemann 2004).]

sicht verfolgt Hanns *Lilje* (1899-1977) mit der 1941 im Furche Verlag erschienenen Schrift „Der Krieg als geistige Leistung"[11].

Hanns Lilje war 1941 Pfarrer in Berlin, Mitglied der Bekennenden Kirche, er war für Landesbischof Marahrens nach eigenem Bekunden „sowas wie ein Adjutant"[12]. Lilje war schon damals ein in den Gemeinden viel gelesener Pfarrer. Im Furche-Verlag waren bis 1941 allein zehn Titel – oft in mehreren Auflagen – erschienen: Betrachtungen zu biblischen Texten, zum Verständnis Martin Luthers und zu Zeitfragen sowie Gebete. Als Generalsekretär der Deutschen Christlichen Vereinigung von 1927-1935 und Generalsekretär des Lutherischen Weltkonventes [1935-1945] war Lilje auch über die Grenzen der Deutschen Evangelischen Kirche bekannt und wurde auch in der Ökumene beachtet. Auf seine Schrift *„Der Krieg als geistige Leistung"* kam Lilje später, als er von 1949 an Landesbischof von Hannover war, nicht mehr ernsthaft zu sprechen. Er erwähnte sie nur kurz apologetisch in den „Memorabilia", seinen Lebenserinnerungen.[13] Das ist bedauerlich, weil Lilje den dem

---

[11] Hanns LILJE, Der Krieg als geistige Leistung. Furche-Schriften Nr. 26. Berlin: Furche-Verlag 1941. [Kurztitel: LILJE 1941] Zur Intention heißt es auf S. 3: *„Es soll hier nicht von den Fragen die Rede sein, die der Krieg dem Geschichtsphilosophen stellt. Er kann freilich nicht an ihnen vorüber; denn wo enthüllte sich deutlicher sein Gesamtverständnis vom Geschehen als angesichts des Krieges! Der Krieg deckt mit einer brutalen Plötzlichkeit und grellen Deutlichkeit die verborgenen Quellen und Gründe des geschichtlichen Lebens auf; er legt jene Triebkräfte bloß, die das geschichtliche Schicksal der Völker formen und die, solange die Zeit im friedlichen Gleichmaß geht, so leicht mit allerlei Hüllen der verschiedenartigsten weltanschaulichen Herkunft zugedeckt werden."*

[12] Hanns LILJE, Memorabilia. Schwerpunkte eines Lebens. Nürnberg: Laetare 1973, S. 140. [Kurztitel: LILJE 1973]

[13] LILJE 1973, S. 189-190: „Eine bestimmte Gruppe von Theologen hatte es sich im Laufe der weiteren Auseinandersetzung [Anm. D.K.: um den Militärseelsorgevertrag] zur Aufgabe gemacht, einen Aufsatz von mir aus dem Jahre 1942, ‚Der Krieg als geistige Leistung' wieder auszugraben und auf dem Umweg über einen primitiven Raubdruck zum Stuttgarter Kirchentag einer begrenzten Öffentlichkeit erneut vorzulegen. Interessanterweise hatte der Jesuit Delp, mit dem ich im Tegeler Gefängnis zusammen gewesen war und der noch gegen Ende des Krieges hingerichtet wurde, unter demselben Thema einen Aufsatz in den ‚Stimmen der Zeit' veröffentlicht. In beiden Fällen, also auch gerade in meinen Ausführungen, ging es selbstverständlich nicht um eine Verherrlichung des Krieges und schon gar nicht des von den Nationalsozialisten entfesselten Krieges, sondern die Absicht in beiden Veröffentlichungen war die, dem Mann, der schicksalhaft in das Kriegsgeschehen verwickelt war, geistige Hilfeleistung zum Bestehen dieser Situation anzubieten. Daß meine gesamte übrige Tätigkeit einschließlich der Tatsache, daß ich in Gestapohaft war, diese

Nationalsozialismus nahestehenden Göttinger Theologieprofessoren Gogarten und Hirsch darin die Tatsache vorhält, dass „diese Männer selber niemals den Versuch gemacht haben, ihre Vergangenheit durch ein mannhaftes und offenes Wort in Ordnung zu bringen". Dies gilt im Hinblick auf die Schrift *Der Krieg als geistige Leistung* für Hanns Lilje selber.

Lilje eröffnet seine Rechtfertigung des Krieges 1941 mit einem Lutherzitat, wonach der Krieg „Gottes Werk" sei. Als Werk Gottes aber habe der Krieg „schöpferischen" Charakter. Es entstehe Raum für etwas Neues. „Darin, daß der Krieg dem Werden einer neuen geschichtlichen Ordnung dient, besteht seine Würde."[14] (S. 5) Wie soll der Leser das 1941 anders verstehen, als dass den politischen Vorstellungen Hitlers recht gegeben wird? Mit diesem theologisch unterlegten Verständnis vom Krieg als einem schöpferisch wirkenden Werk Gottes verbindet Lilje unausgesprochen einen Seitenhieb auf jede nichtreligiöse Interpretation des Krieges, wie sie von der Partei geliefert wird. Ohne „metaphysischen Zusammenhang" könne der Krieg „nur chaotisch" wirken. Nur die Kirche und der christliche Glaube in ihr also haben das rechte Verständnis von diesem Krieg. Diese tiefreichende geistige Wurzel erfordere vom Krieg das Verständnis als von einer „geistigen Leistung". Dieses Verständnis vom Krieg als geistiger Leistung hatte Lilje im Gespräch mit jungen Offizieren nach dem Frankreichfeldzug 1940 bestätigt gefunden.[15] (S. 7) Krieg ist also keine Katastrophe auch kein Prinzip der

---

böswillige Interpretation widerlegte, blieb unberücksichtigt. Natürlich war es ein eklatanter Fall von östlicher Fernsteuerung."

[14] [LILJE 1941, S. 5: „Darin, daß der Krieg dem Werden einer neuen geschichtlichen Ordnung dient, besteht seine Würde." [...] „Aus diesen großangelegten, tiefverstandenen Einsichten der Reformatoren in das Wesen des Krieges und seinen Zusammenhang mit Gottes Wirken in der Geschichte kann denn auch tatsächlich so etwas wie eine Würde des Krieges begriffen werden. Aber nur hier. Wenn der Krieg nicht in der strengsten möglichen Weise an diesen hintergründigen, metaphysischen Zusammenhang mit Gottes Wirken gebunden bleibt, kann er chaotisch wirken."]

[15] [LILJE 1941, S. 7 (Anmerkung 9): „Wer das Glück gehabt hat, mit geistig hochgebildeten Offizieren unmittelbar nach dem Frankreich-Feldzug des Jahres 1940 Vergleiche über den Unterschied zwischen dem Material- und Stellungskrieg der letzten Weltkriegsjahre anzustellen, die bekanntlich den moralischen Mut auf eine fast übermenschlich schwere Belastungsprobe gestellt haben, der weiß, mit welcher Bewußtheit unsere besten jungen Offiziere in den führenden Stellungen gerade diesen Unterschied begriffen haben; bei aller hochentwickelten Technik des modernes Krieges hat die Einsatzbereitschaft des einzelnen

Geschichte, „sondern ist die zusammengeballteste Form, unter der ein Volk seinem Schicksal begegnet. Und eine Nation, die in eine solche Schicksalsstunde gerät, muß wissen, mit welchen Kräften sie ihr begegnen will." (S. 6) Die großen geistigen Väter des Preußentums wie z. B. Clausewitz hätten gewusst, dass sie diesem Schicksal mit religiösen Kräften zu begegnen hätten. Dabei gibt sich Lilje den Anschein, als ob er sich von der Theorie des gerechten Krieges trennt, denn für die Anwendung von Gewalt im Kriege gebe es keine Grenzen und ein Element der Mäßigung sei eine Absurdität. Lilje erzählt später er habe Kontakt mit dem Chef der Abwehr Admiral Canaris gehabt und sei „in ganz wesentlichen Aspekten der Kriegsführung auf diesem Wege laufend unterrichtet worden."[16]

Die geistige Leistung des Krieges werde beim Volk und beim Einzelnen darin anschaulich, dass er der elementaren Todessituation an der Front als Bewährung eines Glaubens begegne, dessen Grundlagen schon vor Beginn eines Krieges gelegt sein müssten. Eben dieses geschieht bei der Kirche. Die Kirche empfiehlt sich beim Staat als ein Muster persönlicher Bewährung in der Schicksalsstunde des Volkes. Lilje grenzt diese Haltung vom landläufigen Heroismus und von stürmischer Kriegsromantik ab. Der heroische und kriegsromantisch schwärmerische Mensch wisse nicht, wie sein Weg an Tod und Teufel vorbeikomme – Lilje verweist auf den Dürer'schen Stich –, ohne von beiden besiegt zu werden. Der Glaube aber wisse, dass die Gnade Jesu Christi dieses vermöge.[17]

---

und persönliche Einsatzfähigkeit eine noch wesentlich erhöhte Bedeutung gewonnen. Damit ist aber auch die persönliche geistige Leistung des einzelnen Mannes und Offiziers für die moderne Kriegsführung grundsätzlich wieder höchst bedeutsam geworden."]

[16] LILJE 1973, S. 212.

[17] [LÜDEMANN 2004 referiert die entsprechenden Passagen aus „Der Krieg als geistige Leistung" zusammenfassend so: „Das eigentliche Fronterlebnis – das Bewusstsein, fortwährend *eine Handbreit vom Tode* zu leben –, habe ihm [Lilje] selbst als einzelnem bereits im Ersten Weltkrieg die Perspektiven zurechtgerückt und gelehrt, *nur was noch im Angesichte des Todes Bestand hat, ist wert, Inhalt des Lebens zu sein* (S. 8). Das Leben im Frieden verhülle dem Menschen diese Erkenntnis fortwährend. Im Anschluss an Hans Carossa heißt es, *welche Rettung war es für manchen, aus abstumpfender Häuslichkeit in heilsame Todesnähe entrückt zu werden!* (S. 9 Anm. 10). Indes sei eine Glorifizierung der kriegerischen Situation abzulehnen. *Im persönlichen wie im geistigen Leben des einzelnen ist der Krieg fast niemals schlechthin schöpferisches Prinzip. Hier heißt seine entscheidende Bedeutung vielmehr: Bewährung* (S. 10). Für den einzelnen sei *die Bewährung im Kriege eine geistige Leistung von höchstem*

Dieses Verständnis von der Gnade Jesu sei auch bei den geistigen Vätern des Preußentums nachweisbar. Lilje hat 1917 als 18jähriger noch einige Monate am 1. Weltkrieg teilgenommen. Er vermittelt dem Leser das Gefühl eigner glaubwürdiger Erfahrung, wenn er von der „Köstlichkeit" und dem Wert des Lebens im Kriege schreibt: „Wo weiß man mehr, wie köstlich das Leben ist, als im Kriege? Wann ist das Atmen in Gottes Luft reiner und der Blick auf das Himmelsblau und das Licht des Tages schöner als da, wo man weiß, daß die nächste Minute das alles enden kann, und man darum diese alltäglichste und größte Gabe – anders als im bürgerlichen Dasein – wieder bewußt aus den Händen des Schöpfers entgegennehmen kann? [...] Wer weiß besser, wie wertvoll das Leben ist, als der Mann, der mit den andern Männern des Stoßtrupps gedrängt am Sappenausgang steht und auf das Zeichen zum Vorgehen wartet und nun gleichsam in einem Handgriff sein ganzes Leben zusammenfaßt und an einen Einsatz wagt?" (S. 13)

Lilje beendet seinen Aufsatz mit dem Hinweis auf die Aufschrift des Koppelschlosses der deutschen Soldaten „Mit Gott". Der Krieg stelle eben wie keine andere Situation die Gottesfrage, denn wie solle man die Hingabe des Lebens als Opfer anders legitimieren als „im Namen Gottes"?

Diese Schrift von Lilje ist eine wichtige Äußerung eines schon damals repräsentativen Protestanten und gewinnt an Gewicht durch die Tatsache, dass Lilje als Bischof der Hannoverschen Landeskirche von 1947 – 1971 diese Schrift nie widerrufen und nie bedauert hat. Sie bleibt ein gültiges Zeugnis seines Denkens und seiner Kirche im Jahre 1941. Sie war wenig später durch die Tatsache überdeckt worden, daß Lilje im August 1944 verhaftet und vor dem Volksgerichtshof angeklagt wurde. Lilje hat sein Erleben im Gefängnis nach dem Kriege in dem Büchlein *„Im finsteren Tal"* publiziert.[18]

Range' (S. 10). Um den Tod im Kriege zu bewältigen, bedürfe der Soldat der Gnade Jesu Christi, und es sei gerade nicht rückständig, *,wenn fast alle geistigen Väter des Preußentums von dem Soldatenkönig an sehr deutlich ausgesprochen haben, daß sie sich dieser Gnade Christi bedürftig wußten'* (S. 11) und dies freiwillig bekannt hätten."]

[18] [Hierzu vermerkt LÜDEMANN 2004: „Nun kann die Verurteilung zu einer vierjährigen Haftstrafe durch die Gestapo Mitte Januar 1945 (Festnahme am 19. August 1944), von der Liljes Schrift ‚Im finstern Tal' (1947) einen Bericht gibt, kein Interpretationsmaßstab für den

Im Kriege hatte die Schrift *„Der Krieg als geistige Leistung"* wegweisenden Charakter erhalten. Der bayrische Landesbischof Meiser verschickte sie an alle bayrischen Pfarrer, die im Felde waren. Über die Aufnahme ist wenig bekannt. Einer allerdings schrieb wütend zurück, er habe die Schrift nach dem Lesen zerrissen. Es war dies der damalige Wehrmachtspfarrer in Dniepropetrowsk Walter Hochstädter, der sich später folgendermaßen an den Empfang des Werkes erinnern wird:

„Dazu kam für mich noch ein zweiter Schlag: Zu Ostern hat Landesbischof Meiser den im Felde stehenden Amtsbrüdern wieder, wie schon öfters, einen seelsorgerlichen Hirtenbrief gesandt. Diesem Schreiben legte er ein Heftchen von Hanns Lilje bei, betitelt ‚Der Krieg als geistige Leistung' (ersch. im Furcheverlag Berlin). Dieses Schriftchen hat mich damals so maßlos erregt, daß ich es nach der Lektüre zerfetzte und in den Papierkorb warf. Hanns Lilje, welchen ich vom Kirchenkampf von verschiedenen Veröffentlichungen her kannte und den ich als einen Mann der BK [Bekennenden Kirche] mit kühlem Kopf einschätzte, handelt hier das Thema ‚Krieg' ab, wie eine mathematische Gleichung. Er schreibt wohl zu Beginn von der Furchtbarkeit des Kriegsgeschehens (‚Wetterleuchten der Geschichte', S. 3). Aber dann schreitet er weiter zu ‚positiven Gedanken' (S. 5). ‚Der Krieg kann also seinen Sinn nicht in den zerstörerischen Wirkungen haben, die er notwendigerweise auslöst, sondern er wird aus den großen Zusammenhängen des Geschichtsverlaufs je und je notwendig sein, um einer neuen Ordnung Raum zu schaffen. Darin, daß der Krieg dem Werden einer neuen geschichtlichen Ordnung dient, besteht seine Würde.' (S. 5) Wollte Hanns Lilje mit solchen Sätzen die Gedanken seines Landesbischofs Marahrens in jenem furchtbaren Ergebenheitstelegramm unterstützen, das ja auch von der ‚neuen Ordnung in ganz Europa' spricht? Wie konnte er im Jahr des Russlandfeldzuges diese Schrift schreiben? Wer sollten die Leser sein? Wollte

---

Inhalt des Traktats von 1941 sein. Hier hilft nur eine genaue Lektüre weiter. Sie führt mich zum Urteil, dass Lilje, trotz späterer Beteuerungen des Gegenteils, den von Hitler angezettelten Krieg verherrlicht hat – dies, obwohl er mit Christen aus Frankreich, England, den Benelux-Staaten und anderen zu Kriegsfeinden erklärten Ländern in der ökumenischen Arbeit verbunden war."]

er den Brüdern, die in verzweifelter Lage hin- und hergerissen waren, ein gutes Gewissen geben? Oder wollte er den Leuten in Partei und Staat beweisen, daß auch die Bekennende Kirche sich zu diesem Krieg bekennt, also ein Alibi gegenüber der Gestapo, mit der auch er ja zu tun gehabt hat? Was hätten übrigens seine Freunde aus der Ökumene, mit denen er einst durch die christliche Studentenbewegung usw. Kontakt hatte, gesagt, wenn sie damals diese seine Schrift in die Hand bekommen hätten? Hätte er ihnen das Heft dedizieren können? – Wir in unserem Theologenkreis in Dniepropetrowsk waren einhellig einer Meinung: So geht das nicht, so kann man nicht reden."[19]

Die Grundzüge der Kriegs-Schrift kehren in Predigten von Lilje im Jahre 1941 wieder. Am sogenannten Heldengedenktag, dem 2. Passionssonntag 1941 hatte Hanns Lilje in der Berliner Dreifaltigkeitskirche eine Predigt über Röm. 14,7-9 gehalten, die in den Pastoralblättern als Musterpredigt abgedruckt wird.[20] Diese Predigt enthält alle Elemente des Aufsatzes „Der Krieg als geistige Leistung": die todesnahe Situation des Soldaten als Bewährung, das Beispiel von Clausewitz, der Krieg als Gottesfrage: „Was soll Gott eigentlich noch tun, um dich an diese Frage zu führen – ein Krieg bricht aus, eine Nation kämpft, die letzten Gründe deines Daseins werden bloßgelegt, und du wolltest noch immer in dem leichtfertigen Geschwätz verharren, du habest keinen Anlaß nach Gott zu fragen?"[21] Lilje zitiert den Dürer'schen Stich und zur „Erbauung der Gemeinde eine Geschichte aus dem 1. Weltkrieg, wo einer an den Ausgang des Schützengrabens ein Blatt mit dem Vers geheftet hat: „Hat er es denn beschlossen / so will ich unverdrossen / an mein Verhängnis gehen / kein Unfall unter allen / wird je zu hart mir fallen / mit Gott will ich ihn überstehn". Dieser Vers verbindet die Hingabe des Lebens mit dem Glauben an ein Überleben entweder an der Front oder in der Ewigkeit und erweist sich für Lilje als Auslegung des Predigttextes, dass wir lebendig oder tot „des Herrn" sind.

---

[19] Walter HÖCHSTÄDTER: „Durch den Strudel der Zeiten geführt". Erlangen: Verlag Bubenreuth 1983, S. 207-208.

[20] *Pastoralblätter* für Predigt, Seelsorge und kirchliche Unterweisung Jg. 1941/42, S. 258ff.

[21] *Pastoralblätter* Jg. 1941/42, S. 261.

Am Totensonntag desselben Jahres beklagt Lilje zu Eingang seiner Predigt, daß dem Dichter Friedrich Hölderlin „eine eigene kriegerische Existenz versagt" geblieben sei[22], dieser sich aber einen solchen Heldentod sehnlichst gewünscht habe: „O nehmt mich / nehmt mich mit in die Reihen auf / Damit ich nicht sterbe gemeinen Todes! / Umsonst zu sterben, lieb ich nicht; doch lieb ich zu fallen am Opferhügel / fürs Vaterland." Am Ende der Predigt bekennt Lilje seine Distanz zu diesem Dichterwort: „Wir alten Soldaten des Weltkrieges empfanden eigentlich so nicht." Tatsächlich aber ersetzt Lilje das dichterische Pathos Hölderlins nur durch „die Kräfte des Glaubens des Auferstandenen", um dann der Gemeinde die Überwindung der „Verzagtheit unseres Herzens" zu empfehlen.

„So wird der Tod auf dem Schlachtfeld letztlich doch heroisiert", urteilt Siegfried Hermle im Artikel „Hanns Lilje" in der „Theologischen Realenzyklopädie".[23]

---

[22] *Pastoralblätter* Jg. 1941/42, S. 508ff.

[23] Theologische Realenzyklopädie Bd. XXI. Berlin 1991, S. 204. [Vgl. jetzt auch einen weiteren möglichen Hinweis auf eine Rezeption von Liljes ‚Kriegsgedanken' an der Front. Der Soldat Heinz Reisig (Jg. 1914) aus Hamburg, evangelischer Theologe, spielt in seinem Feldpostbrief vom 17. Mai 1943 vermutlich auf einen Text von Hanns Lilje an, der an der Front gelesen wurde: „Als Tischunterhaltung las ich von unserem Freund mit dem blumigen Namen [Lilje?] und einem seiner Genossen einen Artikel: in früheren Zeiten hätte man im Krieg ein göttliches Strafgericht für eigene Sünden gesehen; heute sei das deutsche Volk stark und sehe den Sinn des Krieges ... Das gab Anlaß, über die Verbrechen unserer Zeit und ihre furchtbare Strafe bzw. Sühne zu sprechen. Dafür haben die meisten Landser heute ein offenes Ohr. Früher war das Gewissen abgestumpft, und man nahm alles als Tatsache hin, heute erkennt man zumindest darin politische Fehler, wenn man es nicht als Verbrechen oder Schuld ansieht." (David SCHMIEDEL: „Du sollst nicht morden". Selbstzeugnisse christlicher Wehrmachtssoldaten aus dem Vernichtungskrieg gegen die Sowjetunion. Frankfurt 2017, S. 235-236)]

Neben den Grußworten, Telegrammen und Zeitungsartikeln sind die Trauerannoncen und Trauergottesdienstordnungen ein besonderer Erweis, wie die Kirche vom Krieg dachte. Sie spiegeln die theologische Verarbeitung besonders der Opfer wider und antworten auf die Frage: Wie sollen die Gemeindeglieder vom Krieg und von ihren Gefallenen denken?

Die in dieser Arbeitshilfe abgedruckten Trauerannoncen stammen aus den Amtsblättern verschiedener Landeskirchen mit unterschiedlicher theologischer Richtung. Sie können als repräsentativer Querschnitt gelten. (→B.47, B.55)

Allen gemeinsam ist die Verzierung der Annoncen mit einem Eisernen Kreuz samt dem Hakenkreuz als Staatswappen. Es erscheint mir fraglich, ob die Kirche zur Abbildung dieses Zeichens in den kirchlichen Amtsblättern verpflichtet gewesen war. Sie dokumentiert auf diese Weise ihre Verbundenheit mit dem von Hitler angeführten Staat.

Im ersten Satz der Annonce wird beschrieben, für wen die Soldaten gestorben sind. Es werden die Stereotypen aus dem nicht-kirchlichen Raum verwendet. „Für Führer, Volk und Reich", „für Führer und Vaterland", „für das Reich", „für Führer, Volk und Vaterland", „für Führer und Volk" sind häufig wiederkehrende Textstücke. Dabei fällt nun doch die Hervorhebung der Person des Führers auf. Es ist sein Krieg. Er ist der verantwortliche Feldherr, so lassen es die Annoncen vermuten. Es ist wie früher in Kaiserzeiten. So unreflektiert der Soldat „für den Kaiser" als Inhaber der höchsten Staatsgewalt starb, ebenso unreflektiert tut er es „für den Führer".

Die Bezeichnung des Ortes und des Feindes sind weitere Bestandteile der Trauerannonce. Es wird annonciert, wo und wogegen jemand gefallen ist: „gegen den Bolschewismus", „gegen das zersetzende Gift des Bolschewismus". Durch die Benennung dieses Feindes wird der Tod bereits auf die Ebene der Rechtfertigung und Heiligung gehoben.

Entscheidend aber ist die biblische oder dichterische Losung, unter die der Tod gestellt wird. Sie soll eine Sinngebung des Todes und eine seelische Stabilisierung des Trauernden bewirken. Beliebt sind jene

Bibelzitate, die dem Gefallenen die Seligkeit versprechen, wie z.B. „Sei getreu bis in den Tod, so will ich dir die Krone des Lebens geben" (Offenbarung Johannes 2,10), oder: „Selig ist der Mann, der die Probe bestanden hat" (Jakobus 1,12), oder: „Wer aber beharret bis ans Ende, der wird selig" (Matthäus 24,13). Oft wird der Tod als freiwilliges Opfer mißverstanden (als ob alle etwa freiwillig in diesen Krieg gezogen und nicht einberufen seien), das mit dem Opfer Jesu am Kreuz in eine (völlig unzulässige) Beziehung gebracht wird. „Daran haben wir erkannt die Liebe, daß ER sein Leben für uns gelassen hat; und wir sollen auch das Leben für die Brüder lassen" (1. Johannesbrief 3,16), oder das beliebte Zitat: „Niemand hat größere Liebe denn die, daß er sein Leben läßt für seine Freunde" (Johannes 15,13). Der Tod der Gefallenen hat also Erlösungscharakter. Sterben ist ihnen nach Philipper 1,22 „Gewinn". Daher sind die Gefallenen „Heilige". Darauf soll das Psalmwort 116,15 verweisen: „Der Tod seiner Heiligen ist wert gehalten vor dem Herrn". Die Gefallenen sind Tote, die Gott „zu sich gezogen hat" (Jesaja 31,3), und zwar „aus lauter Liebe". Die Gefallenen haben also bereits ein neues Leben bei dem Gott dieser Kirche. Der Tod ist deshalb eine höhere Form „des Sieges" (1. Korintherbrief 15,55: „der Tod ist verschlungen in den Sieg"). Der gefallene Theologiestudent diene nun „im oberen Heiligtum", berichtet der Hamburgische Bischof. „Siehe, wir leben" (2. Korintherbrief 6,9), ist wie ein Rückruf der Gefallenen an die Hinterbliebenen. In diesem Sinne gilt er als einer, der den Tod in einem höheren Sinne gar nicht gesehen hat (Johannes 8,51). Sie sind also Unsterbliche. Diese Aussagen hat die Kirche in der Regel für jene bereit, die um ihres Glaubens willen gestorben sind, für die Märtyrer. Noch mit den Trauerannoncen also bestätigt die Kirche, daß es sich bei diesem Krieg um einen Glaubenskrieg, einen Kreuzzug handelt. Und nach altkirchlicher Tradition eröffnete die Teilnahme am Kreuzzug, wenn sie mit dem Tode gekrönt war, den Eingang in den Himmel.

Es ist kaum vorstellbar, daß nach dem Krieg eine Neubesinnung oder gar eine gedankliche Wende stattgefunden hat. Aber manches bibelfeste, von der Todesnachricht geschockte Gemeindeglied wird wohl mit Psalm 90 gewußt haben, daß es Zeichen des Zornes Gottes ist, „daß wir so plötzlich dahin müssen", und jeder Krieg den Eingang eher in die Hölle öffnet. Eben diese mögliche Wahrheit galt es gedanklich abzuschalten.

- „Wir wissen, daß denen, die Gott lieben, alle Dinge zum Besten dienen" (Römerbrief 8,38).
- „Ich habe dich je und je geliebt. Darum habe ich dich zu mir gezogen aus lauter Liebe." (Jesaja 31,3).
- „Ich werde nicht sterben, sondern leben" (Psalm 118,17).
- „Als die Sterbenden, und siehe, wir leben" (2. Korintherbrief 6,9).
- „Wahrlich wahrlich ich sage euch: So jemand mein Wort wird halten, der wird den Tod nicht sehen ewiglich" (Johannes 8,51).
- „Christus ist mein Leben, Sterben ist mein Gewinn" (Philipperbrief 1,21).
- „Ich habe einen guten Kampf gekämpft, ich habe den Lauf vollendet, ich habe Glauben gehalten". (2. Timotheusbrief 4,7).
- „Wenn das Saatkorn nicht in die Erde versinkt und erstirbt, so bleibt es allein. Wenn es aber erstirbt, so bringt es viel Frucht." (Johannes 12,24).
- „Wer aber beharret bis ans Ende, der wird selig" (Matthäus 42,13).

Eine derartig mißbrauchte biblische Losung ist genauso gut durch einen unbiblischen Text zu ersetzen. Deutsche Dichter geben ein Motto her, wie z.B. Schiller mit: „Vor dem Tod erschrickst du? Du wünschtest, unsterblich zu leben? Leb im Ganzen! Wenn du lange dahin bist, es bleibt" (so im Thüringer Kirchenblatt), oder auch nur einfach deutschchristliche Plattheiten: „Die durch den Tod geschritten, die sind in unsrer Mitten". Oder: „Wo Kampf und Sieg sich im Opfer vermählen, da richtet sich das Schicksal groß und gewaltig auf und wird zum Felsstein des Glaubens und der Zukunft." Diese unbiblischen Losungen finden sich ausschließlich im Amtsblatt der deutschchristlichen Thüringer Kirchenleitung. Sie haben indes den Vorzug, daß sie keinen direkten Mißbrauch des biblischen Wortes darstellen.

Es ist nicht verwunderlich, daß die Landeskirchen auch nach Kriegsende bei dieser Sinngebung geblieben sind. Bis in das Jahr 1947 finden sich in den Amtsblättern Trauerannoncen, nun allerdings ohne das nationalsozialistische Staatswappen und ohne Angabe, für wen sie gestorben seien, aber unter derselben biblischen Losung.

Im Krieg werden auch Orden verteilt. Daß der bekannteste Orden, das Eiserne Kreuz, die Verwendung eines christlichen Symbols ist, hat die nationalsozialistische Partei- und Staatsführung genauso wenig gestört, wie sie die Kirche irritiert hat. Die Landeskirchenämter werden angewiesen, an die evangelische Kirchenkanzlei in Berlin die Anzahl der verschiedensten verliehenen Orden zu melden. Es war während des Frankreich-Feldzuges aufgefallen, daß die katholische Kirche die Namen der katholischen Ordensträger veröffentlicht hatte und damit ihre Treue zu Volk und Vaterland dokumentierte. Da dürfe die evangelische Kirche nicht hintanstehen. Die verliehenen Orden werden nun zu allem Überfluß auch in den Amtsblättern veröffentlicht, manchmal mit den Namen der Gefallenen unter der Überschrift „Ehrentafel" zusammengefaßt, meist jedoch gesondert. Ein Ritterkreuz, ein Eisernes Kreuz 1. und 2. Klasse, ein Kriegsverdienstkreuz 1. und 2. Klasse mit und ohne Schwertern, ein Deutsches Kreuz in Gold, ein Sonderabzeichen für Panzervernichtung im Nahkampf, ein Pioniersturmabzeichen, eine Rumänische Tapferkeitsmedaille, ein ‚Stern von Rumänien' mit Schwertern, eine ‚Krone von Rumänien' mit Schwertern am Bande, eine rumänische Medaille ‚Kreuzzug gegen den Kommunismus', ein Bulgarisches Soldatenkreuz des Tapferkeitsordens und solche spezifisch für den Russlandfeldzug ausgegebene wie die Ostmedaille, das Krimschild und die Tapferkeitsauszeichnung für Osttruppen I. und II. Klasse in Silber zieren die Ordensträger. Auf einer Tabelle vom Oktober 1943 wird in der Kirchenkanzlei in Berlin folgende Anzahl von Ordensträgern unter den Pfarrern, Vikaren und Kandidaten der Theologie angegeben: drei Ritterkreuzträger, 12 mit dem Deutschen Kreuz in Gold; 392 mit dem EK I.; 1.435 mit dem EK II.; 608 mit dem Sturm- und sonstigen Kampfabzeichen; 567 mit dem Verwundetenabzeichen; 56 mit dem Kriegsverdienstkreuz 1.Kl. mit Schwertern; 774 mit dem Kriegsverdienstkreuz 2. Kl. mit Schwertern. Es ist noch heute durchaus eher das Gefühl verbreitet, daß solche Orden den Pfarrern und der Kirche insgesamt zur Ehre gereichen als jenes andere, daß Geistliche die Annahme von Orden grundsätzlich verweigern sollten.

Geſetzes- und Verordnungsblatt

für die

Vereinigte Evangeliſch-proteſtantiſche Landeskirche Badens.

Ausgegeben	Karlsruhe, den 27. Auguſt	1941.

Ehren- Tafel

Für Führer, Volk und Vaterland fielen:

Fath, Hans, Pfarrkandidat aus Mannheim, als Gefreiter im Juni 1941 in Rußland.

Fiſcher, Walter, Verwaltungslehrling bei der Finanzabteilung, als Gefreiter am 26. Juni 1941 im Oſten.

Mit dem Ritterkreuz zum Eiſernen Kreuz wurde ausgezeichnet:

Bach, Wilhelm, Hauptmann, Pfarrer in Mannheim.

Mit dem Eiſernen Kreuz I. Klaſſe wurde ausgezeichnet:

Unholtz, Herbert, Leutnant, Pfarrer und Religionslehrer in Karlsruhe.

Mit dem Eiſernen Kreuz II. Klaſſe wurden ausgezeichnet:

Bauer, Friedrich, Leutnant, Pfarrer und Religionslehrer in Schwetzingen.

Dr. Bornhäuſer, Hans, Kriegspfarrer, Pfarrer in Maulburg.

Brenner, Walter, Gefreiter, Pfarrer in Gaggenau.

Müller, Gerhard, Gefreiter, zuletzt Vikar in Triberg.

Kirchliches Amtsblatt
für Mecklenburg
Jahrgang 1941

Ausgegeben Schwerin, Mittwoch, den 17. Dezember 1941

Im August 1941 fiel für das Reich im Angriff zwischen Narva und Petersburg der Gefreite in einem Artillerie-Regiment

Siegfried Fabisch
Kandidat der Theologie.

Sein Batteriechef schreibt über ihn: „Als angehender Geistlicher hatte er sich in der heutigen Zeit einen schweren Beruf ausgesucht. Ich bin gewiß, daß ihm daher die wenigen Sekunden vor seinem Tode nicht schwer gefallen sind; ebenso wenig, wie ihm sonst seine Pflicht Soldat zu sein je schwer gefallen ist. Er war ein bescheidener, tüchtiger Soldat, aufrecht und bei Vorgesetzten und Kameraden gern gesehen. Er fiel im Kampf gegen das zersetzende Gift des Bolschewismus, im Kampf für ein größeres und freies deutsches Vaterland."

Schwerin, den 5. Dezember 1941

Der Oberkirchenrat
Schultz

Thüringer Kirchenblatt
und
Kirchlicher Anzeiger
Gefetz- und Nachrichtenblatt der Thüringer evangelifchen Kirche

1941 **B.: Kirchliche Anzeigen** **Nr. 15 a**

Landeskirchenrat: Eisenach, Pflugensberg. Fernsprechanschluß Sammelnr. 1824. Postschließfach Nr. 139.
Thüringer Landeskirchenkasse: Eisenach, Postschecklonto Erfurt Nr. 7222.
Gemeinschaftliche Pfründenkasse der Thür. ev. Kirche: Eisenach, Postschecklonto Leipzig Nr. 37222.
Volksdienst: Eisenach, Pflugensberg, Fernsprechanschluß Sammelnr. 1824, Postschecklonto Erfurt Nr. 22097.

Inhalt: Kundgebung S. 114.

Zuversicht

Einmal wird der Brand verlodert sein,
Und wir ziehen Mann bei Mann als Sieger ein.
Augen sehen staunend in das Licht.
Schönes Leben will umfangen sein.
Unser Herz, in tausendfachem Tod
Taub geworden, fühllos, hart wie Stein,
Wagt befreit den erften vollen Schlag.
Alle Glocken fallen jubelnd ein.
Alle Brüder, die die Erde nahm,
Gehen unfichtbar in unfern Reih'n.
Ihnen flechtet Kränze in das Haar.
Ihnen reicht den erften Becher Wein.
Einmal zieh'n wir Mann bei Mann als Sieger ein,
Und die Toten werden Gottes Boten sein.

(Herbert Sailer.)

Für Führer und Reich fielen im Kampf gegen den Bolfchewismus
am 21. Juli 1941

der Oberpfarrer Lic. theol. Alfred Schöne in Gotha
als Leutnant und Ordonnanzoffizier in einem Infanterie-Regiment

der Pfarrer Hans Kohl in Heyda
als Gefreiter in einer Panzerschützenkompanie

1941.
Ausgegeben am 9. August 1941.

Landeskirchliches Amtsblatt

der Braunschweigischen evangelisch-lutherischen Landeskirche

Wolfenbüttel, den 17. September 1941

Im Kampf für Führer und Vaterland fielen im Osten:

Soldat Karl Leymann
Pastor zu Bahrdorf

Leutnant Hans Schmidt
**Pastor adj. beim Stadtkirchenverband Braunschweig,
Inhaber des Eisernen Kreuzes II. Kl.**

Leutnant Joachim Eisenberg
Hilfsprediger zu Blankenburg/Harz, Inhaber des Eisernen Kreuzes II. Kl.

Leutnant Hans-Adolf Clemen
Kandidat der Theologie, Helmstedt, Inhaber des Eisernen Kreuzes II. Kl.

Die Braunschweigische ev.-luth. Landeskirche wird dieser treuen jungen Pfarrer stets in Dankbarkeit gedenken.

Joh. 15. Vers 13: „Niemand hat größere Liebe denn die, daß er sein Leben läßt für seine Freunde."

**Der Stellvertreter des Landesbischofs
der Braunschw. ev.-luth. Landeskirche.**
Röpke

Nach Gottes heiligem Willen ist der am 17. Februar 1917 geborene Student der Theologie aus der Kirchengemeinde zu Hoheluft

Gerd Rodewaldt

Leutnant und Batteriechef, Inhaber des Eisernen Kreuzes 1. und 2. Klasse, anderer Auszeichnungen und des Verwundetenabzeichens, am 4. Juni 1944 an der italienischen Front auf dem Felde der Ehre geblieben. Die Nachricht, daß er vermißt werde, ließ die Hoffnung offen, er sei in Kriegsgefangenschaft geraten. Nach neueren Meldungen seiner Truppe besteht diese Hoffnung nicht mehr. Der tapfere junge Offizier, der seinen Wagen zur Bergung eines verwundeten Kameraden hergegeben hatte, ist auf dem Wege zur Stellung dem feindlichen Feuer erlegen. Mit den Eltern und Geschwistern trauert unsere Hamburgische Kirche um ein hoffnungsreiches Leben, das sich dem heiligen Predigtamt verschrieben hatte. Rein an Leib und Seele, wach im Geist und von Herzen gläubig, wäre dieser deutsche Soldat von hohem Wuchs und ritterlicher Haltung auch ein rechter Soldat Christi geworden. Anders hat es der Herr beschlossen, dem er nun im oberen Heiligtum dient. In diesem lichten Bild halten wir sein Gedenken fest: „Das Los ist mir gefallen aufs Liebliche; mir ist ein schön Erbteil geworden. Denn du wirst meine Seele nicht der Hölle lassen und nicht zugeben, daß dein Heiliger verwese. Du tust mir kund den Weg zum Leben; vor dir ist Freude die Fülle und lieblich Wesen zu deiner Rechten ewiglich" (Ps. 16, 6; 10—11).

Bei dem Terrorangriff vom 6. Oktober 1944 fand auch der langjährige, treue Kirchenvorsteher

Heinrich Rübcke

73 Jahre alt, Mitglied des Verwaltungsausschusses, nebst seiner Frau und Enkelin den Tod fürs Vaterland.

Die Kirchengemeinde Moorburg trauert um ihre vom Feindterror dahingerafften Toten, besonders aber um diesen treuen Mann, an dessen Sarg das Wort des Apostels Paulus 2. Tim. 4, 7 als Nachruf gesprochen wurde: „Ich habe einen guten Kampf gekämpft, ich habe den Lauf vollendet, ich habe Glauben gehalten, hinfort ist mir beigelegt die Krone der Gerechtigkeit, welche mir der Herr geben wird."

Fast alle Getöteten hatten am Sonntag, dem 1. Oktober, gemeinsam am Gottesdienst teilgenommen.

Kirchliches Amtsblatt
der Provinz Pommern.

Nr. 1.   Stettin, den 24. Januar 1942.   74. Jahrgang

In treuem Einsatz für Führer, Volk und Reich fielen im Kampf für das Vaterland an der Ostfront

am 24. September 1941:

Hilfsprediger Eberhard Ritter
Obergefreiter,
Inhaber des Inf.-Sturmabzeichens und
des Eisernen Kreuzes II. Klasse,

am 8. November 1941:

Vikar Werner Holzhüter
aus Stargard,
Gefreiter in einem Inf.-Regt.,

am 28. November 1941:

Vikar Waldemar v. Suchodoletz
aus Greifswald,
Gefreiter in einem Inf.-Regt.

„Sei getreu bis in den Tod, so will ich dir die Krone des Lebens geben." (Off. Joh. 2, 10.)

Stettin, den 22. Januar 1942.

Evangelisches Konsistorium der Provinz Pommern.
D. Wahn.

Amtsblatt
für die Evangelisch-Lutherische Kirche in Bayern rechts des Rheins.
Amtlich herausgegeben vom Evangelisch-Lutherischen Landeskirchenrat in München.

München   Nr. 6   7. April 1941

Im Dienst für Führer und Vaterland hat sein Leben hingegeben:

Diakon Gustav Albrecht, † 5. 2. 1941 im Lazarett zu München.

„Wir haben erkannt die Liebe, daß Er sein Leben für uns gelassen hat; und wir sollen auch das Leben für die Brüder lassen." 1. Joh. 3, 16.

München, den 14. März 1941.   Evang.-Luth. Landeskirchenrat
D. Meiser.

Thüringer Kirchenblatt

und

kirchlicher Anzeiger

Gesetz= und Nachrichtenblatt der Thüringer evangelischen Kirche

1944	**B.: Kirchliche Anzeigen**	**Nr. 23**

Landeskirchenamt: Eisenach, Pflugensberg. Fernsprechanschluß Sammelnr. 1824. Postschließfach Nr. 139.
Thüringer Landeskirchenkasse: Eisenach, Postscheckkonto Erfurt Nr. 7222.
Volksdienst: Eisenach, Pflugensberg, Fernsprechanschluß Sammelnr. 1824, Postscheckkonto Erfurt Nr. 22097.

Inhalt: Verjährung von Ansprüchen der Kirchgemeinden S. 116. — Zinsen für Aufwertungshypotheken S. 116. — Sprechtag der Pröpste S. 117. — Kreiskirchenamt Weimar, Abteilung Gotha S. 117. — Wichtige staatliche Gesetze und Verordnungen S. 117. — Beförderungen und Auszeichnungen S. 117, 118.

Ehrenblatt

Mit der goldenen Nahkampfspange und dem Deutschen Kreuz in Gold wurde im Führerhauptquartier ausgezeichnet

Pfarrer Ernst Schlösser

(Angelroda)

Leutnant d. R. und Kompaniechef in einem Panzergrenadier = Regiment.

Superintendent Lic. Konrad Beyer

(Kahla)

Hauptmann und Kompaniechef

wurde im Ehrenblatt des deutschen Volkes genannt.

Die Thüringer evangelische Kirche ist stolz auf den hervorragenden Einsatz ihrer Pfarrer. Neben dem außergewöhnlich hohen Blutzoll, mit dem die Thüringer Pfarrerschaft ihre Treue zu Führer und Reich besiegelt hat, gelten uns die in besonderer Weise als Soldaten ausgezeichneten Theologen als Sinnbild der Treue. Ihre Namen sind in den Ehrenschild eingegraben, den die stolze vaterländische Tradition des deutschen evangelischen Pfarrerstandes geschmiedet hat.

Der Präsident
der Thüringer evangelischen Kirche.
Rönck.

1944.
Ausgegeben am 1. Dezember 1944.

Wer ist ein Mann? Wer glauben kann   Dies ist der Mann, der sterben kann
Inbrünstig, wahr und frei   Für Gott und Vaterland,
Denn diese Wehr bricht nimmermehr   Er läßt nicht ab bis an das Grab
Die bricht kein Mensch entzwei.   Mit Herz und Mund und Hand.

ERNST MORITZ ARNDT

Es gehört zum selbstverständlichen seelsorgerlichen Geleit der Kirche, daß sie sich im Kriege auch der Hinterbliebenen von Gefallenen annimmt. Die Kirche hat darin schon in Friedenszeiten eine bestimmte Übung entwickelt: Am Heldengedenktag im März wurde im Gottesdienst der Gefallenen des 1. Weltkrieges gedacht oder auch in besonderen Feierstunden am örtlichen Ehrenmal. Nun aber steht die Kirche doch vor einer neuen, viel konkreteren Aufgabe.

Gedächtnisgottesdienste sind nach den „Blitzsiegen" gegen Polen und Frankreich im ersten Kriegsjahr noch relativ selten. Pünktlich zu Beginn des Polenfeldzuges sind zwar mehrere Andachtsbücher speziell zur Kriegszeit für die Hand des Pfarrers erschienen, aber da keiner auf einen jahrelangen Weltkrieg eingestellt ist, werden von den Landeskirchenämtern erst nach Beginn des Russlandfeldzuges Entwürfe zu gottesdienstlichen Ordnungen veröffentlicht. Dabei sind die einzelnen Landeskirchen durchaus selbständig.

Am weitesten verbreitet ist wohl die Ordnung, die in der deutschen Ev. Kirchenkanzlei in Berlin von Oberkonsistorialrat Lic. Dr. Söhngen, einem anerkannten Fachmann für liturgische Fragen, erarbeitet worden ist (→B.48). Sie sieht drei unterschiedlich lange Formen vor: Als *kürzeste Form* die Nennung der Namen der Gefallenen in der sog. Großen Fürbitte nach der Predigt. Eine *ausgedehntere Form* folgt der Sitte, wie sie heute am Ewigkeitssonntag üblich ist, wenn die Namen der Verstorbenen des vergangenen Kirchenjahres bei der Abkündigung vor der Großen Fürbitte vorgelesen werden. Die Gemeinde erhebt sich. Nun werden außer dem Namen auch das Alter des Verstorbenen und der Ort des Todes genannt und ein besonderes auf den besonderen Trauerfall formuliertes Gebet gesprochen. Die *ausführlichste Form* ist der besondere Gefallenen-Gedächtnisgottesdienst außerhalb der üblichen, sonntäglichen Gottesdienstzeit.

Diese Art von Gefallenen-Gedächtnis geht weit über das hinaus, was die Kirche in Friedenszeiten den Hinterbliebenen an seelsorgerlicher Begleitung anbietet. Es ist ja nicht üblich, die Verstorbenen in der Fürbitte namentlich zu nennen. Es ist auch nicht üblich, den Ort des Todes (z.B.

zu Hause, im Krankenhause) zu nennen. Auszeichnungen ziviler Art gibt es staatlicher und sogar kirchlicherseits. Aber kein Pfarrer käme auf die Idee – und eine Pastorin noch wohl viel weniger – , diese Orden nun in den Abkündigungen des Verstorbenen zu nennen. Die auf dem „Schlachtfeld" Gefallenen sind „besondere" Tote" und zwar besonders hervorgehobene Tote. Der Totenort ist daher das „Feld der Ehre". Kein Mensch käme indes auf die Idee, bei einem beim Kochen plötzlich oder bei Gartenarbeit durch Herzschlag verstorbenen Menschen die Küche oder den Garten als „Feld der Ehre" zu bezeichnen, obwohl sie dieses gewiß ebenso, wenn nicht viel mehr als ein Frontabschnitt sind. Das Gefallenen-Gedächtnis soll vor allem der Sinngebung dieses besonderen Todes dienen. Ein solcher Gedächtnisgottesdienst verletzt nüchtern betrachtet den einfachen Grundsatz, daß vor Gott im Tode alle Menschen gleich arm und reich dran sind.

Die Gefallenen-Gedächtnisgottesdienste haben aber noch einen weiteren, gewiß unbeabsichtigten Nebeneffekt. Sie binden die „Heimatfront" in besonders nachdrücklicher Weise mit der kämpfenden Front zusammen. Sie binden außerdem die Kirchengemeinde immer enger an die Staatsführung an, denn der andere Gedanke, daß der Krieg sinnlos ist, und die Führung zur Umkehr zu rufen ist, findet im Gottesdienst keinen Platz.

Während der Hamburger Bischof Tügel seinen Pfarrern einen sprachlich und theologisch nüchternen und zurückhaltenden Vorschlag zusendet (→B.49), können sich die Pfarrer andernorts den besonderen Wünschen der Gemeindeglieder nur schwer entziehen. So kommt es vor, daß ein Kreuz mit Kranz und Schleife aufgestellt wird. Ein Kreuz mit einem Stahlhelm im Altarraum erinnert die Trauergemeinde an das „Heldengrab an der Front". Es werden Kränze an der Empore aufgehängt, Fotos mit dem Bild der Gefallenen werden auf die Altäre aufgestellt und sogar ein leerer Sarg im Kirchenraum zu diesem Gottesdienst aufgestellt, vielleicht bedeckt mit der Staatsflagge.

Die ausschmückenden Formen haben in Bayern eine solche Unsicherheit ausgelöst, daß der Landeskirchenrat in einem ausdrücklichen Schreiben vom 12. November 1942 den Pfarrämtern detaillierte Anweisungen geben muß, was nun noch gestattet und was strikt verboten ist (→B.50).

Besonders peinlich ist für eine Kirchengemeinde folgender Vorfall: Nach dem Einmarsch der alliierten Truppen im April 1945 begehrt ein englischer Militärpfarrer die Kirche für einen Truppengottesdienst, was ihm der Ortspfarrer freudig gewährt. Der Militärpfarrer sieht sich den Gottesdienstraum vorher an und erblickt an der Empore zahlreiche Kränze mit Schleifen, die unter dem Namen des Gefallenen auch mit dem Staatswappen, dem Hakenkreuz, versehen sind. Anders als beim Ortspfarrer und den Angehörigen war bei ihm das richtige Gefühl geweckt, daß mit einer derartig gestalteten Totenehrung zugleich ein Ja zu diesem Staat und seiner Führung verbunden war.

Daß die Kirche sich tatsächlich auf unsicherem Gebiet befindet, macht eine weitere Anweisung des bayerischen Landeskirchenrates deutlich (→B.51). Es soll nicht der Soldaten gedacht werden, die wegen ‚Kriegsverrat' erschossen worden oder im Strafgefangenenlager oder „durch eigene Schuld" den Tod gefunden haben. Während die Kirche die unterschiedliche Behandlung von Selbstmördern auf den Friedhöfen bereits aufgegeben hat, selektiert sie säuberlich, ob die Toten „auf dem Feld der Ehre für Führer und Volk" oder anderweitig gestorben sind. Wie wird die Kirche nach dem Kriege die Angehörigen derer begleiten, die wegen Wehrdienstverweigerung oder Fahnenflucht hingerichtet worden sind? Die für Niedersachsen zuständige Hinrichtungsstätte in Wolfenbüttel verzeichnet zahlreiche hingerichtete Soldaten.

Ein Lied zum Gedächtnis-Gottesdienst

Ein besonderes Zeichen für die Verbundenheit der Gemeinden und Menschen mit einem Angebot der Kirche ist es, wenn Aktivitäten dazu in den Gemeindegliedern selbst geweckt werden und sie mit Liedern und Gedichten zu deren „Verinnerlichung" beitragen. Das Lied von W.H. Sch. (→B.54), nach der bekannten Melodie „Jesus meine Zuversicht" für einen Gedächtnis-Gottesdienst gereimt, gibt den Verlauf und die Gefühle während eines solchen Gottesdienstes wieder: Eingangsgeläut, Tränen und Trauer der Hinterbliebenen, die anwesende gläubige Gemeinde, der angebotene Trost, nämlich die Freude, daß der Verstorbene so lange Zeit bei der Familie sein durfte, die vier Imperative (dankt, tragt, betet, hebt) – denn mit Ermahnungen pflegt eine Predigt auf dem Lande zu schließen –, die Aussicht auf ein siegreiches Ende und ein dann hoffentlich freimütiges Christusbekenntnis.

Die Predigt
im Gedächtnis-Gottesdienst

Die Predigt in einem Gedächtnisgottesdienst ist ein schwieriger Sonderfall der sogenannten „Kriegspredigt". Die in den ‚Pastoralblättern' abgedruckte Musterpredigt von Pfarrer Stolze (→B.52) zeigt deutlich, wie eben doch die besondere Aufmachung eines Gedächtnis-Gottesdienstes sich soghaft auch auf den Prediger auswirkt, ihn zu einem besonderen Pathos verführt – das sich hier noch in Grenzen hält –, und zu zwar naheliegenden, aber unhaltbaren Verdrehungen des Bibelwortes verlockt. Das „Weiche nicht, denn ich bin dein Gott", aus Jes. 41, der Konfirmationsspruch des Gefallenen, gilt fraglos nicht als Zurückweichen „bei jedem Einsatz gegen den Feind", sondern vor dem Unglauben. Weiche nicht von Gott ab, ist zu ergänzen. Der Tod wird zum Eingang zu einer göttlichen „Heimatburg", von wo aus der Gefallene noch einmal Rückschau hält auf sein Leben. Die angebotene Sinngebung des Todes besteht darin, daß Gott den Gefallenen „durch die rechte Hand seiner Gerechtigkeit" erhält, und ihn so über seinen Tod hinweghebt. Die Predigt, die durchaus frei ist von Fanatismus und Übertreibung, dient doch einer zweifelhaften Rechtfertigung des Krieges.

Noch deutlicher wird der Gedanke der Rechtfertigung des Krieges beim *„Entwurf einer Grabrede bei einem Soldatenbegräbnis im Felde"* (→ B.53). Hier nimmt der Prediger den naheliegenden Gedanken der Sinnlosigkeit des Soldatentodes auf und ordnet ihn in das Wort „Schicksal" ein, das aber die Sinnfrage unbeantwortet läßt. Im zweiten Teil jedoch korrigiert der Prediger die zu Beginn selbst vorgenommene gedankliche Einordnung: „Menschen, die jeden Gegner bezwingen, die gegen Bunker springen und durch Flaksperren fliegen", kapitulieren nicht vor dem Schicksal, wenn sie Christen sind. Der Glaube vermittelt ihnen als Trost die Gewißheit des Sieges. „Es wird immer ein Siegen sein". Dieser Satz, betont an den Schluß gestellt, nimmt den der Predigt vorangestellten

Bibeltext 1. Kor. 15,55 und 57 auf: „Der Tod ist verschlungen in den Sieg. Gott aber sei Dank, der uns den Sieg gegeben hat."

Mit zunehmender Dauer des Krieges wird die Notwendigkeit von „Heldenfriedhöfen" und Massengedenkstätten aktuell. Dem Gesetzblatt der Deutschen Evangelischen Kirche von 1943 ist ein Sonderdruck des Reichsinnenministeriums beigefügt, das verschiedene Muster von Gedenksteinen in Stein und Holz enthält, und die für kommunale und kirchliche Friedhöfe verbindlich sind (siehe die Abbildungen auf den →Seiten 78 bis 81).

Kirchliches Amtsblatt
der Kirchenprovinz Sachsen
Fünfundsiebenzigster Jahrgang

Nr. 1	Magdeburg, am 28. Januar	1943

Inhalt: 1. Nachruf S. 1. — 2. Gefallenen-Gedächtnis S. 1. — 3. Hinweis auf den Kollektenterminkalender S. 3. — 4. Konfirmationstermin S. 3. — 5. Richtlinien für die Durchführung von Jugendgottesdiensten in den Gemeinden S. 3. — 6. Mitteilung, betreffend Predigtmeditationen S. 4. — 7. Luthertag am 14. Februar 1943 S. 4. — 8. Stipendien für den Besuch evangelisch-sozialer Frauenschulen S. 4. — 9. Kirchenmusikalische Prüfung S. 4. — 10. Beiträge der nebenberuflichen Kirchenmusiker für den Reichsverband für evangelische Kirchenmusik S. 4. — 11. Kirchensteuer älterer Ordnung in Preußen S. 5. — 12. Auslobungen S. 5. — 13. Nachrichten S. 6. — 14. Abkündigungsdienst S. 7.

Leben wir, so leben wir dem Herrn; sterben wir, so sterben wir dem Herrn; darum, wir leben oder sterben, so sind wir des Herrn.   Röm. 15, 8.

Für das Vaterland starb in treuer Pflichterfüllung

Leutnant Fritz Meyer

Kandidat der Theologie, Inhaber des E. K. II
am 18. Oktober 1941 im Alter von 27 Jahren

Das Gedächtnis des Gefallenen bleibt bei uns in Ehren

Evangelisches Konsistorium der Provinz Sachsen

Dr. Freßdorff

Beschaffenheit des Kreuzes:

Astfreies, gehobeltes Kiefernholz ist zu verwenden (gesunde Stammware). Die Kreuzung ist zu überblatten. Wasserfester Leim ist zu verwenden. Die Kreuzung ist mit 4 Holzschrauben zu verbinden. Die untere Hälfte (68 cm) ist in Karbolineum zu tauchen. Das Kreuz selbst ist mit Kronengrund zu grundieren. Die schwarzen Stellen sind mit Ölfarbe zu streichen, die weißen Stellen verbleiben ausgespart im Kronengrund. Das eigentliche Kreuz ist mit Luftlack (Ducolux) zu lackieren. Die Rückseite des ganzen Kreuzes ist mit Kronengrund zu grundieren. Die Schnittflächen des Kreuzes sind ebenfalls schwarz zu streichen.

Formblatt 1a.
Der Generalbaurat für die Gestaltung der deutschen Kriegerfriedhöfe, Berlin-Grunewald, Lassenstr. 32/34

Grabzeichen für die Deutschen Kriegerfriedhöfe. Ausführung in Holz
Etwa ¹/₄ der natürlichen Größe

Grabzeichen für die Deutschen Kriegerfriedhöfe. Ausführung in Stein. Ritterkreuzträger
Etwa ¹/₈ der natürlichen Größe

Kurt Reuber (1906-1944): Selbstbildnis in Stalingrad 1943

Es gibt in der heute bedrückend wirkenden, vielschichtigen Strömung von Mitläufertum und Anpassung der evangelischen Kirche an die kriegerische Außenpolitik der Hitler-Regierung auch Gegenströmungen. Mitten im Krieg und an der Front entstehen Lichtblicke des christlichen Glaubens, die weit ab von den trüben Gewässern des Propagandageräuschs und der Parteiphrasen ein klares ungetrübtes Zeugnis der Wirklichkeit Gottes und der Gegenwart Christi sprechen.

Am 16. und 17. Oktober 1943 tagt die 12. Bekenntnissynode der Bekennenden Kirche der Altpreußischen Union in Breslau. An ihr nehmen Abgeordnete aus allen Bruderräten der Provinzkirchen der Altpreußischen Union teil. Das Hauptthema sind die Zehn Gebote. Längst sind Nachrichten vom Terror an der Front und von der Tötung der Geisteskranken und von der Ermordung der Juden in den Bevölkerungsteilen durchgesickert. Die Synode bestreitet in klarer Sprache dem Staat das Recht, fremdes Leben zu „liquidieren". Sie schärft dem Soldaten die persönliche Verantwortung für sein Tun ein. Die Entschließung wird als Handreichung an Pfarrer und Älteste in den Bruderräten der preußischen Provinzialkirchen weitergegeben (→B.56).

Persönliche Zeugnisse ganz anderer Art entstehen an der russischen Front, einfache Verse, ohne literarischen Anspruch, die – anders als in den Briefen aus Stalingrad zu lesen (→B.16) – von der Frage nach Gott nicht losgelassen sind. Bei der Stadt Kiew ist der 22 jährige Pfarrer Hans Walter Wolff stationiert. Er gehört der Bekennenden Kirche an. Er beschreibt in Anlehnung an das Bibelwort, daß Jesus dort sei, wo zwei oder drei in seinem Namen versammelt seien (Matthäus 18,20), am 1. Passionssonntag Invokavit die Gegenwart Jesu (→B.57).

Albrecht Goes, Jahrgang 1908, Pfarrer in Württemberg, findet nach einer unruhigen und trostlosen Nacht am Morgen Trost beim Ansehen von Dürers Radierung „Rasenstück", die Hoffnung auf eine friedliche Schöpfung mitten im kriegerischen Feldquartier (→B.57).

An der Nordfront ist der 30jährige Pfarrer Siegbert Stehmann eingezogen. Er hat im Eckhart-Verlag bereits einen Gedichtband veröffentlicht und ist mit Rudolf Alexander Schröder befreundet. Am 18. Januar

1945 fällt er bei dem Rückzug in Polen. Zu Silvester notiert Stehmann mit kräftigen Gegensatzpaaren im Rückblick auf das Jahr 1942 die tiefen Einbrüche in das gewohnte Denken, die in einem Gebet enden und die er darin auch ertragen kann (siehe das Gedicht „*Abgesang*" →B.57). In einem anderen Gedicht verbindet Stehmann das Gefühl der Befremdlichkeit an der Front mit der Gestalt des Fremden aus der Geschichte der Jünger von Emmaus (Lukas 24), der sich auf dem Weg befindet, um am Abend dem Fremden das Brot zu reichen (siehe das Gedicht „*Fremder Weg und fremde Hütte*" →B.57).

In dieser Arbeitshilfe befindet sich mehrere Bilder von Kurt Reuber.[24] Kurt Reuber, 1906 in Kassel geboren, studierte Theologie und promovierte bei Professor Heiler in Marburg. Er begann auch ein Medizinstudium und promovierte nach einer richtungweisenden Begegnung mit Albert Schweitzer aus der Arbeit in seiner ersten Gemeinde in Wichmannshausen 1938 zum Doktor der Medizin. Seine andere Liebe und Begabung galt der Malerei, die er in der Schwälmer Künstlerkolonie formte. Als Seuchenarzt wurde er früh in den Kriegsdienst eingezogen. Seine Bilder zeigen Begegnungen mit russischen Menschen, die vom nazistischen Zeit- und Frontgeist nur noch als Objekte der Vernichtung und Ausbeutung verkannt werden sollten. Hier sieht der Betrachter in offene, fragende, melancholische Gesichter. Im Kessel von Stalingrad zeichnete Reuber auf der Rückwand einer Landkarte zum Weihnachtsfest 1942 die „*Stalingrader Madonna*". Ein Freund brachte sie mit 150 anderen Kohlezeichnungen in einem der letzten Flugzeuge aus dem Kessel. Reuber wird gefangengenommen. Im Lager zeichnet er zum Weihnachtsfest 1943 die „*Gefangenenmadonna*". Am 20. Januar 1944 stirbt Kurt Reuber in russischer Gefangenschaft. Das Original der „Stalingrader Madonna" hängt heute in der Kaiser-Wilhelm-Gedächtniskirche in Berlin.

---

[24] Die Bilder von Kurt Reuber […] [*stammen aus Dem Fundus von*] Dr. med. Hartmute Kindermann […] Kassel. Ich danke herzlich für die Genehmigung des Abdrucks.

Kurt Reubers „Stalingrader Madonna"

Kirchliches Amtsblatt

für die

Evangelisch = lutherische Landeskirche Hannovers

1944   Ausgegeben zu Hannover, den 21. Juli 1944   Stück 11

Dank für die gnädige Errettung des Führers.

Hannover, den 21. Juli 1944.

Tief erschüttert von den heutigen Nachrichten über das auf den Führer verübte Attentat ordnen wir hierdurch an, daß, soweit es nicht bereits am Sonntag, dem 23. Juli, geschehen ist, am Sonntag, dem 30. Juli, im Kirchengebet der Gemeinde etwa in folgender Form gedacht wird:

„Heiliger barmherziger Gott! Von Grund unseres Herzens danken wir Dir, daß Du unserm Führer bei dem verbrecherischen Anschlag Leben und Gesundheit bewahrt und ihn unserem Volke in einer Stunde höchster Gefahr erhalten hast. In Deine Hände befehlen wir ihn. Nimm ihn in Deinen gnädigen Schutz. Sei und bleibe Du sein starker Helfer und Retter. Walte in Gnaden über den Männern, die in dieser für unser Volk so entscheidungsschweren Zeit an seiner Seite arbeiteten. Sei mit unserem tapferen Heere. Laß unsere Soldaten im Aufblick zu Dir kämpfen; im Ansturm der Feinde sei ihr Schild, im tapferen Vordringen ihr Geleiter. Erhalte unserem Volke in unbeirrter Treue Mut und Opfersinn. Hilf uns durch deine gnädige Führung auf den Weg des Friedens und laß unserem Volke aus der blutigen Saat des Krieges eine Segensernte erwachsen. Wecke die Herzen auf durch den Ernst der Zeit. Decke zu in Jesus Christus unserm Herrn alles, was wider Dich streitet. Gib, daß Dein Evangelium treuer gepredigt und williger gehört werde, und daß wir unser Leben in Liebe und Gehorsam tapfer und unverdrossen unter die Zucht Deines Heiligen Geistes stellen.

Der Landesbischof.   Das Landeskirchenamt.

D. Marahrens.   J. V.: Stalmann.

12. Die Bindung der evangelischen Pfarrerschaft an Person und Amt Adolf Hitlers

„Gegenströmungen und Lichtblicke" sind die Ausnahmen und können nicht den Schluß dieser Arbeitshilfe bilden. Bis zum Kriegsende wirksam blieb ein bisher aus Scham und Ratlosigkeit ungeschriebenes Kapitel der neueren Kirchengeschichte: Die Auswirkungen der sittlichen Bindung der überwiegenden Mehrheit der evangelischen Pfarrerschaft an Person und Amt Adolf Hitlers.

Durch das unter evangelischen Theologen weit verbreitete Verständnis vom Staat als einer Ordnung Gottes, die dem Chaos wehren soll und der dazu das Schwertamt gegeben sei, galt auch die Regierung Hitler als Ordnung Gottes, der die Pfarrerschaft Gehorsam und Treue notfalls bis in den Tod zu leisten habe. Hitler hat es der evangelischen Kirche leicht gemacht, diesen Gedankengang nachzuvollziehen, indem er in seinen Regierungserklärungen in den Jahren 1933, 1934 und 1939 den Wunsch nach einem positiven Verhältnis zur Kirche förmlich zum Ausdruck brachte und seine Reden gerne auch noch in den Kriegsjahren in Gebetsform beschloß (→B.59). Hitler schließt seine Rede vor dem Reichstag am 20.2.1938: „Ich möchte in dieser Stunde nur den Herrgott bitten, daß er auch in den folgenden Jahren unserer Arbeit und unserem Handeln, unserer Einsicht und unserer Entschlußkraft seinen Segen geben möge, daß er uns ebenso vor jedem falschen Hochmut und vor jeder feigen Unterwürfigkeit bewahre, daß er uns den geraden Weg finden lassen möge, den seine Vorsehung dem deutschen Volke zugedacht hat, und daß er uns stets den Mut gebe, das Rechte zu tun und niemals zu Wanken, vor keiner Gewalt und keiner Gefahr"[25].

Die evangelische Kirche hat die ‚Einsicht von der Hitlerregierung als guter Obrigkeit und Ordnung Gottes' durch die Anordnung von Sondergottesdiensten zum Tag des Regierungsantrittes Hitlers am 30. Januar jahrelang und auch in den Kriegsjahren vertieft (→B.58, B.69).

Der Obrigkeit gebührt nach jahrhundertealter staatskirchlicher Tradition die besondere Fürbitte im sonntäglichen Gottesdienst. Zwölf

---

[25] DOMARUS 1973, S. 804.

Jahre lang ist in den evangelischen Kirchen Sonntag für Sonntag öffentlich für den Führer gebetet worden. „Es bleibt auch in Zukunft unserer und unserer Gemeinden allsonntägliches Gebet, Gott wolle uns den Führer erhalten, ihn schützen und segnen und das Werk seiner Hände fördern", gelobt Pfarrer Klingler in Namen der evangelischen Pfarrerschaft im Jahr 1939 (→B.63). Dieses ständige Beten für „Führer, Volk und Vaterland", im Kriege für alle Waffengattungen „zu Lande, Wasser und der Luft", für Generäle und Soldaten hat außer der Pfarrerschaft auch die mitbetende Gemeinde in die Bindung der evangelischen Pfarrerschaft an Person und Amt Adolf Hitlers hineingesogen.

Eine weitere, engere Verbindung mit dem Amt des Führers bedeutet die Vereidigung der Pfarrerschaft im Frühjahr und Frühsommer 1938 (→B. 60, B. 61). Der evangelische Pfarrer hat diesen Eid geleistet als Staatsbeamter und Träger eines öffentlichen Amtes. Der Eid hat den Charakter eines Treueides. Es hatte zwar hier und da Proteste (→B. 62) und zeitliche Verzögerungen gegeben, aber der Reichsbundesführer des Reichsbundes der deutschen evangelischen Pfarrervereine, Pfarrer Klingler, hatte auf dem Pfarrertag 1938 rückblickend zufrieden festgestellt, der Eid sei „fast überall geleistet worden … Wir wollen nicht müde werden, für unser Vaterland und seinen Führer vor unsern Gott zu treten und zu bitten, daß ihm die höchste Kraft, die Kraft von oben geschenkt werde. Als evangelische Christen wissen wir, was wir ohnehin der Obrigkeit unseres Volkes schuldig sind und was wir unter dem 4. Gebot stehend auch gerne leisten wollen. Möge Gott der Herr all den vielen tausend Geistlichen, die den Eid abgelegt haben, nun die Kraft und die Standfestigkeit verleihen in allen Lagen zu dem zu stehen, was sie beschworen haben".

Nach ihrer Einberufung haben die Pfarrer, Kandidaten und Theologiestudenten ebenfalls einen Eid auf den Führer geleistet. Dieser Fahneneid war ganz vorne im Feldgesangbuch abgedruckt und lautete: „Ich schwöre bei Gott diesen heiligen Eid, daß ich dem Führer des Deutschen Reiches und Volkes, Adolf Hitler, dem Obersten Befehlshaber der Wehrmacht, unbedingten Gehorsam leisten und als tapferer Soldat bereit sein will, jederzeit für diesen Eid mein Leben einzusetzen."

Die Bindung der Pfarrerschaft galt aber nicht nur dem Amt des Kanzlers, das nun Hitler einnahm. Sie galt auch seiner Person. So wurde der

Geburtstag Hitlers, der 20. April, auch von der evangelischen Kirche bis in den Krieg mit Sondergottesdiensten, Fahnenhissen und speziellen Fürbitten begleitet (→B.63 – B. 68). Ein ganz besonderer Anlaß war natürlich der 50. Geburtstag Hitlers im Jahre 1939. Im Namen von 16.000 evangelischen Geistlichen gratuliert der Reichsbund der deutschen evangelischen Pfarrervereine u.a. mit folgender Adresse: „Am heutigen Tage vereinigen wir uns mit allen unseren Gemeinden in dem Gefühl demütigen Dankes vor dem lebendigen Gott, daß er uns zur rechten Stunden den Führer geschenkt und durch ihn den Weg des deutschen Volkes aus der Tiefe der Ohnmacht und der Schmach in machtvollem Aufschwung zur leuchtenden Höhe Großdeutschlands gelenkt hat."
(→B.63)

Die Verbindung zum Amte des Führers wurde da besonders anschaulich, wo seine Person durch Attentate gefährdet wurde. Zweimal wurde auf Hitler während des Krieges ein Attentat verübt: Am 8. November 1939 in München und 20. Juli 1944 bei Rastenburg. Noch am 20. Juli abends hält Hitler eine kurze Ansprache. Dreimal betont er dabei, daß er das Scheitern des Attentates als ein Werk der Vorsehung betrachte. „Ich fasse es als eine Bestätigung des Auftrages der Vorsehung auf, mein Lebensziel weiterzuverfolgen, so wie ich es bisher getan habe … Ich selber danke der Vorsehung und meinem Schöpfer … Ich ersehe daraus auch einen Fingerzeig der Vorsehung, daß ich mein Werk weiter fortführen muß und daher weiter fortführen werde"[26]. Ganz unabhängig davon, was Hitler wirklich geglaubt hat, gibt er der deutschen Öffentlichkeit in seiner Sprache zu verstehen, er glaube, daß Gott ihn bewahrt habe. Diese religiöse Deutung wird von der evangelischen Kirche geteilt. Über alle Unterschiede der kirchlichen Gruppen hinweg wurden beide Attentate von der evangelischen Kirche scharf verurteilt (→B.70 – B.79). Die Attentate waren Hitler in zwei schwierigen Situationen sehr nützlich: Im November stand er vor der Frage, wann er den bei den Deutschen unpopulären Krieg gegen England eröffnen sollte, und im Juli 1944 war der Krieg bereits verloren. Da war ein kräftiger Hinweis darauf, daß Hitler sichtlich mit Gott, der Vorsehung im Bunde sei, stärkend für die Bevölkerung, wenn sie es glaubte. Daß sie es glauben konnte, daran hatte die evangelische Kirche einen großen Anteil: Die evangelische Kirche kann noch froh sein, daß die evangelische Presse seit 1941 drastisch eingeschränkt worden war. Für sie wären noch mehr Solidaritätserklärungen zur „gnädigen Errettung und Bewahrung des Führers" nach 1945 kaum noch zu erklären gewesen. Aber auch die vorliegende Anzahl der Verlautbarungen erstaunt heute. Sie ist verständlich aus der Tatsache der Bindung der evangelischen Pfarrerschaft an das Amt und die Person Adolf Hitlers, die der Präsident der Thüringischen Kirche ausdrücklich zum Thema seiner Predigt nach dem Attentat macht (→B.78).

Hitler-Bildnis auf →Seite 89 (Quelle): Deutsches Pfarrerblatt Nr. 16 vom 18.04.1939.

---

[26] DOMARUS 1973, S. 2128f.

Die Ehrenfriedhöfe „Westerholz" und „Jammertal" in Salzgitter.
Auf den Ehrenfriedhöfen in Salzgitter ruhen 2970 (‚Jammertal') und 857 (‚Westerholz')
Opfer der nationalsozialistischen Terrorherrschaft in Salzgitter zwischen 1939-1945.

Aus: Gerd Wysocki: „Zwangsarbeit im Stahlkonzern", S. 185.

13. AM ANFANG EINER SPURENSUCHE[27]

Spuren dieses Vernichtungskrieges gibt es heute in der Sowjetunion und auch im deutschen Gebiet. Die deutschen Truppen machten 5,7 Millionen Soldaten der Roten Armee zu Gefangenen; 3,3 Millionen davon kamen in der Gefangenschaft an den gezielt lebensvernichtenden Umständen zu Tode, 2 Millionen davon in der ersten Phase des Krieges bis Februar 1942. Zu Zehntausenden sind die Gefangenen später auf Lager im Reichsgebiet verteilt worden und dann vor den Augen der deutschen Bevölkerung verhungert. Andere Hunderttausende sind in der Rüstungsindustrie eingesetzt worden und zur Arbeit getrieben worden, bis sie umfielen. Wieder andere wurden als Zivilarbeiter in den Heimatländern „abgeworben", im Reichsgebiet in Barackenlager gestopft und als ‚Arbeitsmaterial' verbraucht. Im Sommer 1944 waren 5,7 Millionen Zivilarbeiter und 2 Millionen Kriegsgefangene aus vielen Nationen im Reichsgebiet „tätig". Davon waren ca. 2,8 Millionen Kriegsgefangene oder Zivilarbeiter aus der Sowjetunion. Die Hälfte von ihnen waren junge Frauen. Sie arbeiteten in der Landwirtschaft, in der Industrie, in Betrieben, im Haushalt. Ihre persönliche Lage war von Ausnahmen abgesehen katastrophal (→ B.80). Dies alles geschah in unseren Dörfern, an den Dorfstraßen, auf den Plätzen in unseren Städten. Heute führen uns die Spuren auf Friedhöfe, abgelegene Plätze, auch in die Archive des Staates und der Industriewerke.

Auf dem Friedhof in Wietzendorf liegen 16.000 erschossene und umgekommene sowjetische Kriegsgefangene. – Auf den Friedhöfen in Bergen-Belsen, Oerbke-Fallingbostel und auf dem Truppenübungsplatz (!)

---

[27] Zur Weiterarbeit: *Heimatgeschichtlicher Wegweiser zu Stätten des Widerstandes und der Verfolgung 1933-1945*. Band Niedersachsen I. Regierungsbezirk Braunschweig. Pahl-Rugenstein 1985; *Gedenkstätten für die Opfer des Nationalsozialismus* (Schriftenreihe der Bundeszentrale für politische Bildung, Bd. 245) 1987; Rolf KELLER: Sowjetische Kriegsgefangene in der Lüneburger Heide. In: Evangelische Zeitung 23.6.1991; Gerd WYSOCKI: Zwangsarbeit im Stahlkonzern. Braunschweig 1982; Gerd WYSOCKI: Das KZ Drütte. Salzgitter 1986; Bernhild VÖGEL: Entbindungsheim für Ostarbeiterinnen Braunschweig Broitzemer Straße 200. Hamburg 1989 (Kleine historische Bibliothek Bd. 3); *zum Thema Brunshausen/Gandersheim*: Robert ANTELME: Das Menschengeschlecht. Karl Hanser Verlag 1987.

Bergen liegen jeweils 30.000 bis 50.000 verscharrte sowjetische Soldaten in Massengräbern.

Bei Flachstöckheim und Ringelheim lebten im „Barackenlager 12" sowjetische Zwangsarbeiter, die im Schacht „Finkenkuhle" arbeiteten. 1943 werden drei junge Russen aus der Kolonne herausgegriffen und aufgehängt. Es hätten ein paar Kartoffeln gefehlt.

Bei Gustedt lag das „Barackenlager 5" mit sowjetischen Kriegsgefangenen. Dort bricht 1942 infolge der Hungerrationen und miserabler hygienischer Verhältnisse eine Flecktyphusepidemie aus.

Bei Lobmachtersen lag das sowjetische Kriegsgefangenenarbeitskommando Nr. 120 „Hillewiese". Die Gefangenen arbeiten in der Nähe des Schachts „Hannoversche Treue II", wo am 19. Dezember 1944 drei sowjetische Zwangsarbeiter aufgehängt werden. Sie werden beschuldigt, Treibriemen und Gummibänder zerschnitten zu haben.

Unter den durchschnittlich 3.000 Häftlingen des KZ-Drütte befanden sich auch sehr viele Russen. Von den Toten sind 292 „Ostarbeiter" und russische Kriegsgefangene namentlich registriert. Als Ursache des Todes wird genannt: „erschossen", „erhängt", „Strangulation" (→Seite 94-95).

Auf dem Friedhof „Westerholz" steht ein sowjetisches Ehrenmal. Eine besondere Gedenkplatte erinnert an die Zwangsarbeiter aus der Ukraine. Auf dem Friedhof „Jammertal" erinnert eine Säule an die Toten, die weitaus meisten aus der Sowjetunion: 1.121 (Lageplan siehe →Seite 91). Seit einiger Zeit finden hier auch Friedensgebete und Gedenkveranstaltungen statt (→B. 81).

In der Stadt Wolfenbüttel und Umgebung gab es mehrere Lager für ausländische Zwangsarbeiter. Auf dem städtischen Friedhof stehen zwei Mahnmale für sowjetische Kriegsgefangene. Auf dem Obelisk wird die Zahl von 312 sowjetischen Toten genannt.

In der Stadt Braunschweig und Umgebung arbeiteten während der letzten Kriegsjahre 30.000 ausländische Arbeiterinnen und Arbeiter, die Mehrzahl davon aus der Sowjetunion. Die Braunschweiger Industrie unterhielt alleine 50 Zivilarbeitslager. Von Mai 1943 bis April 1945 sind mindestens 350 Säuglinge und Kleinkinder im „Entbindungsheim für Ostarbeiterinnen" auf elende Weise gestorben. Ein sowjetischer Gedenkstein auf dem Braunschweiger Friedhof erinnert an die Zwangsarbeiter im Stadtgebiet.

Name, Vorname	Nationalität/ Lager	geboren	gestorben	Ursache	beigesetzt
Orischowskij, Piotr	Russe	08.07.21 Krystynopol	23.02.43 Lager 21	Erhängt	04.03.43 Krem. Br.
Kondratow, Ilja	Russe	?.07.08 Sieslowka	05.03.43 Schlacke/Drütte	Erschossen	09.03.43 Hallendorf
Stanislewski, Kasimir	Pole	18.01.13 Alexandrowec	19.03.43 Lager 21	Stranguliert	20.03.43 Krem.Br.
Nowakowski, Stanisl.	Pole	? Polen	26.02.43 Lager 21	Erhängt	27.02.43 Krem.Br.
Walczak, Peter	Pole	28.11.19 Wola Piekowska	13.05.43 Schlacke/Drütte	Erschossen	18.05.43 Hallendorf
Idkowiak, Anton		08.06.94 Wojcieyowo	20.05.43 Hallendorf	Erhängt	21.05.43 Krem.Br.
Nowassow, Boris Israel	Russe	15.09.91 Odessa	03.06.43 Schlacke/Drütte	Erschossen	08.06.43 Hallendorf
Alexijenko, Gregori	Russe	10.04.26 Platowa	09.06.43 Schlacke/Drütte	Erschossen	12.06.43 Hallendorf
Akamoff, Alexander	Russe	20.03.20 Engeln	05.06.43 Schlacke/Drütte	Erschossen	08.06.43 Hallendorf
Streletz, Abraham Israel		22.09.82 Lütschen	07.06.43 Schlacke/Drütte	Erschossen auf der Flucht	08.06.43 Hallendorf
Kujawa, Eduard	Pole	09.12.04 Rosalin	27.07.43 Schlacke/Drütte	Erschossen auf der Flucht	31.07.43 AF
Mazur, Zbislaw	Pole	30.10.17 ?	29.07.43 Schlacke/Drütte	Erschossen auf der Flucht	31.07.43 AF
De Mirande, Mauricius	Holl	12.04.99 Amsterdam	09.07.43 Schlacke/Drütte	Erschossen auf der Flucht	13.07.43 Hallendorf
Van d. Sluis, Leo Jakob	Holl	26.05.99 Zwartluis	12.07.43 Schlacke/Drütte	Erschossen auf der Flucht	15.07.43 Hallendorf
Iskra, Petro	Pole	08.04.23 Merechwa	02.08.43 Schlacke/Drütte	Erschossen auf der Flucht	04.08.43 AF

Name	Nationalität	Geburt	Tod	Todesart	Bestattung
Siska, Bojimir	Tscheche	23.09.20 Merejowitz	31.07.43 Schlacke/Drütte	Erschossen	02.08.43 AF
Sliwinski, Piotr	Pole	06.01.03 Wonchoc	09.09.43 Schlacke/Drütte	Erschossen auf der Flucht	15.09.43 AF
Alfons, Alla	Belg	15.05.22 Nemur	04.07.44 Drütte	Erschossen	07.07.44 Ausl.Friedh.
Barbry, Roger	Franz	15.03.20 Paris	15.10.44 Drütte/Schlacke	Erschossen	17.10.44 Ausl.Friedh
Bourre, Appolonius	Franz	26.09.13 Laroche-Roion	10.11.44 Lager 21	Erschossen	14.11.44 Ausl.Friedh
Blahsl, Viktor	R.D.	22.03.01 Leopersdorf	13.11.44 Schlacke/Drütte	Erschossen	15.11.44 Lebenstedt
Cieslak,	Pole	04.05.20 Kalisch	04.04.44 Gestapo Wat.	Erhängt	11.04.44 Ausl.Friedh
Cermak, Wenzel	Tscheche	26.04.00 Krocechleany	07.02.44 Lager 21	Erhängt	08.02.44 Ausl.Friedh.
Curt, Antonien	Franz	29.05.20 Lyon	03.10.44 Schlacke/Drütte	Erschossen	06.10.44 Ausl.Friedh
Denies, Alphonse	Franz	04.10.17 Mirey maine	12.08.44 Schlacke/Drütte	Herzschuß	17.08.44 Ausl.Friedh
Gonzscharow, Konstantin	Russe	26.12.26 Stalino	03.04.44 Gleidingen/Kanal	Erschossen	14.04.44 Ausl.Friedh
Glazoljew, Leonid	Russe	07.02.28 Charkow	03.09.44 Braunschweig	Strangulation	03.09.44 Ausl.Friedh
Galczak, Josef	Pole	05.06.14 Plawa	20.10.44 Drütte	Erschossen	24.10.44 Ausl.Friedh

Auszug aus einer Totenliste des Gestapo-Straflagers bei Hallendorf (Lager 21)
(vorgelegen beim Nürnberger Militärtribunal, Fall 11)
aus: Gerd Wysocki " Zwangsarbeit im Stahlkonzern" S.135

Auch in Velpke gab es ein sogenanntes Kinderheim für sowjetische und polnische Zwangsarbeiterinnen. 15 russische und 76 polnische Kinder sind auf dem Friedhof begraben.

Ein Kilometer nördlich von Rühen liegt an der Straße 244 eine Gedenkstätte für 76 Tote, die Mehrzahl von ihnen waren sowjetische Kriegsgefangene. Wie viele sowjetische Kriegsgefangene in den Lagern rings um Helmstedt untergebracht wurden, ist bisher unerforscht. Auf dem Stephani-Friedhof erinnert ein Grabstein an 76 Fremdarbeiter.

Auf dem Friedhof in Schöningen erinnern zwei Steine an das Lager Alversdorf. Dort waren auch sowjetische Gefangene untergebracht. Der eine Stein gedenkt zehn und ein anderer zwölf russischer Tote.

In Gandersheim arbeitete auf dem Gelände der heutigen *Ans SOG* ein Außenkommando des KZ Buchenwald. Das Lager dazu befand sich in der Kirche von Brunshausen, wo 400 Häftlinge zusammengepfercht waren. Der Vorkirchplatz war der Appellplatz. Vor dem Abtransport am 4. April 1945 nach Buchenwald wurden 40 entkräftete Häftlinge in einen nahen Wald abgeführt und erschossen. Die Friedensgruppe Gandersheim hat am 4.4.1991 an der Stelle im Wald ein großes Holzkreuz errichtet. Ein Gedenktafel neben dem Portal der Kirche erinnert auch an diesen Teil ihrer Geschichte.

Auf dem Friedhof in Seesen liegen 60 ausländische Tote aus der Zeit vor und nach 1945 begraben.

Spuren von sowjetischen Zwangsarbeitern finden sich auch in der früheren Hinrichtungsstätte des Gefängnisses von Wolfenbüttel, das als Dokumentationsstätte eingerichtet worden ist. Die vom Sondergericht Braunschweig oftmals wegen Lappalien zum Tode verurteilten sowjetischen Staatsangehörige wurden hier hingerichtet. Die Akten hierzu sind im Niedersächsischen Staatsarchiv in Wolfenbüttel, Forstweg einzusehen.

Wenig im Blick sind die Zwangsarbeiter, die in ihre Heimat zurückstrebten, dort dann aber als Kollaborateure mit den Deutschen verdächtigt und erneut verurteilt wurden (→B.83).

Ebenso wenig sind jene Wolgadeutsche im Blick, die zu Beginn des Russlandfeldzuges in der Sowjetunion nun als fünfte Kolonne angesehen und von Stalin sofort nach Sibirien evakuiert wurden. Einige von ihnen erleben wir jetzt als Aussiedlern in unserer Nachbarschaft.

B.
QUELLENTEIL – DOKUMENTATION

Kurt Reuber (1906-1944): Porträt – während des Russlandfeldzuges

Nr. 1.

Versöhnung braucht Erinnerung

Aus dem Gottesdienst im Braunschweiger Dom am 22. Juni 1991
Präfamen zur Lesung des Evangeliums Lukas 13,19[1]

Von Horst Hirschler, Landesbischof

Bei einem Empfang war das. Der neben mir saß, war gerade 70 Jahre alt geworden. Wir kannten uns gut. Er arbeitete in der Kirche ehrenamtlich mit. „Über drei Millionen sind an den Folgen des Hungers gestorben", sagte ich. Ich hatte das Buch von Christian Streit über die Wehrmacht und die sowjetischen Kriegsgefangenen gelesen und war ganz voll davon: das war in der ersten Zeit des Krieges, als die vielen Gefangenen gemacht wurden. Die hat man in den Kriegsgefangenenlagern systematisch unterernährt und an Hunger sterben lassen. Damals gab es keine Lebensmittelknappheit in Deutschland. Sie galten als Untermenschen. Man ließ sie verhungern.

Mein Gesprächspartner widersprach heftig. „Das stimmt nicht, ich war vom ersten Tag an mit in Rußland. Über drei Millionen verhungert – so etwas taten wir Soldaten nicht." Er stand verärgert auf und ging zu anderen in den Saal.

Nach fast einer Stunde stand er wieder neben mir. „Ich muß Sie noch einmal sprechen", sagte er tief erregt. „Es ist mir ganz schrecklich", sagte er. „Eben ist mir wieder eingefallen, damals wurde in unserer Einheit behauptet, die sowjetischen Gefangenen, die äßen, was ihnen in die Hände komme, sie vergriffen sich sogar an ihren toten Kameraden. Ich weiß, ich habe damals gesagt: Dann müssen die aber furchtbaren Hunger haben. Jetzt fällt mir das wieder ein. Ich habe nie mehr daran gedacht. Ich bin ganz fertig. Es kann doch stimmen mit den drei Millionen."

Und es stimmte!

Plötzlich taucht solch eine Vergangenheit wieder auf. Es ist ja lange her. Und der Golfkrieg überdeckt es zusätzlich und manches andere

---

[1] Textquelle | Kirche von Unten, Heft 54, Seite 4ff.

auch. Aber an solch einem Tag wie heute fällt es heute wieder einem ein und kann ein Anlaß werden zum Nachfragen, zum Nachlesen. Wie war das bei uns in Niedersachsen? Wo waren die Lager? Wo sind die Friedhöfe?

Natürlich, dann kommt das Gespräch unweigerlich auch auf unsere Gefangenen in der Sowjetunion. Ein Drittel ist nicht zurückgekehrt. Aber es gilt, die Ursachen genau zu bedenken. Der Überfall durch die deutsche Wehrmacht vor 50 Jahren. In welche Feindbilder paßte dieser Krieg hinein? Das Bild des bolschewistisch-jüdisch marxistischen Untermenschen.

Schrecklich, wie nahtlos evangelische und katholische Verlautbarungen dieses Feindbild verstärkten: „Die Deutsche Evangelische Kirche ist mit allen ihren Gebeten bei Ihnen (dem Führer) und bei unseren unvergleichlichen Soldaten, die nun mit so gewaltigen Schlägen daran gehen, den Pestherd zu beseitigen." Das Unternehmen Barbarossa als Kampf gegen den Antichristen. Schrecklich!

Es gilt, Bescheid zu wissen: die Erschießung der fast 34.000 Kiewer Juden in der Schlucht von Babi Yar, die 900.000 Menschen, die in Leningrad verhungerten, die 20 Millionen Toten durch den Krieg und die fast 90.000 zerstörten Städte und Dörfer. Die Zahlen zeigen, kaum eine Familie blieb verschont von diesem Krieg. Sicherlich, vom stalinistischen Terror auch nicht. Wenn Rußlanddeutsche davon erzählen, beginnen sie zu weinen.

Aber unser Thema heute ist dieser von Deutschen begonnene Vernichtungskrieg. Da ist es nötig, daß wir nachfragen, Lebenswege verfolgen, Innenansichten eines Krieges begreifen, welche abgebrochenen Lebenswege, welches Leid, welche verzweifelten Gebete. Wo bist du, Gott?

Hinzusehen ist auch, wie die Verteufelung von Menschen im Vorfeld eines Krieges funktioniert: nur noch Negatives über die Sowjets, über die Irakis usw. Es ist genau zu achten auf die Täter, auf die Opfer. Welches unermeßliche Leid bringt es, wenn einem Aggressor nicht rechtzeitig das Wasser abgegraben wird?

Sicherlich ist auch zu sehen, wie die Deutschen es heimgezahlt bekamen: Schuldige und Unschuldige traf es. Vielen hat das den Blick über Jahrzehnte verstellt. Und natürlich paßte dies nach dem Krieg in den Ost-West-Konflikt hinein. Sah nicht manches neue Feindbild aus wie die

Rechtfertigung des alten? Deshalb muß immer wieder klar sein: angefangen hat es mit dem Überfall, oder genauer noch: angefangen hat es viel früher. Mit der eigenen Selbstüberhebung und der Herabwürdigung anderer Völker, das Verächtlichste und Dümmste, was es gibt. Und das in einem Volk, das die Botschaft hat, daß jeder Mensch Ebenbild, das heißt geliebtes Gegenüber Gottes ist.

Wie ein wunderbares Gegenbild wirkt, daß in diesen Wochen hier in Niedersachsen über 900 Kinder aus Bjelorußland von den evangelischen Kirchengemeinden eingeladen, in Familien zu Gast sind. In Rothenburg, Soltau, Verden, Walsrode, Wittingen, Bodenwerder, Lüchow, Braunschweig sind Kinder aus der Umgebung des geborstenen Kernkraftwerkes Tschernobyl bei ihren Gasteltern. Da verbindet sich die Aufgabe der Versöhnung mit der Aufgabe, die Umwelt zu bewahren. Heute morgen war ich mit einer großen Gruppe der Kinder in der Herrenhäuser Kirche in Hannover zusammen, habe mit ihnen über eine biblische Geschichte gesprochen, und ihnen zugehört. Ein hoffnungsvolles Gegenbild.

So gibt es in diesen Wochen eine Fülle von Begegnungen. Hannoversche Kirchengemeinden sind heute in Iwanovo und gedenken dort dieses Tages.

Gelegenheiten zum Nachfragen, zu Erschütterung, zur Frage nach dem Warum jenes Krieges, nach dem Warum aller Kriege. Eine Frage an Gott und eine Frage an die Menschen.

Wir wollen dabei unser Augenmerk auf das richten, was wir heute zu tun haben. Das Evangelium dieses Tages steht beim Evangelisten Lukas im 13. Kapitel: Zu Jesus kamen einige und berichteten ihm von den Galiläern, die Pilatus, während sie opferten, hatte umbringen lassen, sodaß sich ihr Blut und das Opferblut vermischte.

Jesus sagte daraufhin: Denkt ihr, daß diese Galiläer mehr gesündigt hätten als alle anderen Galiläer, weil sie das erleiden mußten? Ich sage euch: nein, (ihr seid nicht besser), wenn ihr nicht umkehrt, werdet ihr alle ebenso umkommen.

Oder meint ihr, daß die 18, auf die beim Bauunglück von Siloah der Turm fiel und sie erschlug, schuldiger gewesen seien als alle anderen Menschen , die in Jerusalem wohnten?

Ich sage euch noch einmal: Nein, sondern wenn ihr nicht umkehrt, werdet ihr alle ebenso umkommen.

Und dann zeigt Jesus, daß Gott uns Zeit gibt. Eine Zeit, die wir in seinem Geiste für Versöhnung und Neuanfang einsetzen sollen, damit es nicht zu spät ist. Jesus sagte ihnen aber dieses Gleichnis: Es hatte einer einen Feigenbaum, der war gepflanzt in seinem Weinberg und er kam und suchte Frucht darauf und fand keine. Da sprach er zu dem Weingärtner: Siehe, ich bin nun drei Jahre lang gekommen und habe Frucht gesucht an diesem Feigenbaum und finde keine. So hau ihn ab! Was nimmt er dem Boden die Kraft? Er aber antwortete und sprach zu ihm: „Herr, laß ihn noch dieses Jahr, bis ich um ihn grabe und ihn dünge; vielleicht bringt er doch noch Frucht. Wenn aber nicht, so hau ihn ab."

Gott gebe, daß wir unsere Zeit nutzen. Amen.

* * *

Zum 50. Geburtstag des Führers.

Am fünfzigsten Geburtstag des Führers und Reichskanzlers treten wir in Freude und Dankbarkeit vor den Allmächtigen, der uns durch Adolf Hitler aus Not und Schande, Zerrissenheit und Ohnmacht zu Freiheit und Ehre, Einigkeit und Stärke geführt und Millionen von Volksgenossen vom Fluch der Arbeitslosigkeit erlöst hat. Als ein Baumeister von Gottes Gnaden hat der Führer auf dem Boden der nationalsozialistischen Volksgemeinschaft mit fester, sicherer Hand Stein auf Stein gefügt zum Bau des neuen Großdeutschen Reiches und die Saar, die Ostmark, das Sudetenland und die Memeldeutschen heimgeholt.

In bedingungsloser Gefolgschaftstreue stehen wir einsatzbereit hinter unserem Führer in seinem weiteren Kampfe gegen jeden äußeren und inneren Feind, gegen alle volk- und lebenzerstörenden Kräfte und Mächte.

Gott, der Herr erhalte uns den Führer auch fernerhin. Er schenke ihm Gesundheit und Kraft zur Fortführung seines großen Werkes und segne ihn und unser ganzes deutsches Volk.

Karlsruhe, den 18. April 1939.

Heil dem Führer!

Der Vorsitzende
der Finanzabteilung beim Oberkirchenrat.
Dr. Lang.

Nr. 2.

ZUM 50. GEBURTSTAG DES FÜHRERS[2]

(Gesetz und Verordnungsblatt
für die badische Landeskirche)
18. April 1939

Am fünfzigsten Geburtstag des Führers und Reichskanzlers treten wir in Freude und Dankbarkeit vor den Allmächtigen, der uns durch Adolf Hitler aus Not und Schande, Zerrissenheit und Ohnmacht zu Freiheit und Ehre, Einigkeit und Stärke geführt und Millionen von Volksgenossen vom Fluch der Arbeitslosigkeit erlöst hat. Als ein Baumeister von Gottes Gnaden hat der Führer auf dem Boden der nationalsozialistischen Volksgemeinschaft mit fester, sicherer Hand Stein auf Stein gefügt zum Bau des neuen Großdeutschen Reiches und die Saar, die Ostmark, das Sudetenland und die Memeldeutschen heimgeholt.

In bedingungsloser Gefolgschaftstreue stehen wir einsatzbereit hinter unserem Führer in seinem weiteren Kampfe gegen jeden äußeren und inneren Feind, gegen alle volk- und lebenzerstörenden Kräfte und Mächte.

Gott, der Herr erhalte uns den Führer auch fernerhin. Er schenke ihm Gesundheit und Kraft zur Fortführung seines großen Wertes und segne ihn und unser ganzes deutsches Volk.

Karlsruhe, den 18. April 1939.

Heil dem Führer!
Der Vorsitzende
der Finanzabteilung beim Oberkirchenrat.
Dr. *Lang*.

---

[2] Textquelle | Gesetzes- und Verordnungsblatt für die Vereinigte Evangelisch-protestantische Landeskirche Badens, Karlsruhe, Nr. 7 vom 18. April 1939. (Faksimile auf Seite 102.)

Nr. 3.

DAS GEDICHT EINER DIAKONISSE[3]

Zum 50. Geburtstag des Führers
am 20. April 1939

(Adolf Hitler:
Wer Glauben im Herzen hat,
der hat die stärkste Kraft der Welt!)

Ein Feuer brennt im deutschen Land, und der's gezündet, schürt;
und die der Flamme Schein gebannt, die sind von ihm gekürt.
Sie tragen selbst den Feuerbrand im Herzen stark und rein;
sie stehn für Volk und Vaterland zum Opferdienst bereit.
Und der die Flamme hat entfacht, der hält die Schwertwach auch;
er steht beim Feuer Tag und Nacht nach altem Heldenbrauch.
Ein Volk zum Herrgott hebt die Band: Herr, segne Flamm und Schwert!
Du hast sie segnend uns gesandt, mach uns der Flamme wert!
Ihn, der das Feuer hat entfacht, laß, Herr, gesegnet sein;
sei mit ihm, wenn er hält die Wacht, erhalt die Flamme rein!
Ein Feuer brennt im deutschen Land, der Stärkste hat's entfacht.
Hat, Deutscher, dich ihr Schein gebannt, halt mit am Feuer Wacht!

Schw. G.K.

---

[3] Textquelle | „Blätter aus dem Evangelischen Diakonieverein" 1939, S. 46.

Nr. 4
DEUTSCHE WACHT IM OSTEN[4]
(Nationalkirchliches Sonntagsblatt,
September 1939)

Es ist unseren Feinden gelungen, den Krieg in Polen zu entfesseln! Zu offener, ehrlicher Gegnerschaft waren sie zu feig! Während Verleumdung, Lüge und wahnwitzige Kriegshetze die Völker aufwühlte, tarnten sie ihren Vernichtungswillen mit den Parolen „Friedensfront" und „Vermittlung". Sie setzten schon seit Monaten an der Stelle ein, wo das Deutschtum wehrlos und ungeschützt der teuflischen Grausamkeit unmenschlichen Hasses preisgegeben war: im deutschen Osten. Dort, wo deutsches Land und deutsche Menschen von der Heimat losgerissen waren, dort konnten sie es wagen, Männer, Frauen und Kinder in bestialischer Wut zu verfolgen und zu ermorden. Warum? Sind denn diese Deutschen Verbrecher? Nein, es sind stille, arbeitsame Menschen, die auf der ererbten Scholle geblieben sind. Aber es sind Deutsche, und das genügt, um vogelfrei zu sein!

Unser Führer wollte, daß diese offene Wunde sich schließe. Verträge und freundschaftliche Beziehungen auf allen Lebensgebieten sollten die Heilung bringen. Damit alle Reibungen vermieden würden, sollten klare, eindeutige Regelungen die Lebensbedingungen beider Länder sichern. Ein Mindestmaß von Verzicht auf beiden Seiten sollte das Opfer für einen festen, dauerhaften Frieden sein. – Mit tausendfachen Grausamkeiten und Verbrechen haben sie geantwortet, ein Millionenheer haben sie einberufen und den Kampf im Kleinkrieg heimtückisch auf deutschen Boden getragen. Nun war das Reich in Gefahr! Ungeheure Verantwortung lastete auf unserem Führer, der unser Land und Volk zu schützen geschworen hat. Den schweren Entschluß zur Tat hat er mit Gott getan! Ihm weiß er sich verantwortlich! „Das Größte tut nur, wer nicht anders kann!" Er aber konnte und durfte nicht anders handeln. Daß

---

4 Textquelle | „Deutsche Christen" – Nationalkirchliche Einigung (Hg.): Der Deutsche Christ. Nationalkirchliches Sonntagsblatt 7. Jahrgang, Nr. 38 vom 17. September 1939. (Verlagsort: Freiburg i.Br.)

unser Führer in dieser tiefen Gottverbundenheit steht, das bindet uns an ihn in heiligem Glück, in unlöslicher Treue und Liebe. So stehen auch unsere tapferen deutschen Heere im Feindesland mit ihm zusammen auf der Wacht. Es macht sie kampfesfroh und siegesgewiß und lässt sie Tod und Teufel trotzen! Denn sie wissen: sie kämpfen nicht nur für Deutschland und die Liebsten daheim und an der Front, sie kämpfen für alles, was heilig ist, daß es nicht erlischt und untergeht in der Flut des Hasses und der abgrundtiefen Lüge.

Du edles deutsches Blut! Wir kämpfen mit, wo wir auch zu stehen haben, stolz auf Euch! Und wenn das Schwerste kommen will, Gottes Kraft wird mit uns sein, es zu tragen. Denn wir wissen: Das Letzte ist nicht der Tod, sondern Gott! – „Er hat uns doch in Händen / Der alle Himmel hält!"

*

Das unter Nr. 3 transkribierte Gedicht:

Ein Feuer brennt im deutschen Land, und der's gezündet, schürt;
und die der Flamme Schein gebannt, die sind von ihm gekürt.

Sie tragen selbst den Feuerbrand im Herzen stark und rein;
sie stehn für Volk und Vaterland zum Opferdienst bereit.

Und der die Flamme hat entfacht, der hält die Schwertwach auch;
er steht beim Feuer Tag und Nacht nach altem Heldenbrauch.

Ein Volk zum Herrgott hebt die Hand: Herr, segne Flamm und Schwert!
Du hast sie segnend uns gesandt, mach uns der Flamme wert!

Ihn, der das Feuer hat entfacht, laß, Herr, gesegnet sein;
sei mit ihm, wenn er hält die Wacht, erhalt die Flamme rein!

Ein Feuer brennt im deutschen Land, der Stärkste hat's entfacht.
Hat, Deutscher, dich ihr Schein gebannt, halt mit am Feuer Wacht!

Schw. G. R.

Nr. 5
Die Kirche als Bollwerk des Antikommunismus
(1933)

„Ich glaube, die Wenigsten ahnen, wie groß die bolschewistische Gefahr war, in der wir schwebten. Nicht als wenn Gottlosigkeit und Christusfeindlichkeit jetzt verschwunden wären. Wir sind nicht so harmlos, das zu wähnen, aber der schamlosen, öffentlichen Propaganda ist ein Ende gemacht worden. Schon das ist ein Großes. Es ist uns fast wie ein Traum, daß wir uns 14 Jahre lang das Regiment von Männern gefallen lassen mußten, die zum Teil als Dissidenten bekundeten, daß sie mit Christentum und Kirche persönlich nichts zu tun haben wollten ... wir können Gott nicht genug dafür danken, daß wir heute wieder Führer über uns wissen, denen die Furcht Gottes der Weisheit Anfang ist ...“

Generalsuperintendent Ernst Stoltenhoff an die Pfarrer
der Rheinprovinz am 1. Mai 1933.

„Wir denken mit Beschämung an die Zeit zurück, in welcher internationalistischer Marxismus das deutsche Volk zu Gottlosigkeit, ja, zur Gotteslästerung aufrufen und erziehen durfte, in welcher deutsche Art geschmäht und deutsches Christentum verächtlich gemacht wurde. Die Familie als Keimzelle des Volkes wurde zerstört, die Ehe gelockert, jede Religion als ‚Opium für das Volk‘ bekämpft, Sitte und Sittlichkeit schwanden dahin, die Korruption nahm überhand. Erst die Entdeckungen im Liebknechthause und der Brand des Reichstagsgebäudes öffneten auch den Blinden die Augen. Die Kirche hat dagegen gekämpft in ihrer Verkündigung, ihrem Unterricht, in ihrer weit verzweigten Jugendarbeit, den Frauenverbänden und Kampfbünden, den kirchlichen Vereinen und Elternbünden, in den Kundgebungen ihrer obersten Stellen.“

Aus dem Aufruf der Kirchenregierung an die Braunschweigische
evangelisch-lutherische Landeskirche vom 2. Mai 1933.

„Ich weiß und erkenne dankbar an, daß die einzelnen Verbände jeder in seiner Art in den vergangenen Jahren der Kirche und darüber hinaus dem ganzen deutschen Volke dadurch wertvolle Dienste erwiesen haben, daß sie treu im evangelischen Glauben sich als Damm gegen die Volkszersetzung des Bolschewismus und des Freidenkertums bewährt haben. Der Gottlosigkeit sind heute unter den neuen Verhältnissen manche Kanäle abgegraben; der Kirche bleiben aber auch fernerhin große Aufgaben gestellt, wenn sie der Gottesfeindschaft wehren, Gottes Reich in dieser Welt bauen und unserem Volk recht dienen will."

Aus dem Grußwort von Landesbischof Meiser an den Landesverband
der evangelischen Jugend in Bayern vom 23. Juni 1933.

Nr. 6
ZUR KIRCHLICHEN LAGE 1936[5]
(Gesetzesblatt der Deutsche Evangelische Kirche, 4. Dezember 1936)

Bekanntmachung

Am 19 und 20. November 1936 traten in Berlin die Landeskirchenführer bzw. Vorsitzenden der Landeskirchenausschüsse der Landeskirchen von Altpreußen, Sachsen, Hannover lutherisch und reformiert, Württemberg, Nassau-Hessen, Bayern, Schleswig-Holstein, Hamburg, Kurhessen-Waldeck, Baden, Pfalz, Braunschweig, Lippe und Schaumburg-Lippe zusammen und beschlossen die nachfolgend abgedruckten Erklärungen.

Zur kirchlichen Lage

Die Unterzeichneten im leitenden Amt stehenden Landeskirchenführer, mit dem Reichskirchenausschuß zu einer eingehenden Aussprache versammelt, erklären folgendes:

Es ist dringend notwendig, daß dem Reichskirchenausschuß die Möglichkeit gegeben wird, alle dem kirchlichen Aufbau und der kirchlichen Arbeit dienenden Maßnahmen durchzuführen und wirksam zu gestalten. Dazu gehört in erster Linie, daß die Ordnungsmaßnahmen auf Grund des Gesetzes zur Sicherung der Deutschen Evangelischen Kirche vom 24. September 1935, die infolge der Erkrankung des Herrn Reichsministers für die kirchlichen Angelegenheiten unterbrochen werden mußten, in den noch nicht geordneten Landeskirchen unverzüglich weitergeführt und zum Abschluß gebracht werden.

Nicht nur für die Vollendung des kirchlichen Ordnungswerks, sondern auch im Hinblick auf die gesamte Lage ist es von entscheidender Bedeutung, daß in Erörterungen mit führenden Männern in Staat und Partei die Stellung der Kirche im Volk grundsätzlich geklärt wird.

Wir stehen mit dem Reichskirchenausschuß hinter dem Führer im

---

[5] Textquelle | Gesetzblatt der Deutschen Evangelischen Kirche – Ausgabe A (Reich), Nr. 31 vom 4. Dezember 1936.

Lebenskampf des deutschen Volkes gegen den Bolschewismus. Die Kirche setzt in diesem Kampf die Kräfte des christlichen Glaubens ein gegen den Unglauben, der christlichen Sitte gegen die Entsittlichung, der gehorsamen Unterordnung unter Gottes Schöpferwillen gegen die Auflösung aller organischen Bindungen. Wir werden unsere Gemeinden unermüdlich aufrufen zum vollen Einsatz der christlichen Kräfte in diesem Kampf in der Gewißheit, daß damit dem deutschen Volk der wertvollste Dienst geleistet wird.

Wir erwarten aber auch eine durchgreifende Abstellung der gegenchristlichen Propaganda, die in der letzten Zeit in mannigfachen Kundgebungen auch führender Amtsträger, in Zeitschriften, öffentlichen Blättern und Schulungen immer unverhüllter hervortritt und die Kirche und alles, was ihr heilig ist, in unerträglicher Weise herabsetzt. Besonders liegt uns daran, daß die Jugend nicht in einem christentumsfeindlichen Sinne erzogen und geführt und dadurch in einen unheilvollen inneren Zwiespalt gebracht wird, der sich in völliger Autoritätslosigkeit auswirken müßte. Auch in der Frage der Schulform und des Zusammenwirkens von nationalpolitischer und christlicher Erziehung ist eine eindeutige Regelung erforderlich.

Die evangelische Kirche, die nichts anderes sein will, als christliche Kirche für das deutsche Volk, bedarf zu ihrer Arbeit der inneren Freiheit in der Ausrichtung ihrer Verkündigung. Es muß Sache der Kirche bleiben, zu sagen, was Inhalt der evangelischen Lehre und Predigt ist. Ihre Verkündigung darf nicht auf die Gottesdienststunde des Sonntags oder auf den gottesdienstlichen Raum der Kirche beschränkt werden, sondern muß in der gesamten übrigen Arbeit der Kirche und ihrer Werke wirksam werden. Nur so kann die evangelische Kirche ihre Aufgabe im deutschen Volk erfüllen.

Wir erklären, daß wir in der Bereitschaft, alle Kräfte der Kirche gegen den Bolschewismus einzusetzen, in dem Anliegen, das innere Verhältnis von Kirche, Volk und Staat so zu gestalten, daß jedem wird, was ihm zukommt, und in dem Willen, eine gesunde Neuordnung der Deutschen Evangelischen Kirche zu fördern, mit dem Reichskirchenausschuß übereinstimmen, und daß wir bereit sind, alle dahingehenden Maßnahmen des Reichskirchenausschusses zu unterstützen.

Berlin, den 20. November 1936.

Nr. 7
Deutsche Evangelische Kirche
WORT AN DIE GEMEINDEN ZUM 30. JANUAR 1937[6]

Vier Jahre sind vergangen, seit der Reichspräsident Generalfeldmarschall v. Hindenburg unseren Führer und Reichskanzler Adolf Hitler an die Macht berief und mit der Verantwortung für die Zukunft des deutschen Volkes betraute.

Das ganze deutsche Volk denkt zurück an die vier Jahre, die sich der Führer zur Durchführung der Umgestaltung und des Aufbaues zunächst gesetzt hat. In den Gedenkfeiern wird allerorten das Bild der großen Leistungen gezeichnet, die in diesen Jahren vollbracht wurden. Sie sind jedem Deutschen aus eigenem Erleben gegenwärtig.

Aufgabe der Kirche ist es, die Glieder ihrer Gemeinden aufzurufen, daß sie im Stolz auf die großen Taten nicht des Dankes vergessen gegen den, der der Herr der Geschichte ist, der die Geschicke der Völker lenkt und sich auch unserem deutschen Volk so gnädig erwiesen hat. „Lobet den Herrn in seinem Heiligtum; lobet ihn in der Feste seiner Macht! Lobet ihn in seinen Taten; lobet ihn in seiner großen Herrlichkeit!" (Psalm 150, 1-2).

Als evangelische Christen, die es von ihrem Reformator Martin Luther gelernt haben, in der Obrigkeit eine gute Ordnung Gottes zu ehren, schließen wir alle Gedanken, die uns an diesem Tage bewegen, in der Fürbitte für den Führer und seine Mitarbeiter zusammen.

Wir haben es im letzten Jahre besonders eindringlich erlebt, wie der Kampf des Führers ein Kampf gegen den Bolschewismus ist. Die Deutsche Evangelische Kirche steht in diesem Kampf von ihrem Auftrag her mit in vorderster Linie. Ihr ist nicht die Waffe des politischen Kampfes gegeben. Aber ihr sind die geistlichen Waffen gegeben, ohne die dieser Kampf nicht endgültig siegreich entschieden werden kann.

Die Kirche lehrt gegen die bolschewistische Zersetzung und Auflösung der göttlichen Ordnungen das *Gesetz*: den Gehorsam gegen Gottes

---

[6] Textquelle | Gesetzblatt der Deutschen Evangelischen Kirche – Ausgabe A (Reich), Nr. 3 vom 26. Januar 1937.

111

Gebot und gegen die göttlichen Ordnungen von Ehe und Familie, Beruf und Stand, Volk und Staat.

Die Kirche verkündigt gegenüber aller Selbstverherrlichung des Menschen und seiner Vernunft das *Evangelium*: den Glauben an Gottes Güte und Treue, das Vertrauen auf seine helfende Gnade und die Zuversicht zu seiner vergebenden Liebe, die uns zu seinen Kindern beruft unter seiner Herrschaft, hier zeitlich und dort ewiglich.

Diese Kräfte des Glaubens setzen wir mit aller Freudigkeit ein in dem Abwehrkampf unseres Volkes gegen die dunklen Mächte, die uns angreifen und die uns versuchen wollen. Aller Versuchung, die uns befallen möchte, und allen Angriffen, die uns umtoben, widerstehen wir, fest im Glauben.

Gott, der Ewige und Allmächtige, schütze und leite auch fernerhin unser Volk und seinen Führer auf allen ihren Wegen!
Berlin, den 23. Januar 1937.

Der Reichskirchenausschuß
Z o e l l n e r

Nr. 8

DIE ÖKUMENE[7]

(Die Junge Kirche 1936)

Das Schicksal der letzten evangelischen Pastoren in Sowjetrußland. Die deutsche Pro-Deo-Kommission, Berlin, hat aus zuverlässigen Quellen Mitteilungen über das Schicksal der letzten evangelischen Geistlichen auf dem Gebiete der Sowjetunion erhalten.

Pfarrer Simon *Kludt* aus Freudenfeld wurde vor einiger Zeit zum Tode verurteilt. Das Urteil soll schon vor Monaten vollstreckt worden sein. Die verzweifelte Familie aber spannt man auf die Folter, indem man ihr eine endgültige Mitteilung darüber hartnäckig verweigert. Auch der älteste Sohn war eines Tages verschwunden; es stellte sich heraus, daß er im GPU-Gefängnis sitzt und seiner Verurteilung entgegensieht.

In der Nacht vom 26. zum 27. September wurde Pfarrer Albert *Meier* aus Charkow von der GPU. verhaftet. Es ist völlig unerfindlich, warum diese Verhaftung stattfand und was man Pfarrer Meier vorwerfen kann, denn seit Jahren ist er auch seitens der Sowjetbehörden als völlig unpolitischer, ruhiger und zurückhaltender Mann bekannt, dem sogar die besondere amtliche Erlaubnis erteilt wurde, außerhalb seines Amtsbezirkes in anderen Gemeinden Gottesdienste abzuhalten. Der Grund für seine Verhaftung kann nur in der grundsätzlichen Religionsfeindschaft und dem rücksichtslosen Willen der Sowjets gesucht werden, Religion und Kirche vollständig zu vernichten. Die Verhaftung von Pfarrer Meier steht in schreiendem Gegensatz zu den Phrasen des berüchtigten Artikels 124 der Sowjetverfassung, wo heuchlerisch von einer „Freiheit der Abhaltung religiöser Kulte" geredet wird. – Der Vorgänger von Pfarrer Meier, Propst *Birth*, schmachtet schon seit drei Jahren im hohen Norden in der Verbannung.

Pfarrer Friedrich *Braatz* aus Ludwigsthal ist zu zehn Jahren Zwangsarbeit verurteilt und befindet sich im Lager Komy in Sibirien. Pfarrer Karl *Krentz* aus Neu-Stuttgart ist bei der Zwangsarbeit in einem Stein-

---

[7] Textquelle | Die Junge Kirche Jg. 1936, S. 1047-1048.

bruch im Lager bei Tomsk zum zweiten Male zusammengebrochen. Sein baldiges Ende ist mit Sicherheit zu erwarten. Im selben Steinbruch arbeitet Pfarrer Friedrich *Deutschmann* aus Hochstädt. Auch er ist am Ende seiner Kraft. Früher arbeitete dort auch der zum Tode verurteilte und dann zu zehn Jahren Zwangsarbeit „begnadigte" Pfarrer Woldemar *Seib* aus Dnjepropetrowsk. Er ist verschollen.

Pfarrer Peter Heinrich *Withol* aus Lugansk bekam zehn Jahre Zwangsarbeit und erkrankte bald an galoppierender Schwindsucht. Er ist höchstwahrscheinlich gestorben. Propst Liborius *Behring* ist tot. Pfarrer *Erbes* ist in der Verbannung an Hungertyphus gestorben. Verschollen sind die verschickten Pfarrer Emil und Arthur *Pfeiffer* aus Norka (Wolga) und Saratow, Pfarrer Arthur *Kluck* aus Katarinenstadt, der schon vor acht Jahren verbannt wurde, Pfarrer *Hansen* aus Leningrad, der nach dem hohen Norden verschickt wurde.

Das erschreckendste jedoch ist, daß auch die Frauen evangelischer Pfarrer in Zwangsarbeitslager verbannt worden sind. Die Frau von Pfarrer Kluck erhielt zehn Jahre und befindet sich im Fernen Osten hinter Chabarowsk. Seine Schwester Selma, die ebenfalls zu zehn Jahren verurteilt wurde und sich zu Anfang des Jahres in Medweshja Gora in Karelien befand, ist verschollen.

Nachdem auch Pfarrer Waldemar *Reichwald* im Juni dieses Jahres zu sieben Jahren Gefängnis und seine Frau zu drei Jahren Gefängnis verurteilt worden sind, ist auch das ganze Sibirien ohne einen einzigen evangelischen Pfarrer.

Alle übrigen 23 Pastoren, über deren Schicksal in der Verbannung bis zum Anfang dieses Jahres noch Nachrichten eintrafen, sind gänzlich verschollen.

Von den 230 Pfarrern, die vor der Revolution in 539 Kirchspielen und 1828 Gotteshäusern die evangelischen Christen Rußlands betreuten, sind heute nur noch drei bis vier tätig – auf einem Territorium, das ein Sechstel der Erde umfaßt!

Es ist überflüssig zu betonen, daß das Schicksal der katholischen und der griechisch-orthodoxen Kirchen in der Sowjetunion dem Schicksal der evangelischen Kirche genau entspricht. –

Nach einer Meldung des „Völkischen Beobachters", Berlin, am 13.11.1936 wurde der letzte und einzige evangelische Geistliche in Mos-

kau, Pastor *Streck,* in der Nacht zum 5. November mit einer großen Anzahl anderer reichsdeutscher und sowjetrussischer Staatsangehöriger
zusammen verhaftet. In der evangelischen Kirche in Moskau, die nicht
nur von Deutschen, sondern auch von zahlreichen Evangelischen anderer Nationalität, vor allem Angehörigen vieler diplomatischer Missionen
besucht wird, mußte der Gottesdienst am Sonntag, den 8. November, bereits ausfallen.

*

Vorlage zu Dokument →Nr. 17:

Deutsche Evangelische Kirche

Telegramm des Geistlichen Vertrauensrats der Deutschen Evangelischen Kirche an den Führer

Der Geistliche Vertrauensrat der Deutschen Evangelischen Kirche, erstmalig seit Beginn des Entscheidungskampfes im Osten versammelt, versichert Ihnen, mein Führer, in diesen hinreißend bewegten Stunden aufs neue die unwandelbare Treue und Einsatzbereitschaft der gesamten evangelischen Christenheit des Reiches. Sie haben, mein Führer, die bolschewistische Gefahr im eigenen Lande gebannt und rufen nun unser Volk und die Völker Europas zum entscheidenden Waffengange gegen den Todfeind aller Ordnung und aller abendländisch-christlichen Kultur auf. Das deutsche Volk und mit ihm alle seine christlichen Glieder danken Ihnen für diese Ihre Tat. Daß sich die britische Politik nun auch offen des Bolschewismus als Helfershelfer gegen das Reich bedient, macht endgültig klar, daß es ihr nicht um das Christentum, sondern allein um die Vernichtung des deutschen Volkes geht. Der allmächtige Gott wolle Ihnen und unserem Volk beistehen, daß wir gegen den doppelten Feind den Sieg gewinnen, dem all unser Wollen und Handeln gelten muß.

Die Deutsche Evangelische Kirche gedenkt in dieser Stunde der baltischen evangelischen Märtyrer vom Jahre 1918, sie gedenkt des namenlosen Leids, das der Bolschewismus, wie er es den Völkern seines Machtbereichs zugefügt hat, so allen anderen Nationen bereiten wollte, und sie ist mit allen ihren Gebeten bei Ihnen und bei unseren unvergleichlichen Soldaten, die nun mit so gewaltigen Schlägen daran gehen, den Pestherd zu beseitigen, damit in ganz Europa unter Ihrer Führung eine neue Ordnung erstehe und aller inneren Zersetzung, aller Beschmutzung des Heiligsten, aller Schändung der Gewissensfreiheit ein Ende gemacht werde.

Charlottenburg, den 30. Juni 1941

Der Geistliche Vertrauensrat der Deutschen Evangelischen Kirche
D. Marahrens   Schultz   D. Hymmen

An den Führer, Führer-Hauptquartier

Nr. 9
SIEG ODER BOLSCHEWISMUS

Von Dr. Werner Gaede[8]
(23.01.1943)

Wer heute noch die unerbittliche Notwendigkeit des Krieges gegen den Bolschewismus leugnen wollte, ist mit Blindheit geschlagen. Jeder Tag, der vergeht, macht die Gefahr sichtbarer, die über Europa steht. Der zweite Winterkampf im russischen Raum läßt noch deutlicher erkennen, was zwanzig Jahre einer geradezu unmenschlichen Rüstungspolitik vermögen. Als die deutsche Wehrmacht im Juni des Jahres 1941 dem drohenden sowjetischen Angriff zuvorkam, fiel bei unseren Gegnern das auch schon bei anderen Gelegenheiten triumphierend herausgestoßene Wort, hier habe Adolf Hitler seinen entscheidenden Fehler gemacht. Wer so an der Entwicklung und ihren Notwendigkeiten vorbeiredet, zeigt, daß er selbst ein wandelnder Anachronismus, daß er ein Stück überwundener Vergangenheit ist, ohne Augen im Kopf, ohne Verstand im Hirn. Dieser „entscheidende Fehler" hat sich als die bitterste Notwendigkeit erwiesen, vor die je in der Geschichte das deutsche Volk gestellt war, zum wenigsten als ebenso bitter notwendig wie der Bluteinsatz der Deutschen zu Zeiten des Hunnen-, des Araber- oder des Türkensturms gegen Europa. Wir leben in einem Augenblick der Weltgeschichte, wie er in Jahrhunderten nur einmal sich ergibt. Auf der Wende zu einer neuen Epoche sind wir gleichzeitig vor die Daseinsfrage überhaupt gestellt, wir, nämlich alle Deutschen, und mit ihnen Europa. Wer da von einem politischen oder militärischen Fehler spricht, stellt die Situation auf den Kopf, denn die Gefahr wurde nicht von uns geschaffen oder herausgefordert. Wir haben uns nicht in sie begeben. Sondern sie war da, so riesengroß und nahe, daß uns keine Wahl blieb. Wir gestehen, daß sie noch größer war, als wir vermuteten. Wir können ruhig zugeben, daß wir glaubten, sie schneller händigen zu können. Aber die Enthüllung ihrer ganzen Größe zeigt zugleich die staatsmännische Weitsicht und den politischen Instinkt des *Führers*. Wenn die Engländer heute triumphie-

---

[8] Textquelle I Braunschweiger Landeszeitung, 23. Januar 1943.

ren, sie hätten nach der Niederlage Frankreichs vor dem Nichts gestanden, jeden Augenblick des vernichtenden Schlages gewärtig, da habe gewissermaßen der Gott der englischen Hochkirche eingegriffen und das auserwählte britische Volk vor seinen Feinden errettet, so zeigt das nur die britische Hoffärtigkeit und Verantwortungslosigkeit im politischen Denken. Ein politischer Führer kleineren Formats, den das Schicksal vor eine ähnliche Situation gestellt hätte wie Adolf Hitler im Jahre 1940, hätte vielleicht auf die galoppierenden Pferde vor dem nach Westen eilenden Siegeswagen zu noch schnellerer Gangart eingeschlagen, um dann von hinten plötzlich und unvermutet angefallen und erschlagen zu werden. Was gehörte dazu, die deutsche Siegesfront um 180 Grad kehrtmachen zu lassen, und zwar in einer Form, daß niemand merkte, wo wir morgen plötzlich losschlagen würden? Wieviel Einsicht, Weltsicht, welch politisches, militärisches und organisatorisches Geschick! Was hätten die Engländer heute noch zu melden, jeder einzelne Engländer, wenn der Bolschewistensturm losgebrochen wäre in dem Augenblick, in welchem der deutsche und der englische Gegner sich ineinander verbissen hätten? Ein von Deutschland besiegtes englisches Volk wird weiterleben, immer einbezogen in die europäische Kultur und Zivilisation. Ein bolschewistisches Europa ist auch das Ende des englischen Volkes, denn der Kanal als Hindernisgraben würde bei Stalin nur ein Lächeln hervorrufen. Er weiß, wie man das macht. Er ist ja heute schon heftig dabei, sich in England den rechten Boden für seine Saat zu bereiten, nur die Engländer merken es nicht.

Nr. 10
6. ARMEE SÜDGRUPPE VON UEBERMACHT BEWÄLTIGT[9]
Nordgruppe wehrte starke Feindgriffe ab.
Im Januar 522.000 BRT vernichtet
(01.02.1943)

Aus dem Führerhauptquartier. 1. Februar. Das Oberkommando der Wehrmacht gibt bekannt:

In Stalingrad ist die Südgruppe der 6. Armee unter Führung des Generalfeldmarschalls Paulus nach mehr als zwei Monaten heldenhafter Verteidigung im Kampf überwältigt worden.

Die Nordgruppe unter Führung des Generals der Infanterie *Strecker* behauptet sich noch immer. Sie wehrte starke feindliche Angriffe, zum Teil im Gegenstoß, ab.

An den übrigen Brennpunkten der großen Abwehrschlacht im Osten dauern die Kämpfe.

Panzer zerstört, erbeutet oder bewegungsunfähig geschossen.

In Afrika wurden heftige Angriffe gegen die Stellungen der deutsch-italienischen Afrika-Armee in Westtripolitanien unter erneuten schweren Verlusten für den Feind abgewiesen. Die Kämpfe um die in Tunesien in den letzten Tagen genommenen Stellungen halten an.

Deutsche Kampfflieger bombardierten den Hafen von Bone. In Luftkämpfen und durch Flakartillerie der Luftwaffe wurden im Mittelmeerraum 15 nordamerikanische und britische Flugzeuge abgeschossen. Ein eigenes Flugzeug wird vermißt.

---

[9] Textquelle | Braunschweiger Landeszeitung, 1. Februar 1943.

Nr. 11

STALINGRAD[10]

Von Dr. Hans-Joachim Kausch, Berlin
(04.02.1943)

In ergreifend schlichter Form verkündete das deutsche Oberkommando der Wehrmacht das Ende der Verteidiger von Stalingrad. Eine zahlenmäßig kaum faßbare feindliche Uebermacht kämpfte unter Einsatz aller Mittel des modernen Krieges und unter Massenopfern die letzten deutschen Soldaten nieder, die getreu ihrer Soldatenpflicht und weit über jedes menschliche Maß hinaus tapfer bis zuletzt ihre Bastionen gehalten hatten. Trauer und Schmerz zieht in manches deutsche Haus ein und das ganze Volk beißt die Zähne zusammen ob dieser traurigen Kunde und reißt die Herzen empor, damit aus dem Heldenepos von Stalingrad eine neue unüberwindliche Kraft erwächst, die diesem entscheidenden Kriege die Wende bringt. Der Einsatz der deutschen 6. Armee und ihr Ende waren, so sagte es der Bericht aus dem Führerhauptquartier, schon jetzt nicht vergeblich. Er band durch Monate viele Sowjetarmeen und bis in die letzten Wochen hinein noch zahlreiche Divisionen der Bolschewisten, die sonst zum Durchbruch der Ostfront verwandt worden wären und damit vielleicht eine neue härtere Krise der deutschen Ostfront herbeigeführt hätten.

---

[10] Textquelle | Braunschweiger Landeszeitung, 4. Februar 1943.

Nr. 12

KERNSPRUCH[11]

A. Wandt
(04.02.1943)

Niemals bänglich schwanken
vor der Feinde Droh'n:
nicht zur Seite weichen,
wenn die Flammen loh'n.

Eng' die Reihen schließen
im Entscheidungssturm;
eine starke Festung
sein im Kampf, ein Turm.

Unermüdlich ringen
für des Volkes Sieg,
regen stets die Hände
für den heil'gen Krieg.

Todesmutig kämpfen
in der Schicksalsschlacht,
bis der Feind erschlagen,
bis der Sieg uns lacht.

Opferfreudig treten
für einander ein,
siegen oder sterben.
Das heißt: *Deutscher sein!*

---

[11] Textquelle | Braunschweiger Landeszeitung, 4. Februar 1943.

Nr. 13

DIE 6. ARMEE[12]

M. Buschmann
(06.02.1943)

Es sterben die Grenadiere
In russischem Eis und Schnee,
Es sterben für Deutschlands Ehre
Die Helden der 6. Armee.

Das war die traurige Kunde,
Die Kunde von Stalingrad,
Die uns in ernster Stunde
Ins Herz getroffen hat.

Was sollen wir dir sagen.
Du allertapferstes Heer?
In Deutschlands Schicksalstagen
Ist uns kein Opfer zu schwer.

Wir stehen in stummer Trauer
Geschlossen in Einigkeit,
Wir stehen wie eine Mauer
In Treue zu allem bereit.

Ihr rüttelt die Schwachen, die Lauen
Durch Taten riesengroß,
Und alles ward Männern und Frauen
So klein und wesenlos:

Es sterben die Grenadiere
In russischem Eis und Schnee,
Es sterben für Deutschlands Ehre
Die Helden der 6. Armee.

---

[12] Textquelle | Braunschweiger Landeszeitung, 6. Februar 1943.

Nr. 14
UNTERHALTUNGSSTÄTTEN GESCHLOSSEN (1943)[13]

Der Reichsminister für Volksaufklärung und Propaganda hat nach der Bekanntgabe der Verlautbarung des Oberkommandos der Wehrmacht über das Ende des Heldenkampfes der 6. Armee an der Wolga die Schließung aller Theater, Filmtheater, Varietés und ähnlicher Unterhaltungsstätten ab sofort bis einschließlich Sonnabend, den 6. Februar, angeordnet. Ebenso wird jede öffentliche Veranstaltung künstlerischer oder unterhaltender Art für diese Zeit untersagt.

Nr. 15
DIE ANKUNFT DER DEUTSCHEN GEFANGENEN
GENERÄLE IM KRIEGSGEFANGENENLAGER[14]
(August 1942)

Heinrich Graf v. Einsiedel, ein über Stalingrad am 30.8.1942 abgeschossener und gefangengenommener Jagdflieger, erlebt als Lazarettkranker den Einzug der Stalingrad-Generäle in das Lager 27 in Krasnogorsk. Er beschreibt ihn so:

„Ein Stubenkamerad schabt mit dem Messer das zentimeterdicke Eis von der Fensterscheibe. Mit Hilfestellung einiger Kameraden kann ich mich aufrichten und einen Blick auf die Lagerstraße werfen. Dort bietet sich mir ein Anblick, der gespenstisch und grotesk zugleich ist – die Generale beim Einzug in ihre Quartiere. Blitzende Monokel und Orden, Pelzmäntel und Spazierstöcke, leuchtend rote Generalaufschläge und wunderbare, mit Leder abgesetzte Filzstiefel, energische Gesten, weitausholende Handbewegungen, strahlendes Lachen. Und nur selten in diesem bunten und eleganten Bild ein grauer Fleck: die gebeugte Gestalt eines der alten Lagerinsassen in zerlumpten russischen Wattejacken oder zerfetzten deutschen Uniformen, anstelle des Schuhwerks Lappen

---

[13] Faksimile (ohne Quellen- und Datumsangabe) in: KUESSNER 1991, S. 20.
[14] Textquelle I DOMARUS 1973, S. 1982f.

mit Bindfaden um die Füße gewickelt – das ausgemergelte, leblose Gesicht ständig zum Boden gesenkt.

Wie wir hören, soll der Transport der Generäle und jener 300 Offiziere von Stalingrad nach Krasnogorsk in einem Schlafwagen-Sonderzug mit weiß bezogenen Betten vor sich gegangen sein. Mit ungläubigem Staunen hören wir Alt-Gefangenen von der Kondensmilch, von Butter, Kaviar und Weißbrot, die es auf diesem Transport als Verpflegung gab. Dennoch sind einige der Ankömmlinge bereits mit Flecktyphus infiziert.

Mein Blick erhascht noch einen Stapel von riesigen Gepäckstücken, darunter einige Spezialplattenkoffer, wie sie in den eigens für höhere Kommandeure konstruierten Mercedeswagen gebräuchlich waren. Die armseligen, dürren Gestalten der Gefangenen, die diese Gepäckstücke in die Zimmer der Generale schleppen, brechen fast unter ihrer Last zusammen."

Kurt Reuber (1906-1944): Porträt – während des Russlandfeldzuges, 11.6.1942

Letzte Briefe aus Stalingrad[15]

Ein Hitlerjunge

… So nun weißt Du es, daß ich nicht wiederkomme. Bringe es unsern Eltern schonend bei. Ich bin schwer erschüttert und zweifle sehr an allem. Einst war ich gläubig und stark, jetzt bin ich klein und ungläubig. Vieles, was hier vor sich geht, werde ich nicht erfahren; aber das wenige, das ich mitmache, ist schon so viel, daß ich es nicht schlucken kann. Mir kann man nicht einreden, daß die Kameraden mit dem Worte „Deutschland" oder „Heil Hitler" auf den Lippen starben. Gestorben wird, das läßt sich nicht leugnen; aber das letzte Wort gilt der Mutter oder dem Menschen, den man am liebsten hat, oder nur dem Ruf nach Hilfe. Ich habe schon Hunderte fallen und sterben gesehen und viele gehörten wie ich der HJ an, aber sie haben alle, wenn sie noch konnten, um Hilfe gerufen oder nach einem Namen, der ihnen doch nicht helfen konnte.

Der Führer hat fest versprochen, uns hier herauszuhauen, das ist uns vorgelesen worden, und wir glaubten auch fest daran. Ich glaube es heute noch, weil ich doch an etwas glauben muß. Wenn das nicht wahr ist, woran sollte ich dann noch glauben? Dann brauchte ich keinen Frühling und keinen Sommer mehr und nichts mehr, was Freude macht. … Laß mir diesen Glauben, liebe Greta, ich habe mein ganzes Leben oder wenigstens acht Jahre davon immer an den Führer und sein Wort geglaubt. Es ist entsetzlich, wie sie hier am Zweifeln sind und beschämend, die Worte zu hören, gegen die man nichts sagen kann, denn die Tatsachen sprechen für sie.

Wenn es nicht wahr ist, was man uns versprach, dann wird Deutschland verloren sein, denn in diesem Fall kann kein Wort mehr gehalten werden. Oh, diese Zweifel, diese furchtbaren Zweifel, wenn sie doch bald behoben wären.

---

[15] Textquelle | Letzte Briefe 1954, S. 22, 25f, 31, 27f, 58f.

Ein Offizier

... Heute ist es wohl nun so weit, daß ich Dir noch einmal Grüße senden muß und auch bitte, alle Lieben zu Hause noch einmal von mir zu grüßen.

Der Russe ist überall durch. Unsere Truppen, durch die lange Hungersperiode ohne ... möglichkeit, seit Beginn des Einsatzes ohne einen Tag Unterbrechung in schwerstem Kampf stehend, in ihrer physischen Kraft völlig erschöpft, haben Heldenhaftes geleistet. Es ergibt sich auch keiner! Wenn Brot, Munition Betriebsstoff und Menschen ausgehen, dann ist es für den Gegner weiß Gott kein Sieg, uns noch zu zerdrücken!

Wir sind uns klar darüber, schweren Führungsfehlern zum Opfer gefallen zu sein, auch wird die Aufreibung der Festung Stalingrad unserem Volk und Volkstum überhaupt schwersten Schaden zufügen. Aber trotzdem glauben wir noch an eine glückhafte Auferstehung unseres Volkes. Dafür werden ja Männer wahrhaften Herzens Sorge tragen! Es wird bei Euch zu Hause ganze Arbeit geleistet werden müssen, um allen Wahnwitzigen, Narren und Verbrechern das Handwerk zu legen. Und die da nach Hause kommen, werden sie wegfegen wie Spreu vor dem Wind! Wir sind preußische Offiziere und wissen, was wir zu tun haben, wenn es an uns herankommt.

Ein Pastorensohn

In Stalingrad die Frage nach Gott stellen, heißt sie verneinen. Ich muß Dir das sagen, lieber Vater, und es ist mir doppelt leid darum. Du hast mich erzogen, weil mir die Mutter fehlte, und mir Gott immer vor die Augen und die Seele gestellt. Und doppelt bedaure ich meine Worte, weil es meine letzten sein werden, und ich hiernach keine Worte mehr sprechen kann, die ausgleichen könnten und versöhnen.

Du bist Seelsorger, Vater, und man sagt in seinem letzten Brief nur das, was wahr ist oder von dem man glaubt, daß es wahr sein könnte. Ich habe Gott gesucht in jedem Trichter, in jedem zerstörten Haus, an jeder Ecke, bei jedem Kameraden, wenn ich in meinem Loch lag, und am Himmel. Gott zeigte sich nicht, wenn mein Herz nach ihm schrie. Die Häuser waren zerstört, die Kameraden so tapfer und feige wie ich, auf der Erde war Hunger und Mord, vom Himmel kamen Bomben und Feuer, nur Gott war nicht da. Nein, Vater, es gibt keinen Gott. Wieder schreibe ich es, und weiß, daß es entsetzlich ist und von mir nicht wiedergutzumachen. Und wenn es doch einen Gott geben sollte, dann gibt es ihn nur bei Euch, in den Gesangbüchern und Gebeten, den frommen Sprüchen der Priester und Pastöre, dem Läuten der Glocken und dem Duft des Weihrauches, aber in Stalingrad nicht.

Ein frommer Ehemann

Wenn es einen Gott gibt, hast Du mir in Deinem letzten Brief geschrieben, dann bringt er Dich mir gesund und bald zurück, und Du schriebst weiter, ein Mensch wie Du, der Tiere und Blumen liebt, und niemand Unrecht tut, der sein Kind und seine Frau liebt und verehrt, wird immer im Schutze Gottes stehen.

Ich danke Dir für diese Worte, und den Brief trage ich immer im Brustbeutel bei mir. Aber, Liebste, wenn Deine Worte nun gewogen werden und Du davon die Existenz Gottes abhängig machst, dann wirst Du vor eine schwere und große Entscheidung gestellt. Ich bin ein religiöser Mensch. Du warst immer ein gläubiger, nun wird das anders werden müssen, wenn wir beide die Konsequenzen aus unserer bisherigen Haltung ziehen, weil ein Umstand eingetreten ist, der alles, an das wir glaubten, über den Haufen wirft. Ich suche nach Worten, um es Dir zu sagen. Oder ahnst Du es bereits ? Ich finde, es ist ein so merkwürdiger Ton in Deinem letzten Brief vom 8. Dezember. Wir haben Mitte Januar.

Dieses ist für lange Zeit, vielleicht für immer, mein letzter Brief, und von einem Kameraden, der zum Flugplatz muß, wird er mitgenommen, denn morgen soll die letzte Maschine aus dem Kessel fliegen. Die Lage ist unhaltbar geworden, der Russe steht drei Kilometer vor der letzten Flugbasis, und wenn diese verloren ist, kommt keine Maus mehr heraus und ich auch nicht. Gewiß, Hunderttausende andere auch nicht, aber es ist ein schwacher Trost, den eignen Untergang mit anderen geteilt zu haben.

Wenn es einen Gott gibt. Drüben auf der anderen Seite sagen es auch viele, in England und in Frankreich sicherlich Millionen. Ich glaube nicht mehr, daß Gott gütig sein kann, denn sonst würde er ein so großes

Unrecht nicht mehr zulassen. Ich glaube nicht mehr daran, denn sonst hätte Gott die Hirne der Menschen erleuchtet, die diesen Krieg begannen und immer vom Frieden und vom Allmächtigen in drei Sprachen redeten. Ich glaube nicht mehr an Gott, weil er uns verraten hat. Ich glaube nicht mehr, und Du mußt sehen, wie Du mit Deinem Glauben fertig wirst.

Ein Weinender

… Ich habe so viel in den letzten Nächten geweint, daß es mir selbst unerträglich scheint. Ich sah auch einen Kameraden weinen, aber aus einem anderen Grund. Er weinte um seine verlorenen Panzer, die sein ganzer Stolz waren …

Am Dienstag schoß ich mit meinem Wagen zwei T 34 zusammen. Die Neugier hatte sie hinter unsere Linien getrieben. Es war prächtig und eindrucksvoll. Nachher fuhr ich an den qualmenden Trümmern vorbei. Aus der Luke hing ein Körper, der Kopf nach unten, seine Füße waren festgeklemmt und brannten bis zum Knie. Der Körper lebte, der Mund stöhnte. Es müssen entsetzliche Schmerzen gewesen sein. Und es gab keine Möglichkeit, ihn zu befreien. Selbst wenn es diese Möglichkeit gegeben hätte, wäre er doch nach Stunden qualvoll gestorben. Ich habe ihn erschossen, und dabei liefen mir die Tränen über die Backen. Nun weine ich schon seit drei Nächten über den toten russischen Panzerfahrer, dessen Mörder ich bin. Die Kreuze vor Gumrak erschüttern mich und vieles, über das die Kameraden mit geschlossenem Mund hinwegsehen. Ich fürchte, nie mehr ruhig schlafen zu könne, wenn ich heimkommen sollte zu Euch, Ihr Lieben. Mein Leben ist ein entsetzlicher Widerspruch. Ein psychologisches Unikum.

Ich habe jetzt eine schwere Pak übernommen und mir acht Mann, darunter vier Russen, organisiert. Wir neun schleppen die Kanone von einer Stelle zur anderen. Jedesmal, wenn sich der Wechsel vollzieht, bleibt ein brennender Panzer auf der Strecke. Es sind schon acht Stück geworden, und das Dutzend soll voll werden. Ich habe allerdings nur noch drei Schuß, und Panzerschießen ist kein Billardspielen. In der Nacht aber weine ich haltlos wie ein Kind. Was soll das bloß noch werden?

Nr. 17

TELEGRAMM DES GEISTLICHEN VERTRAUENSRATS DER
DEUTSCHEN EVANGELISCHEN KIRCHE AN DEN FÜHRER[16]
(30.06.1941)

Der Geistliche Vertrauensrat der Deutschen Evangelischen Kirche, erstmalig seit Beginn des Entscheidungskampfes im Osten versammelt, versichert Ihnen, mein Führer, in diesen hinreißend bewegten Stunden aufs neue die unwandelbare Treue und Einsatzbereitschaft der gesamten evangelischen Christenheit des Reiches. Sie haben, mein Führer, die bolschewistische Gefahr im eigenen Lande gebannt und rufen nun unser Volk und die Völker Europas zum entscheidenden Waffengange gegen den Todfeind aller Ordnung und aller abendländisch-christlichen Kultur auf. Das deutsche Volk und mit ihm alle seine christlichen Glieder danken Ihnen für diese Ihre Tat. Daß sich die britische Politik nun auch offen des Bolschewismus als Helfershelfer gegen das Reich bedient, macht endgültig klar, daß es ihr nicht um das Christentum, sondern allein um die Vernichtung des deutschen Volkes geht. Der allmächtige Gott wolle Ihnen und unserem Volk beistehen, daß wir gegen den doppelten Feind den Sieg gewinnen, dem all unser Wollen und Handeln gelten muß.

Die Deutsche Evangelische Kirche gedenkt in dieser Stunde der baltischen evangelischen Märtyrer vom Jahre 1918, sie gedenkt des namenlosen Leids, das der Bolschewismus, wie er es den Völkern seines Machtbereichs zugefügt hat, so allen anderen Nationen bereiten wollte, und sie ist mit allen ihren Gebeten bei Ihnen und bei unseren unvergleichlichen Soldaten, die nun mit so gewaltigen Schlägen daran gehen, den Pestherd zu beseitigen, damit in ganz Europa unter Ihrer Führung eine neue Ordnung erstehe und aller inneren Zersetzung, aller Beschmutzung des Heiligsten, aller Schändung der Gewissensfreiheit ein Ende gemacht werde.

Charlottenburg, den 30. Juni 1941

Der Geistliche Vertrauensrat der Deutschen Evangelischen Kirche
D. *Marahrens*   *Schultz*   D. *Hymmen*

---

[16] Textquelle | Gesetzblatt der Deutschen Evangelischen Kirche – Ausgabe A (Reich), Nr. 7 vom 9. Juli 1941. – Unterzeile: „An den *Führer*, Führer-Hauptquartier."

Nr. 18
In weltgeschichtlicher Stunde[17]
(Mitteilung aus der Hamburgische Kirche, 25.06.1941)

Der Führer der Deutschen Nation hat gesprochen. Seine denkwürdige Proklamation beginnt mit dem Wort, das uns Deutsche tief in sein Herz hineinsehen läßt: „Von schweren Sorgen bedrückt, zu monatelangem Schweigen verurteilt, ist nun die Stunde gekommen, in der ich endlich offen sprechen kann." In schonungsloser Klarheit deckt Adolf Hitler das gewissenlose Spiel der sowjetrussischen Politik in ihrer Zusammenarbeit mit der britischen Plutokratie auf, um die Machthaber im Kreml, die nach britischem Vorbild Frieden geheuchelt und Krieg gewollt haben, unerbittlich vor das Forum der Geschichte zu ziehen. Der Führer, der in edelster Absicht den Vertrag mit Rußland geschlossen und mit unendlicher Geduld und Friedensliebe bis zum äußersten durchgeführt hat, stellt fest: „Damit hat Moskau die Abmachungen unseres Freundschaftspaktes nicht nur gebrochen, sondern in erbärmlicher Weise verraten. … Jetzt ist der Augenblick gekommen, wo ein weiteres Zusehen nicht nur eine Unterlassungssünde, sondern ein Verbrechen am deutschen Volk, ja an ganz Europa wäre." Der Aufruf schließt im Blick auf den größten Aufmarsch der Weltgeschichte, in dem finnische Kameraden und rumänische Soldaten im Bunde mit der deutschen Wehrmacht an der Ostfront stehen, mit der Weisung: „Die Aufgabe dieser Front ist daher nicht mehr der Schutz einzelner Länder, sondern die Sicherung Europas und damit die Rettung aller. Ich habe mich heute entschlossen, das Schicksal und die Zukunft des Deutschen Reiches und unseres Volkes wieder in die Hand unserer Soldaten zu legen. Möge uns der Herrgott gerade in diesem Kampfe helfen!"

Nun sprechen die Waffen. Die deutsche Wehrmacht wird die Antwort erteilen auf Rußlands Verrat. Unsere Gedanken und Gebete aber sind wieder bei unseren tapferen Soldaten, die seit der Sonntagsfrühe nach der Sommersonnenwende unter Sommergluten und Strapazen in har-

---

[17] Textquelle | Gesetze, Verordnungen und Mitteilungen aus der Hamburgischen Kirche Nr. 14 vom 25. Juni 1941.

tem Kampfe stehen. Aus heissem Herzen tragen wir die Fürbitte für unsern Führer, für unsere Wehrmacht und für das Reich, dass schützend alle deutschen Menschen umfaßt, täglich vor Gottes Thron. Zu dem allmächtigen Gott, der in Christus unser Gott und Vater ist, lenkt unsere Kirche in weltgeschichtlicher Stunde unser Denken und Danken, unser Bitten und Flehen empor. Aufwärts; die Herzen! Gott, der Heilige und Gnädige in der Höhe, der die Völker erschaffen hat, will sie auch erhalten, wenn sie nach Seinem Willen leben. Er ist der Herr der Weltgeschichte, und Er vollzieht mitten in der Geschichte den Ratschluß Seines Gerichts und Seiner Gnade. Er weiß um das namenlose Verbrechen, das der Bolschewismus als organisierte Macht der Gottlosigkeit auf sich geladen hat. Das Seufzen der geknechteten Völker, deren Seele von Natur tief religiös ist, denen die gewissenlose Brutalität des Sowjetregimes nicht nur die Intelligenz gemordet, sondern auch die christlichen Kirchen zerschlagen und ihre Diener und Gläubigen bis zur Verleugnung gefoltert oder, wenn sie ihrem Glauben treu blieben, hingeschlachtet hat, ist nicht umsonst jahrzehntelang an Gottes Herz gedrungen. Er läßt die Saaten, auch die des Unheils, reifen bis zur Ernte. Dann aber wird Er offenbar als Richter und Retter. Der nicht umsonst den Weltheiland gesandt hat, daß Er die Weltenwende heraufführe und alle, die an Ihn glauben, selig mache, läßt seiner nicht spotten. Völker und Menschen irren, wenn sie wähnen, Er verzichte, wenn Er verzieht. *Der Ewige allein hat das letzte Wort*: „Irret euch nicht, Gott läßt sich nicht spotten; denn was der Mensch säet, das wird er ernten!" (Gal. 6,7). Wir zweifeln nicht, daß diese weltgeschichtliche Stunde für den Todfeind völkischen Lebens, aber auch der Kultur und Gesittung, des Glaubens und des Christentums, geschlagen hat. Mit Gott gnädiger Hilfe wird unsere siegreiche Wehrmacht das Werkzeug des Gerichts über den Bolschewismus und der Gnade über unser heißgeliebtes Volk und alle Völker sein, die im Frieden leben und arbeiten wollen. Das walte Gott! Amen.

Nr. 19
WORT AN DIE EVANGELISCHEN
KIRCHENGEMEINDEN OSTPREUßENS[18]
(01.07.1941)

Unsere Wehrmacht steht auf Befehl des Führers im Kampf mit der Roten Armee. Keine Provinz deutschen Landes ist so unmittelbar beteiligt an diesem Kampf als Ostpreußen. Wir spüren alle die Größe der Stunde. Es entscheidet sich in diesem ungeheuren Ringen nicht nur unser persönliches Schicksal und die Zukunft unserer Heimat, sondern es geht zugleich um die Niederringung der Weltmacht Bolschewismus. Schon heute dürfen wir Gott dafür danken, daß die rote Flut, die unsere Grenzen bedrohte, durchs den siegreichen Vormarsch weit zurückgedämmt ist. Die evangelischen Gemeinden erheben ihre Hände zum Herrn alles Geschehens, dass er dem Kampf unserer Soldaten und den Plänen des Führers weiterhin Sieg und Gelingen schenke. Wir evangelischen Christen wollen die Kraft unseres Glaubens bewähren und uns unter den Befehl unseres Gottes stellen: „Siehe, ich habe Dir geboten, daß Du getrost und freudig seist. Laß Dir nicht grauen und entsetze Dich nicht, denn der Herr, Dein Gott, ist mit Dir in allem, was Du tun wirst."

Evangelisches Konsistorium der Provinz Ostpreußen
Heyer

Vorstehendes Wort an die Gemeinden bitten wir im nächsten Gottesdienst bekanntzugeben.

---

[18] Textquelle | Kirchliches Amtsblatt der Kirchenprovinz Ostpreußen (Ausgegeben Königsberg) Nr. 7 vom 1. Juli 1941.

Nr. 20

,THÜRINGER KUNDGEBUNG'[19]

Kirchenblatt und kirchlicher Anzeiger

(August 1941)

Unter dem Eindruck der Sondermeldungen von den überwältigenden Erfolgen unserer deutschen Wehrmacht im Kampf gegen den Bolschewismus ordnen wir hiermit an, in den Gottesdiensten des kommenden Sonntags, des 10. August, folgende Kundgebung zu verlesen.

Kundgebung

Unser Volk steht in einem beispiellosen Kampf um die Ordnung Europas und der Welt.

Der Kampf, den wir heute ausfechten, ist im tiefsten Sinne ein Kampf zwischen den göttlichen und den satanischen Mächten der Welt, zwischen Christus und dem Antichrist, zwischen Licht und Finsternis, zwischen Liebe und Haß, zwischen Ordnung und Chaos, zwischen dem ewigen Deutschen und dem ewigen Juden.

In diesem Kampfe haben sich englische und amerikanische Priester, die Vertreter eines internationalen Weltkirchentums, mit dem Satan verbrüdert. Sie haben durch den Bruderkuß, den sie dem bolschewistischen Judas gaben, Christus abermals verraten und erneut ans Kreuz geschlagen.

Dieses internationale Weltkirchentum spricht noch immer von den Juden als von einem „auserwählten Volk" und das in einem Augenblick, in dem Gottes Hand ausholt, eben dieses Volk zu vernichten. Das internationale Weltkirchentum schweigt gegenüber dem unerhörten Attentat des Bolschewismus auf alle Religion, Kultur und Gesittung.

Auch in manchen deutschen Kirchen wird leider nur das Wort gehört, das Gott in der *Vergangenheit* sprach. Das Wort aber, das er *heute* durch den Führer spricht: „Es werde Ordnung!" wird nicht gehört.

---

[19] Textquelle | Thüringer Kirchenblatt und kirchlicher Anzeiger (B) Jahrgang 1941, S. 114.

Neun Jahre hindurch ist dieses Wort erklungen. Aber neun Jahre lang hat man es in vielen Kirchen weder gehört noch gepredigt. Diese Prediger sind auf der Stelle getreten und haben nach rückwärts geschaut, während der Sturmschritt der deutschen Bataillone und der deutschen Jugend die Zukunft eroberte.

Diese Art von *Kirchen* hat *gegen* Gott gestanden und ist damit *gerichtet*!

Wir erklären namens der Thüringer Evangelischen Kirche vor Adolf Hitler und Deutschland, vor Gott und der Welt:

Wir stehen gegen ein Christentum, das sich mit dem Bolschewismus verbündet, in den Juden das auserwählte Volk sieht und unser Volk und unsere Rasse als Gottesgaben leugnet.

Wir haben mit dem internationalen Weltkirchentum in jeder Form nichts zu tun. Wir gehören einzig und allein unserem deutschen Volk und seiner Sendung.

Wir bekennen uns bedingungslos zum Führer und zu Deutschland.

Wir bekennen uns zu einem artgemäßen deutschen Glauben:

Wir bekennen uns zu Gott, dem Allmächtigen, dem Schöpfer Himmels und der Erde, und geloben, seine Mitschöpfer und Mitkämpfer zu werden.

Wir bekennen uns zu Christus und zu seiner Botschaft, daß Gott der Vater ist, und geloben mit ihm gläubig und tapfer wie der Ritter zwischen Tod und Teufel durch alle Dunkelheiten zu schreiten wie in ein großes Licht.

Nr. 21

BRIEF DES LANDESBISCHOFS DER EV.-LUTH. LANDESKIRCHE
IN BRAUNSCHWEIG[20]
(08.07.1941)

Der Landesbischof   Kloster Loccum, den 8. Juli 1941
Nr. 2562 VIII, 22

Meine Brüder! Alle berufliche Erfahrung in der Beurteilung unserer Mitmenschen ändert nichts daran, daß unserm Urteil oft engere Grenzen gezogen sind, als unserer Arbeit gut ist. Immer wieder werden wir daran erinnert, daß nur einer den Einblick in das tiefste Wollen und Können eines Menschen hat. Dieser allein hat den Einblick, der zu einem wirklich objektiven Urteil befähigt: „Ein Mensch siehet, was vor Augen ist, der Herr aber siehet das Herz an" (1. Sam. 6,7). Dies Wort aus der alttestamentlichen Lektion des kommenden Sonntags bildet eine notwendige Ergänzung zu der Botschaft, die das Evangelium dieses Tages bringt: zu der Botschaft vom Ruf des Herrn in die Nachfolge. Wir sollen gewiß sein, daß dieser Ruf den Richtigen trifft. Über die Schwächen in der Menschenbeurteilung, denen selbst tüchtige Menschenkenner schon erlegen sind, ist Gott erhaben. Für den Fortgang Seines Werkes auf Erden hat Er die Werkzeuge bereit. Ihm kann es nicht widerfahren, daß er den Tüchtigen übersieht oder den Untüchtigen bevorzugt.

Achten wir auf den Zusammenhang der Geschichte, in deren Verlauf unser Wort fällt, dann merken wir, daß es uns nicht nur über Gottes Wirken und Walten unter den Menschen unterrichten will, sondern zugleich für unser eigenes Verhalten Wegweisung gibt. Wir sollen versuchen, als *mimetai tou theou* jenen Blick auf das Wesentliche eines Menschen zu lernen. Dieser Blick läßt sich nicht durch den äußeren Anschein blenden, sondern fragt nach Gottes verborgenem Urteil und wird dadurch auch im Handeln bestimmt. Alle die stattlichen Söhne Isais muß der Seher an sich vorüberziehen lassen, bis sich der junge Hirtenknabe findet, von

---

[20] Faksimile in: KUESSNER 1991, S. 33.

dem, menschlich geurteilt, niemand ahnen kann, daß er der kommende König sei.

Gewiß bleibt alles menschliche Urteil immer unter dem Vorbehalt, daß nur Gottes Auge dem Menschen ganz ins Herz sehen kann. Aber wo wir nun einmal im amtlichen und persönlichen Leben über Menschen entscheiden müssen, gibt es ein Hinhorchen auf Gottes Urteil und Willen. Wo wir uns davon leiten lassen, dürfen wir es als ein Geschenk nehmen, für das wir jedesmal dem Herzenskündiger Dank schulden.

I. Der letzte Wochenbrief wurde in einem Augenblick geschrieben, als in dem Daseinskampfe des deutschen Volkes durch die weltgeschichtliche Entscheidung des Führers ein neuer Abschnitt des Ringens um die deutsche Zukunft begonnen hatte. Unvergleichliche Erfolge unserer tapferen Soldaten haben inzwischen gezeigt, daß dieser Entschluß in der rechten Stunde getroffen ist. Alle Deutschen vertrauen zu Gott, daß auch dieser Kampf mit einem vollkommenen Siege der deutschen Waffen enden wird. Es ist aber kein Zweifel darüber möglich, daß auch über die Stunde des blutigen Ringens mit der Waffe hinaus alle Kräfte der Nation angespannt bleiben müssen, wenn die innere Bedrohung alles menschlichen Kulturlebens durch den Geist des Bolschewismus restlos überwunden werden soll.

Die evangelische Kirche Deutschlands hat hier ein heiliges Vermächtnis zu hüten. Sie tritt, wie sie dem Führer in einem Telegramm ausgesprochen hat, in diesen Wochen im Geiste voll Ehrfurcht und Dankbarkeit an die Gräber der Blutzeugen, die aus den Reihen ihrer treuesten Diener in den Tagen der roten Flut im Baltikum den Märtyrertod gestorben sind, der deutschen Pastoren von Riga und anderen deutschen Gemeinden in Lettland und Estland.

Sie weiß, wozu diese Gräber sie verpflichten, und sie gelobt, ihre Kraft restlos einzusetzen auch in dem geistlichen Ringen gegen die widergöttlichen Mächte des internationalen Kommunismus und Atheismus für die gottgeschenkten Kräfte des Glaubens, des Volkstums und der heimatlichen Erde.

Gott segne Deutschland und seine Wehrmacht! Gott segne den Führer!

[Landesbischof Marahrens]

136

Nr. 22

DEUTSCHES PFARRERBLATT[21]

27. Juli 1941

Beispiellose Siege hat unser unvergleichliches Heer errungen! In einem gigantischen Ringen kämpft unser Volk mit seinen Verbündeten den Kampf für ein neues Europa. Es ist der Kampf gegen ein Gewaltregiment, das bis in die Stunden dieses Krieges hinein mit Mord und Totschlag gegen Tausende und aber Tausende satanisch wütete. Bricht unser Volks diese Zwingburg – und keiner unter uns zweifelt daran –, dann hat es einen Kampf gekämpft für die ganze Welt und ihren endlichen Frieden. Unsere Herzen sind bei unseren Soldaten draußen. Unsere Gebete gehören dem Führer und seinen Generalen. Gott schenke unseren Waffen weiter den Sieg und dadurch der Welt eine neue gerechte Ordnung!

Nr. 23

DIE ENTSCHEIDUNGEN IM OSTEN[22]

Das Evangelische Deutschland,

10.08.1941

Nach Wochen erwartungsvoller Spannung hat uns aus dem Osten die befreiende Kunde vom siegreichen Fortgang unseres Kampfes gegen den bisher zähesten Feind erreicht. Von Ausmaß und Größe der durch Leistungen von geschichtlicher Einmaligkeit heranreifenden Entscheidungen kann man sich heute noch kaum eine Vorstellung machen; eines aber zeigt sich schon klar dem Auge: ein in seinen Schrecken kaum vorstellbares Schicksal, das uns und den Völkern Europas von den dunklen Mächten der Weltvernichtung früher oder später zugedacht war, ist jetzt

---

[21] Textquelle | Deutsches Pfarrerblatt – Bundesblatt der deutschen evangelischen Pfarrvereine und des Bundes der preußischen Pfarrervereine (Postort Essen) 45. Jahrgang, Nr. 30 vom 27. Juli 1941 (7. nach Trinitatis).

[22] Textquelle | Das Evangelische Deutschland. Kirchliche Rundschau für das Gesamtgebiet der Deutschen Evangelischen Kirche (Berlin) Nr. 32 vom 10. August 1941.

und nach menschlichem Ermessen für alle Zeit abgewendet. Mit heißen Wünschen und in fürbittendem Gedenken für die draußen wendet sich unser Blick nach oben.

Herr Gott, Dich loben wir. Dir danken wir. Für den Führer, für alle die Männer, die Du unserem Volk gegeben hast, daß sie unsere Wehrmacht zum Siege führen. Für den Geist des Heldenmuts, der Treue bis in den Tod, die Du unseren Brüdern im Kampf verliehen hast. Laß sie Dir befohlen sein auch in den neuen Aufgaben, vor die sie jetzt gestellt sind. Nimm Dich derer an, die in den sieggekrönten Tagen ihr schwerstes Opfer bringen mußten; laß sie willig und gefaßten Herzens dies Leid tragen. Uns allen aber hilf, daß unser Dank nicht in Worten vergehe, sondern sich bewähre in doppelter Treue an dem Platz, an den Du uns gestellt hast!

Nr. 24
Aus dem Zeitgeschehen[23]
Evangelisch-Lutherische Kirchenzeitung
vom 28.03.1941

Zu bewähren hat sich der Wehrmann auch da, wo ihm als das eigentliche Gesetz des Krieges die *Vernichtung* entgegentritt. Wieder wird hier ein Unterschied zwischen Krieg und Frieden offenbar. Die Friedenszeit ist darauf abgestellt Werte und Güter zu erzeugen, sei es materieller, sei es geistiger Art. Jeder einzelne steht in einem bestimmten Berufe und hat in ihm teil an der Aufgabe, Werte zu schaffen und zu erhalten. Im Kriege aber tritt er unter das soldatische Gebot der Vernichtung. Soll es hier nicht zu einem seelischen Konflikt kommen, der ihn bei der Ausübung seiner Soldatenpflicht schwer belastet, so muß er stets der positiven Aufgabe eingedenk bleiben,·daß er die Werte und Güter, die die Kultur seines Volkes ausmachen, zu verteidigen und zu schützen hat. Das kann er nur dadurch tun, daß er den feindlichen Zerstörungswillen abwehrt,

---

[23] Textquelle | Allgemeine Evangelisch-Lutherische Kirchenzeitung Jg. 1941, Sp. 143f, Ausgabe vom 28.03.1941.

138

und das heißt, daß er Güter und Werte des Feindes soweit vernichtet, daß dieser von seinem Vernichtungswillen absteht. Indem der Wehrmann so handelt, indem er die von ihm selbst mit geschaffenen Kulturgüter seines Volkes schützt, schützt er zugleich, wie das bei dem unlöslichen Zusammengehören von Volk und einzelnem selbstverständlich ist, seine eigenen Güter und Werte.

Dem Wehrmann ist also die Vernichtung aufgetragen. Auftrag bedeutet aber auch, daß ihm die Verantwortung dafür abgenommen ist. Gewiß ist er auch im Frieden stets Glied seines Volkes, wenn er handelt, nur daß er da die Verantwortung für sein Tun und Lassen selbst zu tragen hat. Das Gesetz des Staates und das Sittengesetz in seinem Gewissen normieren sein Handeln. Im Krieg gilt für ihn der Befehl des Vorgesetzten, indem sich in dem konkreten Augenblick und in der bestimmten Situation der Auftrag seines Volkes ausspricht. Und seine Antwort auf den Befehl ist der Gehorsam.

Es ist ein altes Wort, daß, wer befehlen will, zuerst das Gehorchen gelernt haben muß. Dieses Moment kommt gerade in der Ausbildung des Berufssoldaten, vornehmlich des Offiziers, zu seinem vollen Recht. Es werden an ihn von Anfang an die schärfsten Anforderungen gestellt, wie er auch gehalten ist, an sich selbst die höchsten Anforderungen zu stellen. Wer sich ihnen unterwirft, weil er das Wesensgesetz von Befehl und Gehorsam voll erfaßt hat, wer daran den vollen Gehorsam gelernt und geübt hat, der vermag auch zu befehlen. Gehorsam schließt alles eigenmächtige Handeln aus. Jedes willkürliche Handeln, und wenn es im Einzelfall vielleicht auch gut gemeint sein mag, ist zuletzt doch nur Ungehorsam. Der einzelne steht hier eben nicht nur als ein einzelner, der im Notfall den Schaden einer verkehrten Handlungsweise selbst und allein zu tragen hat. Der einzelne ist ein Glied des Ganzen, ein Rädchen in dem großen Räderwerk, das seine bestimmte, ihm vorgeschriebene Aufgabe zu erfüllen hat. Tut er das nicht, so gefährdet er das ganze Räderwerk. Benützt der Feind eine solche Gefährdung, so trifft der Vernichtungswille des Feindes auch jeden einzelnen, der durch falsches Handeln diesen schlimmen Ausgang heraufgeführt oder richtiger gesagt, verschuldet hat.

Im „bürgerlichen" Leben" spielen Sympathie oder Antipathie leider oft eine recht große Rolle. Sie verleiten oft genug zu Fehlurteilen und auch zu Fehlhandlungen. Es liegt im Wesen des Befehls wie auch des Gehorsams, daß Neigung oder Abneigung nichts zu sagen haben. Die eherne Disziplin verlangt, daß der Befehl ausgeführt wird, fordert also unbedingten Gehorsam. Es soll niemand mit dem Einwand kommen, daß Befehl die freie Selbstbestimmung, die ja mit zu dem Wesen der Persönlichkeit gehört, ausschließe, und daß auf der andern Seite der Befehlende mit einer stets sich steigernden Verantwortung belastet wird. Diesem verstandesmäßigen Einwand steht die Wucht der Tatsache entgegen, daß Befehl und Gehorsam den einzelnen eingliedern in das Ganze, daß sie ihn herausnehmen aus seiner Isolierung und ihn den lebendigen Zusammenhang spüren lassen, in den er nun gestellt ist, als kleines, unscheinbares Glied in einer großen Kette, wo er nicht mehr als Einzelglied, sondern eben als Glied des großen Ganzen seine Bedeutung, seine Aufgabe, seinen Wert hat.

Gehorsam erscheint leicht, wenn in rascher Tat der Angriffshandlung und im kühnen Drauflosstürmen des Augenblicks alle Kräfte des Soldaten aufgerufen werden;·denn hier sieht er sein Ziel unmittelbar vor Augen, die Vernichtung des Feindes. Gehorsam wird schwer in einer Zeit des Zuwartens, wo scheinbar das Große zurücktritt und nur das Einerlei des Alltags mit seinem Drum und Dran erfordert ist. Gerade in solcher Lage aber bewährt sich der echte Gehorsam; das Kleine ist die Vorbereitung des Großen, die tägliche Einübung die Vorbedingung des ersehnten Erfolgs. (*Fortsetzung folgt.*)

AUS DEM BERICHT EINES GEISTLICHEN[24]
November 1941

Die russischen Kirchen werden in meinem Bereich durch feierliche Wehrmachtsgottesdienste wieder in Gebrauch genommen und dann der Bevölkerung übergeben. Seitdem ich die rührenden Szenen in den Kirchen erlebte, bin ich eifrig bei der Sache, ganz abgesehen davon, daß das Wiedererwachen der Gemeinden stark auf unsere Soldaten gewirkt hat. Ich lege den Bericht unseres Dolmetschers über meinen Gottesdienst am 3. August in B. bei. Ich habe mich über ihn besonderes gefreut, weil er aus der Feder eines Nichttheologen stammt. Nach dem von mir über die Russen gesprochenen Segen fing ein alter Russe an, aus einem zerschlissenen Buch vorzubeten und erst ganz vereinzelt, leise und schüchtern, dann immer lauter und kräftiger setzte die Gemeinde ein. Die Gemeinde atmete wieder im Gebet!

Der Bericht des Dolmetschers lautet: „Die kleine russische Stadt an der Beresina erschien wie umgewandelt. Frauen und Mädchen hatten ihre hellsten Tücher umgebunden, die Männer aber Bart und Haar mit Wasser angefeuchtet und gebürstet, um sauberer und festlicher zu erscheinen. Einen Sonntagsanzug haben sie nicht, denn die Regierung „der Arbeiter und Bauern" hatte ihnen lediglich ein Hemd am nackten Leibe gelassen und dazu ihre traurigen Lumpen! Armes, geknechtetes Volk! – Schon unterwegs begegneten wir kleinen Gruppen, die mit inbrünstiger Feierlichkeit Ikonen (Heiligenbilder) in die Kirche trugen, die heute von den Vertretern der deutschen Wehrmacht nach bald 25jährigem Schweigen wieder eröffnet und der Bevölkerung übergeben werden sollte. Die roten Unterweltherrscher hatten diese Kirche in einen Schuttablageplatz verwandelt und jeder Versuch, das Heiligtum zu betreten, scheiterte an dem Haufen von Unrat und an beißendem Chlorgeruch.

Heute stand das Gotteshaus gesäubert und gewaschen da. An den Wänden und in den Nischen waren einige byzantinische Malereien

---

[24] Textquelle | Landeskirchliches Archiv Stuttgart, Bestand Altreg. Gen. 124 c. – „Prälat Hartenstein vom Ev. Oberkirchenrat Stuttgart empfiehlt den Dekanatsämtern in der Württembergischen Landeskirche, diesen Bericht an die Pfarrämter weiterzuleiten", 24.11.1941.

angebracht, um die die Gläubigen frisches Grün und Blumen gelegt hatten. So schmücken sie ihre Seelen, indem sie ihr Heiligtum schmücken. Die Stufen zum Allerheiligsten und dem Altar waren von unsern Soldaten aus glattgehobelten Balken neu gezimmert, und über den Hoheitszeichen der Wehrmacht erhob sich ein schlichtes, graues Kreuz aus nicht entrindeten Birkenstämmen. Mit den Worten „Mein Haus soll ein Bethaus sein" übergab der Pfarrer die Kirche wieder ihrer Bestimmung, und an den zerschlissenen hohen Wänden stieg aus hundert rauhen, kampferprobten Männerkehlen das „Wir treten zum Beten" empor, zu jenem hohen Geist, der über uns ist. Es gab wohl keinen, der in diesem Augenblick größter Kontraste nicht den Atem Gottes verspürte, der wieder unter die Menschen getreten war. Die alten Steine wunderten sich und wurden erst recht still und stumm, als die Weise vom „guten Kameraden" im Herzen jedes Soldaten eine unsichtbare Verbundenheit zu jenen herstellte, die ihr Leben für Deutschland und seine Zukunft hingegeben haben, und auch zu jenen, die um ihre Lieben in der Heimat trauern. Nein, dieser Tod kann nicht das Ende aller Dinge sein. Wenn Gott Geist ist und Vollkommenheit, wir aber einmal sein dürfen wie der Vater, dann muß es ein Leben geben in Gott und in Vollkommenheit. Das ist die Verheißung und die Wahrheit, die wir in dieser Stunde verspüren durften als eine gewaltige, alles überschattende Wirklichkeit.

Und dann sprach der Pfarrer von der inneren Bereitschaft, die wiedergeweckt sein will in den Herzen der Menschen. Auch der deutsche Soldat, an Gehorsam und Disziplin gewöhnt, trägt diese Bereitschaft in seiner Brust, und hätte er sie nicht, dann könnten wir zwar siegen, nie aber wirklich bestehen. Nochmals ergriffen dann die trutzigen Worte „Ein Feste Burg ist unser Gott" alle Herzen. Nie habe ich Männer so bewegt erlebt wie in dieser Stunde, und ich schämte mich still in mich hinein, als ich neben mir einen jungen Generalstabsoffizier erblickte, der alle Verse des Lutherliedes auswendig sang als wäre es ein Bekenntnis. Ich hatte die Worte des Liedes vergessen.

Nach dem Feldgottesdienst strömte die Bevölkerung in das Gotteshaus, welches sich bald bis auf den letzten Winkel gefüllt hatte. Der Pfarrer sprach einige Worte, die der Gemeinde von einem Rittmeister verdolmetscht wurden. Mit weit aufgerissenen und feuchten Augen standen sie da, Männer, Frauen und Kinder, als sie plötzlich in ihrer Sprache

Worte vernahmen, die von dieser Stätte seit 2 ½ Jahrzehnten nicht mehr gesprochen werden durften. Keine Feder vermag das Erleben dieses Augenblicke zu schildern. Der Rittmeister stockte tief bewegt, denn er sah die Menschen aus seiner alten Heimat vor sich, sah ihre Tränen und ihre dankerfüllten Blicke und gerade er verstand sie bis in die Tiefen ihres kindlichen Gemüts. „So ihr nicht werdet wie die Kinder". – Wer konnte da noch weiterreden! Hier war sie da, die Bereitschaft von der der Geistliche zuvor gesprochen hatte; die Bereitschaft mit der der Mensch, unabhängig vom Streite der Bekenntnisse sich vor dem Allerhöchsten beugt. Und wer wagt es, in dieses Heiligste einzudringen, das jedermanns persönlichste Sache ist? Als dann der Rittmeister der gläubigen Menge verkündete, daß der Pfarrer nunmehr den Segen erteilen würde, fiel alles inbrünstig zu Boden, wie es nach orthodoxem Ritus Sitte ist. Es störte keinen, daß der Pfarrer Protestant und seine Sprache deutsch war und daher unverstanden bleiben mußte; das Wort aber wurde Wirklichkeit, daß Gott Geist ist und über sie gekommen war. Wie wenig benötigt doch der Mensch zu seiner Seligkeit! Und dieser arme russische Mensch naht uns heute mit einer Bereitschaft und Aufgeschlossenheit, die einmalig ist. Er sieht im Deutschen nicht nur den Befreier von seinen Peinigern und Unterdrückern, sondern auch den Vollstrecker eines göttlichen Willens. Diesem allein fühlt er sich verpflichtet zu dienen und zu leben. Auch wir wollen diese Zeichen der Zeit erkennen und nicht übersehen, welch eine Gabe und Aufgabe zugleich uns damit vom Schicksal in die Hand gelegt worden ist.

Vor der Rückfahrt besuchten wir noch die katholische Kirche. Der Gottesdienst war bereits beendet. Nach der Messe hatten die Männer und Frauen aus tiefer Dankbarkeit heraus das Gewand der Geistlichen und sein Kreuz geküßt, so daß er sich ihrer kaum erwehren konnte. Als der Priester längst das Gotteshaus verlassen hatte, lagen die Gläubigen immer noch auf den Knieen und eine Frau aus dem Volke las Gebete aus einem russischen Meßbuch vor, die von der Gemeinde nachgesprochen wurden. Heute waren dies keine leeren Formeln, nein, das war ein Gebet, das bis zum Thron des Vaters im Himmel dringen mußte."

Nr. 26

SENDSCHREIBEN DES METROPOLITEN SERGIJ ZUM KRIEGSBEGINN[25]
(22.06.1941)

An die Hirten und die Herde der Rechtgläubigen Kirche Christi

… Vom Geist des Faschismus besessene Räuber haben unsere Heimat
überfallen. Unter Mißachtung aller Verträge und Versprechungen sind
sie plötzlich über uns hergefallen, und schon wird die Heimaterde vom
Blut friedlicher Bürger getränkt. Es wiederholen sich die Zeiten Batus,
der Deutschritter, Karls von Schweden und Napoleons …

Nicht zum erstenmal muß sich das russische Volk einer solchen Prüfung unterziehen. Mit Gottes Hilfe wird es auch diesmal die faschistische
Feindesmacht zunichte machen. Unsere Vorfahren verloren auch in noch
schlimmerer Lage nicht den Mut, weil sie weder an die ihnen drohende
Gefahr noch an persönliche Vorteile dachten, sondern an ihre heilige
Pflicht gegenüber der Heimat und dem Glauben. Und jedes Mal gingen
sie als Sieger hervor. Mögen also auch wir Rechtgläubigen, die wir ihnen
nach Fleisch und Blut und dem Glauben nach verwandt sind, ihrem
ruhmreichen Namen keine Schande machen …

Unsere große orthodoxe Kirche hat stets das Schicksal des Volkes geteilt. Mit ihm gemeinsam trug sie alle Prüfungen und freute sich über
seine Erfolge. Auch jetzt wird sie ihr Volk nicht im Stich lassen.

Nr. 27

ANSPRACHE DES METROPOLITEN SERGIJ
IN DER EPIPHANIAS-KATHEDRALE ZU MOSKAU[26]
(26.06.1941)

Das Vaterland ist in Gefahr und ruft uns zu: „Alle Mann an ihre Plätze
zur Verteidigung der Heimat, ihrer historischen Heiligtümer und ihrer
Unabhängigkeit von fremdländischer Unterjochung." Schande über jeden, wer es auch sei, der einem solchen Appell gegenüber gleichgültig

---

[25] Textquelle | HAUPTMANN/STRICKER 1988, S. 750.
[26] Textquelle | HAUPTMANN/STRICKER 1988, S. 751.

bleibt und es anderen überläßt, sich für die gemeinsame Sache des Volkes zu opfern, selbst aber abwartet, welcher Seite sich anzuschließen für ihn besser und günstiger sei. Besonders schändlich und schlechthin eine Sünde wäre es, wenn wir Kinder der Heiligen Rechtgläubigen Kirche uns unter solchen angeblichen Söhnen, in Wirklichkeit aber Verrätern der Heimat befinden würden ...

Wer da glaubt, daß der Feind unsere Heiligtümer und unseren Glauben nicht antasten werde, der irrt sich gründlich. Beobachtungen über das Leben des deutschen Volkes besagen etwas ganz anderes. Der bekannte deutsche Heerführer Ludendorff ... war mit den Jahren zur Überzeugung gekommen, daß das Christentum nicht zu einem Eroberervolk passe ... Der General rief deshalb seine Deutschen auf, Christus zu verwerfen und dafür die altgermanischen Götzen, Wotan und andere anzubeten ... Dieser Wahnsinn hat sich unter den Faschisten ausgebreitet und zielt darauf hin, andere Völker anzustecken, die unter deutschem Einfluß oder deutsche Herrschaft geraten sind ...

Möge das Gewitter des Krieges auch der Gesundung unserer geistigen Atmosphäre dienen. Gewisse Anzeichen einer solchen Gesundung sind bereits vorhanden.

Nr. 28

Moskau erzwingt „Bittgottesdienste"[27]

(1941)

Nach Mitteilung des DNB. fanden in Moskauer Kirchen (wieviele, bzw. wie verschwindend wenige es überhaupt noch sind, siehe den Beitrag im allgemeinen Teil des Blattes) Bittgottesdienste „für den Sieg der bolschewistischen Waffen und für eine Niederlage der Feinde" statt. Seit 25 Jahren haben die Sowjets – getreu dem Leninwort „Religion ist Opium für das Volk" die Gotteshäuser niedergerissen und die Geistlichen zu Tausenden und Abertausenden umgebracht. Sie haben eigene „antireligiöse Universitäten" und „Gottlosen-Museen" gegründet und in der

---

[27] Textquelle | Das Evangelische Deutschland, Jg. 1941.

Massenorganisation „Der Gottlose", der jeder, der im Sowjetstaat sein Brot verdienen will, angehören muß, in Wort und Bild alles in den Schmutz gezogen, was dem gläubigen Russentum heilig war … Und jetzt zwingen dieselben Sowjets, die dieses Zerstörungswerk anrichteten, die Religionsgesellschaften zu Bittgebeten für die den „Sieg der bolschewistischen Waffen". In London soll mit diesem Propagandatrick der Eindruck erweckt werden, daß die Sowjets gar nicht so atheistisch seien, wie man sie in Erinnerung habe. Das westliche Europa wird aber auch über diese Heuchelei die Schandtaten des Bolschewismus niemals vergessen.

Nr. 29

NOCHMALS: MOSKAU ‚BETET'[28] (1941)

Die „Bittgottesdienste", die nach sowjetischen Meldungen in Moskau stattgefunden haben sollten (E.D. 1941, 27), konnte man sich bei der bekannten Lage der Kirchen im Sowjetstaat nur als Zwangsmaßnahme erklären. Jetzt bringt der Bericht eines schwedischen Journalisten Aufklärung. Danach hat es sich nicht einmal um einen wirklichen Gottesdienst gehandelt, sondern um Filmaufnahmen (wohl bestimmt für amerikanische Wochenschauen), bei denen Statisten das Gottesdienstpublikum bildeten (!). Die Meldungen haben aber scheinbar den vom Kreml beabsichtigten Eindruck in London und Neuyork nicht verfehlt. Die Sowjetmachthaber setzten deshalb ihre Tricks mit einer angeblichen Änderung der Religionspolitik fort. Nach einer in einer schwedischen Zeitung wiedergegebenen United-Press-Meldung aus Moskau soll sich die neue „lebende orthodoxe Kirche" mit der alten russischen Kirche verbündet und einen großen Agitationsfeldzug begonnen haben. In diesem Agitationsfeldzug würden alle gläubigen Christen aufgefordert, für das Vaterland zu kämpfen. Solche kirchlichen Aufrufe, deren Unterschriften von den Kreml-Machthabern erpreßt worden sind, werden in Europa die zahllosen Priestermorde und Kirchenschändungen nicht vergessen machen.

---

[28] Textquelle | Das Evangelische Deutschland, Jg. 1941.

Kurt Reuber (1906-1944): Porträt – während des Russlandfeldzuges, Juni 1942

NEUJAHRSGRUß AN DIE GEMEINDEN[29] - 1942

In Ansprachen, die zu Silvester oder in den Neujahrsgottesdiensten von allen Kanzeln verlesen wurden, wenden sich die evang. Kirchenleitungen an die Gemeinden. Sie gedenken darin des überwältigenden Geschehens dieser Tage in Dank und Fürbitte und legen den Gemeinden die aus der entscheidungsvollen Zeit erwachsenden besonderen Pflichten ans Herz. So heißt es z.B. in einer Kundgebung des evang. Oberkirchenrats der altpreußischen Union:

„Gott zum Gruß und den Herrn Jesum Christum zum Trost."

Wo die Geschichte mit gewaltigen Schritten vorwärtsstürmt, wird ihre Bahn bezeichnet durch gewaltige Taten der Menschen. Aber wo das Maß des Menschenmöglichen überschritten zu werden scheint – und wie oft haben wir auch im abgelaufenen Jahr unter dem Eindruck gestanden, daß das Unmögliche Wirklichkeit werde! –, da ergreift den Menschen das tiefe Empfinden dafür, daß alles, was er crlebt und erleidet, erringt und erkämpft, baut und gestaltet, umschlossen ist von einer ewigen Macht über ihm und über der Welt, und daß schließlich doch alles darauf ankommt, daß diese ewige Macht unsern Weg und den Weg unseres deutschen Volkes so in den ihrigen einordnet, daß er ein Weg zu neuen Zielen, zu wahrhaft fruchtbarer Gestaltung der Zukunft, zu einer neuen Ordnung der Welt werden kann.

Gott zum Gruß! Es bedarf dessen nicht, daß wir euch ausrufen, auch im neuen Jahre zum Führer und zu dem deutschen Wege zu stehen, den er uns führt. Als evangelische Christen wollen wir uns darin bewähren, daß wir nicht aufhören, für unser deutsches Volk, für seinen Führer und für seine Heere vor Gott einzustehen. Unsere Herzen zuerst sollen stark und unerschütterlich sein, wenn anders wir Menschen sind, die sich aus Gott verlassen.

Wir rühmen uns, dass wir ihn in dem Herrn Christus kennen; so soll unsere Getrostheit und Zuversicht in aller Unruhe, ja auch in der Anfechtung standhalten! Das gilt auch für die persönlichen Nöte, die keinem von uns erspart bleiben. Es gilt vor allem euch, ihr lieben Mitchris-

---

[29] Textquelle | Das Evangelische Deutschland, Januar 1942.

ten, die ihr den Gatten, den Sohn, den Bruder beklagt, der vor dem Feind gefallen ist. Unsern Herrn Jesum Christum zum Trost! Durch ihn und in ihm wissen wir, wie Gott gegen uns gesinnt ist. Daß uns nichts scheiden kann von Seiner Liebe, daß ist unser Trost, unsere Kraft, unser Friede! Daß ihr in jedem Gottesdienst, den ihr mit der Gemeinde feiert, aus dem Evangelium heraus neu die Gewissheit der Nähe und der Liebe Gottes schöpfen möchtet, das ist das Anliegen, das uns mit euch verbindet. Nehmt die Kräfte wahr, die in der Besinnung auf sein heiliges Wort, in den Liedern unseres Gesangbuchs, in dem schlichten Zeugnis des Katechismus beschlossen liegen, und laßt euer Haus, eure Kinder an den Segenskräften teilhaben, aus denen heraus eure Väter und Mütter gelebt haben."

Nr. 31

NEUJAHRSGRUß![30]

Lübeck, 29. Dezember 1941

Ein Jahr weltgeschichtlichen Geschehens, reich an glänzenden deutschen Siegen und Erfolgen, reich aber auch an schweren Opfern, treuer Pflichterfüllung und stolzer Bewährung liegt hinter uns. Es grüßt uns ein neues Jahr, das als ein Jahr der gewaltigsten Kämpfe und der wichtigsten Entscheidungen einmal in die Geschichte eingehen wird.

Wie in den beiden vorhergehenden Kriegsjahren so hat der Allmächtige auch im Jahre 1941 seinen Segen überreich über uns ausgeschüttet. In zwölf Tagen wird das serbische Heer zerschlagen, am 27. April weht die Hakenkreuzfahne auf der Akropolis in Athen, am 2. Juni befindet sich Kreta in deutscher Hand. Die bolschewistischen Horden, die ganz Europa in ein Chaos stürzen wollen, werden unter den furchtbarsten Verlusten weit nach Osten zurückgeworfen. Gott war bei uns wohl auf dem Plan. Ihm sei Ehre und Dank!

Beim Eintritt in das neue Jahr sind unsere Gedanken voll stolzer Dankbarkeit bei unseren tapferen Kämpfern, die in der eisigen Kälte des

---

[30] Textquelle | Kirchliches Amtsblatt der evangelisch-lutherischen Kirche in Lübeck, Nr. 43 vom 29. Dezember 1941, S. 163.

Ostens· und Nordens, in der heißen Wüste Afrikas, auf dem weiten Meere und in der Luft unter den höchsten Anstrengungen und mit dem Einsatz ihres Lebens die Heimat schirmen. Wir gedenken in überströmender Dankbarkeit all derer, die auf dem Felde der Ehre geblieben sind oder Opfer an Leib und Gesundheit gebracht haben. Wir trauern mit den Müttern und Vätern, den Frauen und Kindern, die ihr Liebstes für den Bestand, die Größe und die Zukunft des Reiches haben hingeben müssen.

Auch im neuen Jahre folgen wir in Gehorsam und Treue dem uns von Gott geschenkten Führer und sind der unverbrüchlichen Gewißheit, daß sein Wort in Erfüllung gehen wird: „Der Herrgott wird den Sieg seinen tapfersten Soldaten nicht verweigern!"

Lübeck, den 29. Dezember 1941.

Der Kirchenrat der evangelisch-lutherischen Kirche in Lübeck.
Sievers – Dr. Nüsse – Wagner

Nr. 32
NEUJAHRSGRUß DES THÜRINGISCHEN LANDESBISCHOFS[31]
(31. Dezember 1941)

Am Beginne des Jahres 1942 stehe ich mit denselben Gedanken wie im Vorjahre. Vom Krankenlager rufe ich Euch zu meinen alten

Neujahrsgruß:

Wieder schreiten wir über die Schwelle eines neuen Lebensjahres unseres Volkes. Nicht wissen wir, welche Aufgaben dieses neue Jahr im einzelnen an uns stellt. Aber eins wissen wir: Wir haben uns zu bewähren im Glauben an das Recht und den Sieg unseres deutschen Schicksalskampfes. Es ist der Stolz unserer Thüringer evangelischen Kirche, daß

---

[31] Textquelle | Thüringer Kirchenblatt und Kirchlicher Anzeiger – Gesetz- und Nachrichtenblatt der Thüringer evangelischen Kirche (B: Kirchliche Anzeigen), Nr. 1 vom 2. Januar 1942, S. 1.

sie ihre Pfarrer, Beamten und Angestellten, soweit sie in wehrfähigem Alter sind, dort ihren Dienst am Volke verrichten weiß, wo es im Kriege am ehesten gilt, bei der deutschen Wehrmacht. Gewiß ist dadurch die religiöse Versorgung vieler Gemeinden in Mitleidenschaft gezogen. Allein wir leben in einer Zeit, in der jeglicher Glaube zur Tat werden muß. So wird auch jeglicher Glaube an Gott heute daran gemessen, wieviel er Tapferkeit zu einem sieghaften Leben und Sterben zu geben vermag.

So bitte ich alle Seelsorger und Glieder der Thüringer evangelischen Kirche, all ihre Sorgen auf den zu werfen, der uns vielfältige Kraft gibt, unseren Herrgott! Alles aber, was uns der Herrgott gibt, laßt uns einsetzen für Sieg und Leben unseres deutschen Volkes. In Dankbarkeit schauen wir noch einmal zurück auf das vergangene Jahr. Es war ein Jahr von gewaltigem, sieghaften Ausmaß.

Wir bitten den Lenker der Völkerschicksale:
Herr, segne unseren geliebten Führer!
Herr, segne unseren Kampf!
Herr, gib uns Sieg und Frieden!

Eisenach, den 31. Dezember 1941.
Heil Hitler!
Sasse, Landesbischof.

Ausgegeben am 2. Januar 1942.

Nr. 33

Geistlicher Vertrauensrat der Deutschen Evangelischen Kirche[32]:
TELEGRAMM AN DEN FÜHRER VOM 1. SEPTEMBER 1942

Deutsche Evangelische Kirche   Berlin-Charlottenburg,
Kirchenkanzlei   den 3. Sept. 1942
       Marchstr. 2

An
die obersten Behörden der deutschen evangelischen Landeskirchen
und die bei ihnen gebildeten Finanzabteilungen

Der Geistliche Vertrauensrat der Deutschen Evangelischen Kirche und der stellvertretende Leiter der deutschen Evangelischen Kirchenkanzlei haben unter dem 1. September 1942 das nachstehende Telegramm an den Führer gerichtet:

„Der heute versammelte Geistliche Vertrauensrat der Deutschen Evangelischen Kirche und der stellvertretende Leiter der Deutschen Evangelischen Kirchenkanzlei grüßen am Jahrestage des Kriegsbeginn den Führer des deutschen Volkes in unwandelbarer Treue. Die Gemeinden, Pfarrer und Kirchenleitungen der Deutschen Evangelischen Kirche werden auch im kommenden Kriegsjahre mit all ihren inneren und äußeren Kräften am Lebenskampfe des deutschen Volkes teilnehmen.

Im Geiste Martin Luthers wird die Deutsche Evangelische Kirche alles daransetzen, durch die religiösen Kräfte des Evangeliums die seelische Haltung ihrer Glieder in den großen Aufgaben unserer Zeit zu stärken."

gez. Vizepräsident Hymmen   gez. Landesbischof Marahrens
gez. Landesbischof Schultz   gez. Vizepräsident Fürle
In Vertretung gez. Dr. Gisevius

---

[32] Textquelle | Landeskirchliches Archiv Stuttgart.

Nr. 34

AUFRUF DES METROPOLITEN SERGIJ ZUR GELDSAMMLUNG
FÜR DIE AUFSTELLUNG EINER PANZERKOLONNE[33]
(30.12.1942)

„… Laßt uns jetzt im Namen unserer ganzen Orthodoxen Kirche, dem Beispiel des hl. Sergij von Radonez folgend, unserer Armee für den bevorstehenden Entscheidungskampf zusammen mit unseren Gebeten und unserem Segen ein sichtbares Zeugnis unserer Teilnahme am gemeinsamen Werk schicken: Laßt uns mit unsern kirchlichen Opfergaben eine Panzerkolonne ausrüsten, die den Namen Dimitrij Donskoj trägt.

Möge auf unserer von der Kirche aufgestellten Kolonne der Segen unserer Orthodoxen Kirche und ihr unaufhörliches Gebet für den Sieg der russischen Waffen ruhen. Uns allen aber verleihe sie das tröstliche Bewußtsein, daß auch wir nicht abseits stehen und nach unserer Kraft und unserem Vermögen am heiligen Werk der Rettung des Vaterlandes teilhaben."

---

[33] Textquelle | HAUPTMANN/STRICKER 1988, S. 757.

Nr. 35
Deutsche Evangelische Kirche
GRUßWORT DES GEISTLICHEN VERTRAUENSRATS AN DIE
DEUTSCHE EVANGELISCHE KIRCHE ZU BEGINN DES NEUEN JAHRES[34] 1943

Das Licht, von dem uns das Weihnachtsevangelium kündet; will seinen hellen Schein auch auf das jetzt beginnende Jahr werfen. Der lebendige Gott, der Schöpfer Himmels und der Erde, ist in Jesus Christus wahrer Mensch geworden, hat uns in seinem Sohne mitten in der irdischen Geschichte sein Herz aufgetan. Wer an ihn glaubt, der ist gewiß, daß Gott in allen Dingen bei ihm ist. Alle Wirklichkeit tritt in das Licht der Ewigkeit Gottes. In allem wissen wir seine väterliche Hand an uns wirksam.

Weil wir das wissen, so ist unsere erste Pflicht an diesem Tage der Dank. Wir danken Gott, daß er uns in aller Anfechtung und trotz aller unserer Unzulänglichkeit sein heiliges Evangelium gnädig erhalten hat, daß der Glaube noch immerfort unter uns lebendig ist. Wir danken Gott, daß er unserem Volke bis hierher beigestanden hat. Wir danken ihm für all die großen Erfolge, die er unseren Waffen gewährt hat; wir danken ihm dafür, daß kein Feind deutsches Land hat betreten dürfen, daß siegreicher Kampf den Lebensraum unseres Volkes gesichert und erweitert hat, daß eine reiche Ernte unser Volk weiterhin zum Ausharren stark macht. Wir danken Gott, daß auch die Heimat allen Belastungen des harten Krieges standgehalten hat, daß unser Volk in hingebender Arbeit und in freudigem Opferwillen zusammensteht.

Die deutsche evangelische Christenheit hat allezeit auf Gedeih und Verderb in völliger Gemeinschaft mit unserem Volk gestanden; sie kämpft auch heute völlig selbstverständlich seinen Kampf mit und teilt sein Glück wie seine Sorgen. Mit einer unabsehbaren Zahl anderer evangelischer Christen steht auch fast die Hälfte unserer Pfarrer unter den Waffen. An den Blutopfern, die der Krieg fordert, haben die Glieder der Gemeinden wie die Pfarrer ihren vollen Anteil. Die Entsagungen, die die Heimat auf sich nehmen muß, tragen wir alle freudig mit. In den Städten, die der Feind aus der Luft angegriffen hat, sind auch die Kirchen

---

[34] Textquelle | Gesetzblatt der Deutschen Evangelischen Kirche (Ausgabe A, Reich), Nr. 15 vom 23. Dezember 1942, S. 88.

nicht verschont geblieben. Es ist ein Kampf, der geführt wird, und es ist das *ganze* Volk, das ihn führt.

Wir gedenken an diesem Tage in herzlicher Liebe aller derer, die für uns im Kampfe stehen und Tag um Tag ihr Leben einsetzen; wir gedenken aller Verwundeten in den Lazaretten, aller Versehrten, die ihre Gesundheit darangegeben haben. Wir gedenken aller, deren Herz bei einem geliebten Menschen ist, der vor dem Feinde steht, und die dabei doch den Anforderungen des Tages unverkürzt gerecht werden müssen. Wir gedenken der Leidtragenden, deren Opfer wir allezeit zu ehren haben. Wir gedenken der Volksgenossen, die durch feindlichen Angriff Heimstatt und Gesundheit verloren haben. Wir sind gewiß, daß sich das Evangelium von Jesus Christus in allem, was uns aufgetragen ist, als die ewige Gotteskraft, in aller Not als Hilfe, in aller Sorge als Hort, in allem Herzeleid als Trost erweist. Die Gemeinde, die sich um dies Evangelium schart und aus ihm lebt, muß sich heute ganz besonders als Gemeinschaft tragender und beistehender Liebe bewahren, die sich niemandem verschließt.

Die Aufgabe der Kirche ist die Verkündigung des Evangeliums, die Verwaltung der Sakramente und die Seelsorge. Je treuer sie dieser Aufgabe nachkommt, desto besser dient sie dem deutschen Volke. Sie darf und will nichts für sich selbst erlangen; was sie begehrt, ist stets nur die Möglichkeit ihres Dienstes. Unsere Liebe ist nicht zwischen Kirche und Volk geteilt: gerade aus der Treue zum Evangelium heraus werden wir nie ablassen, mit all unserem Tun und unseren Gebeten für unser Volk einzustehen.

So heben wir denn auch zu Beginn dieses Jahres unsere Herzen und Hände zu dem Herrn unseres Lebens und beten zu ihm für unsere tapfere Wehrmacht, daß er ihr die Kraft zu Kampf und Sieg erhalte, für unser Volk, daß er es nicht verlasse, – und für unseren Führer, daß er ihm seinen Beistand verleiht und sein Werk an unserem Volke segne. Wir beten für unsere Kirche, daß er sein Evangelium unter uns kräftig sein lasse und uns allezeit mit der frohen Gewißheit erfülle: „Jesus Christus gestern und heute und derselbe auch in Ewigkeit."

Der Geistliche Vertrauensrat der Deutschen Evangelischen Kirche
D. Hymmen – D. Marahrens – Schultz

Nr. 36

Kirchliches Amtsblatt Mark Brandenburg[35]
(Todesnachrichten; Telegramm an den Führer, 1943)

Nach Gottes unerforschlichem Rat starben den Heldentod für Führer und Vaterland: Der Oberleutnant in einer Aufklärungsstaffel *Wilhelm Krüger,* Träger des Eisernen Kreuzes I. und II. Klasse und anderer Kriegsauszeichnungen, Sohn des Pfarrers i.R. Rudolf Krüger, am 28. November 1942 im Osten.

Der Hauptmann und Bataillonsführer in einem Grenadier-Regiment *Wolfgang Koch,* Inhaber des Eisernen Kreuzes I. und II. Klasse, des Infanterie-Sturmabzeichens, des Verwundetenabzeichens und der Ostmedaille, Sohn des Pfarrers Lic. Koch in Berlin-Steglitz, am 22. Dezember 1942 im Raum von Welikije Luki.

Der Leutnant z. See *Kurt Weise,* Sohn des Pfarrers Weise in Fürstlich-Drehna, auf einem U-Boot Anfang Dezember 1942 beim Angriff auf einen feindlichen Geleitzug im Eismeer.

Der Oberarzt Dr. med. *Wilhelm Ruwwe,* Inhaber des Eisernen Kreuzes II. Klasse und der Ostmedaille, Sohn des Pfarrers Ruwwe an der Luisenstadtkirche in Berlin, am 14. Dezember 1942 bei Toropez.

* * *

Der stellvertretende Leiter der Deutschen Evangelischen Kirchenkanzlei und der Geistliche Vertrauensrat haben zum 30. Januar nachstehendes Telegramm an den Führer gerichtet:

„Die Deutsche Evangelische Kirche gedenkt am 10. Jahrestage der Machtübernahme des Führers in Treue und mit der Bereitschaft, alle Kraft für die Erringung des Sieges einzusetzen. Sie bittet Gott den Herrn, daß er auch künftig mit seinem Segen über unserem deutschen Volke walten möge."

Das Fanal des Heldentums unserer Soldaten in Stalingrad leuchtet dem ganzen Volk auf dem Wege zum äußersten Krafteinsatz für die Behaup-

---

[35] Textquelle | Kirchliches Amtsblatt der Kirchenprovinz Mark Brandenburg (Berlin), Nr. 4 vom 15. Februar 1943.

tung gegen den Vernichtungswillen der Feinde voran. Mit der Pfarrerschaft der Reichshauptstadt Berlin und der Provinz Brandenburg sowie den Beamten, Angestellten und Arbeitern in den Dienststellen der Kirchenbehörde wollen wir in Liebe und Treue zu Führer und Vaterland und in vorbehaltsloser Einsatzbereitschaft nicht zurückstehen, sondern an unserem Platze uns einsetzen, wie es der Tradition unserer Kirche und ihres Pfarrerstandes in der preußischen und deutschen Geschichte entspricht.

Nach der Verordnung des Generalbevollmächtigten für den Arbeitseinsatz vom 27. Januar 1943 über Meldung von Männern und Frauen für die Aufgaben der Reichsverteidigung unterstehen die Geistlichen [...] der Meldepflicht. Dies bedeutet für unsere Geistlichen, soweit sie nicht unter den Waffen stehen und [...] der Heimat Dienst tuen, eine erhöhte Verantwortung und Verpflichtung.

Wir wissen, in welchem Maße unsere Geistlichen in ihrem unmittelbaren Kirchendienst durch die kriegs[- ...] Verhältnisse vielfach über ihre Kräfte hinaus eingespannt und überfordert sind. Trotzdem wird [das Ausmaß] des Einsatzes noch weiter gesteigert werden müssen, insbesondere, was die Bereitschaft zur Übernahme von Gesamtvertretungen sowie von einzelnen Amtshandlungen anbelangt. Die Berliner Pfarrerschaft wird sich auch weiterhin und in noch erheblich gesteigertem Umfange für den Dienst an unversorgten Gemeinden in der Provinz bereithalten und zur Verfügung stellen.

Die Pfarrerschaft wird sich der Verantwortung ihres Amtes als Dienst am deutschen Volke nach dem Willen Jesu Christi in dieser Zeit besonders bewußt zeigen. Im Amt und durch seine persönliche Haltung wird der Pfarrer den Gemeinden auch in unserer Kirchenprovinz ein Beispiel an Gottvertrauen, Treue, Pflichtbewußtsein, Zuversicht und Tapferkeit sein.

Ebenso selbstverständlich setzen unsere Pfarrer, wo und wofür immer sie auch außerhalb ihres geistlichen Amtes im Rahmen des jetzigen äußersten Einsatzes der Heimat gebraucht werden, ihre Kraft in freudiger innerer und höchster äußerer Bereitschaft für *jeden* Dienst an der Volksgemeinschaft ein.

Evangelisches Konsistorium der Mark Brandenburg.

Nr. 37

TAPFERES JA[36]

Lic. Hans Nordmann

(Februar 1943)

Mit heißem Herzen durchlebt das deutsche Volk die gegenwärtige Stunde seiner Geschichte. Mit tiefer Bewegung vernehmen wir die Nachrichten vom Kriegsschauplatz, sehen wir die Bilder, die uns vom Kampf im Osten gezeigt werden. Wir erleben das alles unlösbar eins mit unserem Volk. Wissen wir doch, es ist Gottes Wille, daß wir als deutsche Menschen geboren wurden. Von ihm, dem Herrn der Zeiten, sind wir gerade in diese unsere Zeit hineingestellt.

Es ist gut für uns, uns diese Gegebenheiten unseres Glaubens klar zu machen: „Ich glaube, daß mich Gott geschaffen hat." Damit bekommt die innere Haltung, die für jeden selbstverständlich ist, eine tiefste, letzte Grundlage. Gottverantwortlich und gottgeborgen stellen wir uns dem Anspruch, den die deutsche Stunde an uns alle erhebt. Es ist nicht das erste Mal, daß das Abendland in solchem Kampf steht. Hunnenschwärme, Mongolenscharen sind in der Geschichte immer wieder gegen das Reich vorgestoßen. Die sich ihnen entgegenwarfen, waren zu jedem Opfer für Glauben und Heimat bereit. Wie ihnen einst, muß uns jetzt Gott der Herr *Kraft* für unseren Dienst sein. Wir dürfen in tiefster Innerlichkeit getrost sein mitten im ernsten Kampf der Gegenwart. Darum haben wir auch mit besonderer Freudigkeit uns einzusetzen, wenn die Heimat uns ruft. Sie braucht unseren Dienst.

Totaler Krieg fordert nicht nur Einsatz der Leiber, sondern auch der Seelen. Haben wir es doch immer wieder, besonders bei den Kämpfen im Osten, erfahren, daß nicht allein die äußere Macht, sondern vielmehr die innere Kraft entscheidend ist.

---

[36] Textquelle | Das Evangelische Deutschland – Kirchliche Rundschau für das Gesamtgebiet der Deutschen Evangelischen Kirche (Berlin) Nr. 9 vom 28. Februar 1943. – Dem Text vorangestellt: „In rückhaltlosem Vertrauen verbrauchen wir uns nicht – weder Zeit noch Kraft – in zwecklosen Betrachtungen, sondern finden uns ermächtigt und gerufen zur Pflicht. Wer in gestilltem Glauben ein klares Auge behält, sieht seine Pflicht. Es gilt aus wachen Herzen heraus *seine Aufgaben zu sehen und zu tun.* L. Thomas".

Wir dürfen *betende* Menschen sein. Nicht in dem armseligen Sinn, daß wir Gott anbetteln. Nein, was wir dürfen, ist dies: uns betend in Gottes Weg finden. Betend seine Hand fassen, betend uns emporarbeiten zu dem Heiligtum der dennoch alles bestimmenden Liebe Gottes. Es ist etwas unvergleichlich Großes, mitten im totalen Krieg betend unverwandt auf Gott zu schauen, sich und die Seinen, Führer und Volk in Gottes Hände zu befehlen. In diesen Händen dürfen wir auch die lieben Menschen wissen, die wir hergeben müssen, deren Verlust so manchen einsam macht. Betende Menschen verbluten sich nicht innerlich, wenn Trauer und Tod ihre Herzen verwunden.

Der totale Einsatz wird noch mehr Menschen als bisher ihrem gewohnten Lebenskreis entziehen, noch mehr Familien und Ehen äußerlich auseinanderführen. Aber wir dürfen auch nicht vergessen, daß es ein unsichtbares Band gibt, das in alle Fernen reicht und vertraute Menschen ganz eng vereinen kann, die Fürbitte, die vor Gott und in Gott zusammenhält, was das harte Gebot der Stunde trennt.

Gottvertrauen ist mehr als ein stumpfer Schicksalsglaube, der hart, auch tapfer das Unvermeidliche über sich ergehen läßt, mehr aber auch als jene oberflächliche Vertrauensseligkeit, die sich einbildet, Gott müßte seinen Kindern jedes Steinchen aus dem Wege räumen und ihnen jede harte Probe ersparen. Gottvertrauen lernt, wie hart und unerbittlich Gottes Weg, aber auch wie leuchtend und heilerfüllt Gottes Ziel ist. Gerade der überschwengliche Reichtum dieses Gottvertrauens gibt uns die Kraft, die Realitäten dieser Erde ganz nüchtern zu sehen. Wir können so nüchtern sein, weil uns der Choralvers gilt: „Es kann mir nichts geschehn als was Er hat ersehen und was mir selig ist.“

Er ruft uns zur *Bewährung* und mißt unseren Wert auf seiner Wage. Darum nehmen wir auch die Forderungen dieser Stunde aus seiner Hand entgegen. Beruf im ursprünglichen, tiefen Sinn ist es, wenn uns jetzt der Kampf unseres Volkes irgendwo eine Stätte des Dienstes und der Pflichterfüllung anweist. Echter Gottesglaube, der freudig seine Pflicht bejaht, weiß: „Was ich auch tuen muß, es ist Gottesdienst; sein Wille hat mich hierhergestellt, dass ich mich bewähre und ihn verkläre.“

Ein *tapferes, freudiges* Ja, das ist jetzt das Gebot der Stunde für uns. Aus den Kolonnen der friderizianischen Zeit vernehmen wir den Klang: „Gib, daß ich tu mit Fleiß, was mir zu tun gebühret, wozu mich dein

Befehl in meinem Stande führet." Wenn Gott uns ruft, dann ruft er uns auf einen Weg, wo wir an den Gurten und Lasten des Weges frei werden von den Gebundenheiten der Tiefe, frei werden für das eigentlich wesentliche Leben.

Die Stunde des totalen Krieges stellt uns nicht nur größte äußere Aufgaben, sie bringt uns auch sehr ernsthafte innere Arbeit. Wir dürfen und wollen da nicht versagen! Wir wollen tapfer, freudig und getrost den Weg bejahen, den Gott uns durch diese Zeit führt. Ueber die winterliche Weite des Ostens hinweg ergeht an uns der Ruf zum Dienst. Glaubend hören wir Gottes Stimme in diesem Ruf. Nur eine Antwort ist uns möglich in dieser Stunde der groben Bewährung, das vorbehaltlose Ja.

Berlin Lic. – Hans *Nordmann*

Nr. 38
TAPFERE LEUTE[37]
Predigt über Luk[as]. 9, 57-62

Von Professor D. Paul Althaus
in Erlangen
(1942/43)

Drei kurze Szenen aus dem Leben Jesu. Drei überaus herbe und strenge Worte des Herrn. Sie atmen – so kann man wohl sagen – soldatischen Geist. Jesus und der Krieg –·wie weit sind sie voneinander! Wir empfinden es unmittelbar. Und doch nicht nur weit auseinander. Sie berühren sich auch, sie haben ein Gemeinsames. Das zeigen unsere drei Geschichten. Unsere Soldaten vorne werden sie gut verstehen …

Gott und der Krieg, das Reich Gottes und die Welt dieses Krieges – wie liegen sie weit auseinander! Und doch laßt uns eins nicht vergessen: in dem herben, strengen Gesetze, unter das der Krieg jetzt unsere Soldaten und auch unser aller Leben stellt, ist etwas von Gott, ist er selber mit

---

[37] Textquelle | Pastoralblätter 85. Jahrgang (1942/43), Heft 4, S. 155-157.

seiner Forderung an uns da. *Dieses harte Gesetz des Krieges ist verwandt mit Jesus.* Es wird unter uns viel geklagt über die steigende Last des Krieges. Das ist menschlich begreiflich. Aber daß wir uns nur nicht darüber täuschen: das Gesetz dieser Stunde, das da lautet: wir müssen hindurch, Deutschland darf nicht zur Beute seiner Feinde werden, dafür haben wir jede nötige Entsagung auf uns zu nehmen, jedes Opfer zu bringen; daß unser Volk den Kampf siegreich bestehe, ist oberstes Gebot – dieses *Gesetz der Stunde ist nichts anderes, als Gottes Willen an uns!* Daß wir ja nicht weichlich sind! Ja nicht murren wider Gott, den Herrn, der uns die Last auflegt! Daß wir ja nicht gegen seinen Willen ungehorsam sind!

Das Gesetz dieses Krieges ist – so sage ich – mit Jesu Strenge verwandt. Darum kann es uns eine Schule und Vorbereitung werden für die Nachfolge Jesu. Denn da geht es nicht weniger hart und streng zu. Und umgekehrt: wer Jesus kennt und was es heißt, ihm nachfolgen, dem kann das Gesetz dieser Zeit nichts ganz Fremdes und Furchtbares sein. *Wir Christen sollen uns heute in der vordersten Linie bewähren.* Aus der Schule Jesu gehen nicht weichliche, sondern tapfere Leute hervor, die ohne viel Jammern zu tragen wissen, was zu tragen ist. Wir tragen die Verantwortung dafür, daß die anderen unseren Herrn nicht verkennen und ihn für weichlich halten, weil wir es sind!

Nun wollen wir die drei Erzählungen näher ansehen und fragen, was sie uns sagen. „Ich will dir folgen, wo du hingehst", so kommt der Mann zu Jesus. Er will Kriegsfreiwilliger sein in Gottes großer Stunde, für den Kampf um sein Reich. Jesus hat es ihm angetan. Er liebt ihn. Die große Sache hat ihn hingenommen. Alles läßt er hinter sich. Sollte Jesus sich nicht freuen, wenn ein solcher Mann mit ihm ziehen will? Aber herb und kühl antwortet er ihm: Hast du bedacht, was es heißt, mit mir zu ziehen? Ich habe dir nichts zu bieten. Ich bin ein armer Mann und führe ein wunderliches Wunderleben. Ich kann dir weder Haus noch Sicherheit bieten. Ich weiß nicht, wo ich heute zur Nacht bleibe. Du hast den Zustrom der Menschen in Galiläa gesehen, die Massenversammlungen. Du erwartest die große Ernte, die reiche Frucht. Aber ich bin ein einsamer Mann. Du wirst es bald merken. Des Menschen Sohn hat in dieser Menschheit nicht, da er sein Haupt hinlege. Bald genug kommt die Stunde, da werden sie mir Türen und Herzen verschließen. Es geht nach Gethsemane und Golgatha. Hast du daran auch gedacht? Bist du stark genug dazu?

Also – Jesus kann nicht jeden brauchen. Er vollzieht strengste Auslese. Die sich bei ihm melden, mögen alle in ihrer Weise tüchtige und einsatzwillige Leute sein, die manchen Posten in der Welt trefflich ausfüllen. Aber sie sind deswegen noch lange nicht geschickt zum Reiche Gottes. Sie können für andere Aufgaben stark genug sein, aber für ihn sind sie deswegen noch lange nicht stark genug. Er stellt die allerhöchsten Ansprüche. So groß ist die Sache, so hoch ist Jesu Vollmacht, daß er so auslesen darf – wie sehen wir im Spiegel seines hohen Anspruchs seine Höhe! Er steht da als ein Herr, als *der* Herr, der das Recht hat, zu sieben und zu sichten, bis er jemanden würdigt, mit ihm zu gehen. Wir denken im Stillen so oft, wir tun dem armen Jesus einen Gefallen, wenn wir ihm unsere Nachfolge und unseren Dienst antragen. In Wahrheit steht es ganz anders. Die Frage ist, ob wir die Leute sind, die er brauchen kann. Er *darf* sichten – und er muß es, so schwer ist der Weg, den seine Jünger mit ihm zu gehen haben.

Wir kommen aus Zeiten her, in denen man sich das hat verbergen können. Jesus nachzufolgen, Christ zu sein, Theologe, Pfarrer – was war es Besonderes? Es vereinigte sich offenbar ganz gut mit unserem Bedürfnis nach bürgerlicher Sicherheit und schönen Lebensaussichten. Heute steht es anders. Ich denke zunächst an unsere jungen Theologen. Die drei Erzählungen handeln ja von Leuten, die Jesus bei der Verkündigung helfen sollen. So gehen sie zunächst die Pfarrer und alle anderen Diener der Kirche an. Wer heute Theologe wird, hat keinerlei Sicherheit für seine Zukunft, kann nicht mit einer sorgenlosen Existenz rechnen. Er ist in bestimmten Sinne heute schon heimatlos. Gott kann das alles noch wenden. Wir hoffen darauf. Wir rufen ihn darum an. Aber wir wissen nicht, wie es wird. Vorerst ist alles dunkel und unsicher. Und doch ruft eben heute die Kirche, ruft durch sie Jesus nach Arbeitern, die in Gottes große Ernte gehen. Wir müssen die Gemeinde, die christlichen Häuser heute an ihre Verantwortung erinnern: Wenn es in 2, 3 Jahrzehnten bei uns in Erlangen und ringsherum noch Gottesdienste und Predigt geben soll, dann muß jetzt aus den christlichen Gemeinden und Häusern Nachwuchs für das geistliche Amt kommen! So muß die Kirche mahnen und rufen. Und muß doch zugleich erinnern: Jesus kann nicht jeden brauchen. Wer ihm im Pfarramte dienen will, der prüfe sich, ob er stark genug dafür ist. Euch aber, meine Brüder, die ihr Theologie studiert, rufe ich auf: Sucht täglich den Umgang eures Herzens mit Jesus und seinem Evangelium, daß er und seine Sache über alles groß und gewiß werde – daß er euch stark mache, zu den Rittern schlage, die er braucht!

Aber schließlich gilt Jesu ernstes Wort an den, der mit ihm gehen will, für uns alle, nicht nur für die Theologen und Diener der Kirche. Wer sich heute zur Kirche bekennt, wer seine Kinder taufen und konfirmieren läßt, wer die Gottesdienste besucht, der muß auf vieles sich gefaßt machen. Er wird seinen Weg nicht im Lichte der öffentlichen Gunst gehen können, sondern irgendwie im Schatten und einsam. Auch von der Christenheit gilt heute in unserer Welt: sie hat nicht, da sie ihr Haupt hinlege und ist heimatlos geworden. Noch einmal:·Gott kann das wenden. Er kann ein Wunder tun und die Gemeinde noch einen leichteren Weg führen. Aber *rechnen* können wir damit nicht. Und auf alle Fälle ist unsere heutige äußere Lage in der Welt eine Erinnerung und Einübung zu dem Inneren, das allezeit zum Christenstande gehört. Jesus nachfolgen ist niemals ein leichter Weg. Wir geloben wohl: „Lasset uns mit Jesu ziehen" oder „Ich will dich lieben, meine Stärke". Aber Jesus fordert solche Worte ein, anders, ernster, als wir in der Stunde begeisterter Zusage dachten. Wer mit Jesus zieht, dessen Leben wird schwerer. Er bekommt ein Auge für das Böse und das Leid in der Welt, für die Ungerechtigkeit und Sünde im eigenen Herzen. Er wird bei sich selber heimatlos. Er kann bei sich selbst nicht mehr geborgen, nicht mehr mit sich zufrieden sein. Er muß sich selbst verleugnen – „Es geht durchs Sterben nur", wie das Lied singt. Jesus Christus fragt heute: Wollt ihr *das* auch? Seid ihr stark genug dazu?

Nun noch ein Wort über die zweite und dritte Erzählung. Wir können sie zusammen nehmen. Sie besagen fast das Gleiche. Der junge Mann, den Jesus aufruft, sagt ihm zu, aber er bittet zugleich um kurzen Aufschub, sein Vater ist gestorben, er muß ihm noch die letzte Ehre erweisen, das gebietet die Kindespflicht. Wirklich, das Natürlichste von der Welt. Jeder von uns versteht es, jeder würde ebenso bitten. Und darauf Jesu überaus hartes, schmerzhaftes Wort: „Laß die Toten ihre Toten begraben", das heißt: Leute, die zu nichts Besserem taugen, die innerlich Toten, die Spießbürger – die laß das abmachen, „gehe du aber hin und verkündige das Reich Gottes!" Ähnlich die dritte Geschichte.

Was soll das? Jesus hat uns doch die Gebote ernst gemacht, auch das vierte, und die Pflichten gegen unsere Nächsten heilig. Gewiß. Aber es kann die Stunde kommen, da *Gottes Ruf* in das eben eintritt, zu besonderem Dienste an seinem Reiche. Da darf den Mann auch die Stimme der Braut, der Frau, der Eltern nicht zurückhalten. Da muß jede irdische Rücksicht in den Hintergrund treten. Da gilt es, Gottes Rufe zu folgen ohne Schwanken, ohne Aufschub, sofort, auf der Stelle. Ich kann nur wieder sagen: *Soldaten* verstehen das. Die Mutter bittet, daß der Sohn nach der Verwundung beim Heimattruppenteil bleibe – und er weiß, er darf hier der Mutter nicht zu Willen sein, er meldet sich wieder nach vorne zu seinen Kameraden, zu neuem Einsatz für den Sieg. Auch in der Kirche Christi gibt es die militia Christi, Männer und Frauen, die Gott in die vorderste Linie ruft, die Missionare, die Arbeiter der Inneren Mission in den Großstädten, die Diakonissen – die alle wissen auch um dieses herbe, soldatische Gesetz der Jünger Jesu, daß der Dienst, von Jesus ihnen aufgetragen, *allem* vorgeht, auch der Familie.

Vielleicht tritt Jesu Wort so nicht in unser aller Leben ein. Aber *eins* daran geht doch uns alle an. „Laß die Toten ihre Toten begraben." „Tote" – bedenken wir es wohl – so nennt Jesus die Menschen, die täglich treu ihre Arbeit tun in ihrem Berufe und Stande. Solange nichts als das von ihnen zu sagen ist, sind sie „Tote". So also denkt der Herr über unser gewöhnliches Berufsleben und seine Pflichterfüllung! *Lebendig ist erst der, der um das Reich Gottes weiß und etwas für das Reich tut!*

Verstehen wir das nicht? Mich bewegt jetzt oft der Gedanke: Wie unendlich viel Kraft und Zeit in unserem Leben geht drauf allein, um die *Mittel zum Leben* zu beschaffen: die tägliche Arbeit der Hausfrauen, aller unserer Kaufleute und Fabriken, die ganze Wirtschaft – alle leben sie allein für die Mittel zum Leben. Und das Leben selbst? Für das alles andere nur Vorbereitung sein sollte, dem es alles nur dienen sollte? Wann haben wir Zeit und Kraft *dafür*? Wie oft zehrt die Arbeit für die Mittel zum Leben das Leben selbst auf! Jesus fragt uns vielbeschäftigte Leute heute: Wann hast du Zeit für das Eigentliche, für das, was bleibt, für die Ewigkeit, für Gott? Und was tust du, daß Gottes Reich verkündigt werde? Liebe Gemeinde, ich weiß es wohl, unser Leben steht heute unter dem Ausnahmegesetz der Kriegszeit, unsere Hausfrauen müssen sich heute mehr als je plagen und sorgen, um uns täglich den Tisch zu decken –

Jesus ist ein barmherziger Heiland und wird sie nicht schelten und ver-
klagen um das, was heute als strenges Muß auf ihrem Leben liegt. Aber
wir wollen doch auch heute und gerade heute seinen Ruf hören: Bist du
auch wach für Gottes Sache und hast du Zeit für sie? Wir wollen nicht
vergessen, wir Väter und Mütter: das Wichtigste, was wir zu tun haben,
ist, daß wir unsere Kinder auf Gott, auf seine Gebote, auf sein Heil hinweisen. Und wenn wir Briefe ins Feld schreiben – unter manchen neuen
Todesnachrichten dieser Wochen ist es mir doppelt ernst geworden, jeden Brief nach draußen so zu schreiben, als könnte es der letzte sein, den
unser Soldat von draußen bekommt – wenn wir Briefe ins Feld schreiben, laßt uns auch von Jesus Christus schreiben und – von der Ewigkeit!
– „Gehe hin und verkündige das Reich Gottes!" Daß es jetzt bei uns allen
wahr werde:

Ewigkeit,
in die Zeit
leuchte hell hinein,
daß uns werde·klein das Kleine
und das Große groß erscheine ...

Was ist denn das „Große"? Hell leuchtet es aus Jesu Wort: *Das Reich Gottes!* Daß Gott König werde in der Welt! Daß sein Wille geschehe bei uns,
durch uns! Das ist das Eine, gegen das alles andere gering und nichtig
ist. Das ist das Eine, für das alles andere da ist. Das Eine, das bleiben
wird – das zuletzt allein not ist – das Eine, für das es zu leben lohnt. Selig,
wer zum Reiche Gottes berufen ist. Gott mache uns geschickt zum Reiche Gottes.

Nr. 39

Aus einer Predigt

von Professor Paul Althaus in Erlangen[38]
Am 1. Advent, dem 30.11.1941 über
„Der Aufgang aus der Höhe" (Luk. 1,78-79)

Aufgang aus der Höhe. Manchem unter uns mag das Wort im ersten Augenblick ein wenig dunkel sein, aber wartet nur, es strahlt von Licht! Das sagt uns das Wort vom „Aufgang aus der Höhe" zuerst: es gibt eine „Höhe" Gottes über dieser unserer Menschenwelt. Für unsere Kameraden draußen an der Ost-Front ist es an heißen Tagen des Kampfes und des Todes wie ein kühler Trunk der Erquickung, daran zu denken: da hinten, hinter uns – und sind es auch Tausende von Kilometern – ist die Heimat. Dort ist, verglichen mit uns draußen, Friede. Da tobt nicht der Lärm des Kampfes, da ist im ganzen doch nicht das Grauen des Krieges. Da lebt man noch für anderes als für den Krieg. Wie tut es draußen unseren Kameraden wohl, zu wissen: da ist die Welt unserer Mütter, Väter, Bräute, Frauen, Schwestern. Einer unserer Erlanger Theologiestudenten schrieb in diesen Tagen aus dem Osten: „diese Heimat ist uns aufgehoben und wird warten, bis wir uns durch alles Elend und den Schmutz und die Grausamkeit dieses Landes glücklich hindurchgeschlagen haben" […]

Jesus „richtet unsere Füße auf den Weg des Friedens". Weg des Friedens! Wie süß klingt das Wort Friede uns heute in den Ohren! Durch unsere Gespräche geht, von Monat zu Monat mehr, die Frage und Sehnsucht: wann kommt der Friede nach diesem Kriege? Die Alten unter uns fragen: werden wir die Friedenszeit überhaupt noch erleben? Daß uns nach dem irdischen Frieden verlangt, das ist menschlich und uns wahrlich nicht zu verdenken. Aber es muß nun doch ernst gesagt werden: wir dürfen nicht wehleidig und weich sein. In der Weltgeschichte geht es immer wieder sehr hart zu, und das ist nicht ohne Gottes Willen. Dann gilt aber das Wort des alten Landknechtsliedes: „Wer jetzig Zeiten leben

---

[38] Textquelle I Althaus 1946, S. 8 und 13f.

will, / Muß haben ein tapferes Herze". In harter Zeit sollen auch wir hart
mit uns selbst und tapfer sein. Gerade wir Christen! Jesus Christus ist
kein Heiland für wehleidige Leute, die sich der Härte unserer Zeit innerlich entziehen möchten. Wir wollen keinen Augenblick den Eindruck er-
wecken, als kämen wir ins Gotteshaus, um ein sanftes Polster zu finden
für unsere Leidensscheu. Eine rechte Mutter tröstet ihr Kind nicht, wenn
es wehleidig kommt, sondern ruft es auf: Sei tapfer! Nicht anders Jesus
– er war doch nicht wehleidig. Niemand rechne mit einem Heiland, der
ihn in seiner Opferscheu und Feigheit trösten würde. Nein, der Gott Jesu
Christi, der Vater der Barmherzigkeit und Gott alles Trostes, ist kein anderer als der harte Gott, der unsere Söhne von uns gefordert hat, kein
anderer, als der den schweren Druck der Zeit auf uns gelegt hat, und wir
dürfen nicht meinen, wir könnten von dem einen Gott zu dem anderen
fliehen. Wir wollen es halten mit dem Verse von Rudolf Alexander
Schröder für den Kriegsadvent:

> „Es darf nicht immer Friede sein,
> Wers recht begriff, der gibt sich drein.
> Hat jedes seine Zeit.
> Nur Deinen Frieden, lieber Herr,
> Begehren wir je mehr und mehr,
> Je mehr die Welt voll Streit."

2. Sonntag nach Trin. 1. Joh 3, 13-18 (1941)

Das ganze 3. Kap. kreist um den Gedanken, daß die Liebe das Kennzeichen des gottgezeugten Lebens ist. Sie darf nicht fehlen. Wo sie aber geübt wird, da ist ewiges Leben. – 13 weist auf 12 zurück: auch der „Haß der Welt" zeugt wider Willen für die Lebensneuheit der Christen. – 14b *hoti* bezeichnet den Erkenntnisgrund. – 15: zwischen Liebe und Haß kennt Joh kein Mittleres. – 16a an Christus „haben wir das Wesen der Liebe urbildlich erkannt" (B. Weiß). *opheilomen* „wir sind schuldig."

Unbedingte Liebesschuldigkeit: das ist die Spitze unserer Epistel. Jedes Abweichen von diesem christlichen Urgesetz ist von tödlicher Wirkung (14 c. 15). Jedes Aussetzen der Liebe gibt sofort den Raum frei für die finsteren und zerstörerischen Gewalten des Hasses. Die Liebespflicht ist unbedingt und unbegrenzt (16b). Aber diese Unbedingtheit will nicht im Sinne eines abstrakten Pathos der unwirklichen Ausnahmefälle, sondern konkret-alltäglich verstanden sein. Der Übergang von 16b zu 17 besagt, daß die Hingabe des Lebens in den kleinen Diensten des Alltags beginnt, dort oder nie. – Aber diese Liebesschuldigkeit ist nicht ein Fremdgesetz, das uns zwingt, sondern sie folgt wie von selbst aus dem Wunder der erfahrenen *Christusliebe* (16 a). Jetzt wissen wir erst, was wir sagen, wenn wir von Liebe reden. Und in der Kraft dieser Liebe geschieht die große Verwandlung aus dem Tode ins Leben (14). Freilich, dieser neue Lebensstand ist keine magische Tatsächlichkeit. Zum „Wissen" (14a) um ihn, zur christlichen Selbstgewißheit kommt es nur in immer neuer aktueller Erfüllung der Liebespflicht; nur weil und insofern sie erfüllt wird, ist uns der Heilsstand gegenwärtig (14b *hoti*).

Das Thema ergibt sich von selbst: Von der Verpflichtung zur Liebe gibt es keinen Dispens. Jedes Abweichen vom Weg der Liebe ist schon Rückfall in die Todeswelt (17. 18). – Durch Christus ist die Verpflichtung

---

[39] Textquelle | Pastoralblätter Jg. 1940/41, S. 357ff.

zur Liebe für uns unausweichlich geworden (16). – An der praktischen Übung der Liebe hängt die Gewißheit unseres Christenstandes (14. 15).

Diese Predigt darf ihre Hörer nicht bei der Meinung lassen, die Einschärfung der Liebespflicht wiederhole nur Bekanntes und Selbstverständliches. Die theoretische Bejahung der „Nächstenliebe" ändert nichts daran, daß die Liebe auch heute das große Wunder ist, das man suchen muß, wie Diogenes Menschen suchen ging. Wir stehen in einer hinreißenden Neuentdeckung des Solidaritätsethos. Aber dieses Ethos ist erst das Vorfeld der Liebe. Und diesem Ethos sind Schranken gesetzt, – wie enge, das bekräftigt der Blick auf den heutigen Zustand der Völkerwelt. Die Kirche, die zur Liebe ruft, nimmt mit diesem Rufe ihr eigenstes Werk wahr (Wichern 1848!); niemand nimmt ihr dieses Werk ab, niemand kann es ihr verwehren.

Zur Entfaltung des Predigtthemas:

1. Wir werden ausgehen von der „·*Schuldigkeit*" zur Liebe (16 b). Dieses *opheilomen* ist noch nachdrücklicher als ein bloßer Imperativ. Die Forderung der Lebenshingabe für den „Bruder" meint nicht ein Ideal. Sondern an dem Grenzfall des totalen Lebensopfers (Rettung eines unbekannten Ertrinkenden mit eigener Todesgefahr) beleuchtet Joh die schrankenlose Radikalität der Liebespflicht in *jedem* Falle. Hier wird nicht gefragt nach charakterlicher Beschaffenheit und persönlicher Herkunft des Anderen, sondern nur nach seinem Bedürfen (17). Hier wird auch nicht nur die „Gesinnung" gefordert, sondern der entschlossene Einsatz der Tat (18). Das ganz „zufällige" Bedürfen des Bruders wird für mich zur ewigkeitsschweren Entscheidung. Auch das Sehen (*theore* 17!) der verschwiegenen Not gehört zur Liebespflicht. Es ist nicht entschuldbare Gedächtnis- oder Augenschwäche, die mich mit Priester und Levit am Verwundeten vorübergehen läßt. Sondern es ist die Schuld des mit sich selber vollbeschäftigten und darum für den Anderen nicht verfügbaren Ich. – Man kann fragen: gibt es nicht hundert Zwischenstufen zwischen Lebensrettung und Lebensvernichtung (*anthropoktonos* 15)? Aber das Auge des Joh sieht unerbittlich die Wahrheit. Hinter allen Ausflüchten entdeckt er die letzte Alternative: Ich oder der Bruder.

2. Je strenger die Liebesforderung zu Gehör gekommen ist, desto brennender wird die Frage: mit welchem Recht wird so Unerhörtes von uns verlangt? – Hier bricht in den Raum unserer Maßstäbe und Gesell-

schaftsregeln ein *neues Lebensverständnis* herein. Daß Liebe nicht nur eine wünschbare Tugend ist, daß man nicht nur lieben „soll", sondern lieben muß, um wahrhaft zu leben, das ist die Revolution der inneren Welt, die kein anderer als Christus bringen konnte. Er brachte sie nicht nur durch Predigen, sondern indem er für uns sterben ging. So und nicht anders ist Gott als Liebe offenbar geworden. Dieser Weg ist und bleibt Gottes Geheimnis. Nur in seinen Wirkungen wird das Geheimnis faßbar. Es gibt im Grunde nur eine Wirkung des Opfers Jesu: das erneute Leben, das nun auch in die ganze Liebe gerufen ist, in ihr sein Element hat, in ihr sich erfüllt, in ihr sich verbraucht bis zum letzten Atemzug.

3. So hoch denkt unser Brief vom Christenleben (14). Vergreift er sich? Nimmt er den Tag Christi voraus? – Oder ist es *unsere* Schuld, daß dieses Bild uns so befremdet? Ja. Nicht Johannes sieht falsch. Wir sehen falsch. Wir haben uns hineingewöhnt in eine Bescheidenheit der Ansprüche an das Christsein, über die der Apostel erschrecken würde. Warum so bescheiden? Warum so resigniert? – Weil der Glaube bei uns heimlich krank ist an unserem *Ungehorsam*. Wie kann „die Liebe Gottes bei uns bleiben" (17 Ende), wenn wir im Handeln, in Worten und Gedanken so hundertfach den Grund unserer Existenz verleugnen und vergessen? Wehe einer Theologie, wehe einer „evangelischen" Predigt, die dieser Verleugnung noch geistliche Waffen leihen will, die unserem Selbstdispens von der Übung der Liebe noch ein gutes Gewissen gibt. Übung in der Liebe, – haben wir den Weg schon ernstlich versucht? Denen, die ihn gegangen sind, ist der „Übergang vom Tode ins Leben" (14) nicht unglaublich geblieben. Es gibt auf dieser Erde freilich keine einklagbare Garantie der Seligkeit. Aber es gibt eine Lebensgewißheit: in der Praxis der Liebe lernt sie sich, und in ihr wächst sie, der Vollendung entgegen. Wer will es versuchen?

Nr. 41

Predigt im Kriege[40]

PREDIGT BEI AUSBRUCH DES KRIEGES MIT RUSSLAND
über 1 Thess. 5, 1-10

Von Pfarrer i.R. Fiebig in Leipzig

Tage liegen hinter uns, die uns alle auf das tiefste bewegt haben. Das schlug wie ein Blitz ein, als uns bekanntgegeben wurde, daß der Krieg sich nun auch noch nach dem Osten ausweite. Wenn irgend einmal, dann möge uns Gott in diesem Kampfe zur Seite stehen. Mit diesem Gebetswort hat unser Führer die Ankündigung des Ringens mit Rußland geschlossen und hat damit jedem ernsten nachdenklichen Menschen unter uns aus dem Herzen gesprochen. Mit besonders dankbarer und fürbittender Seele aber haben wir in der vergangenen Woche von den Taten unserer Brüder draußen gehört. – Was ist denn das besondere an dieser Wendung der Dinge? Wenn ihr so fragt, antworte ich euch als Christ: daß jetzt unser Krieg nicht mehr nur um Land- und Weltbesitz geht, sondern daß er Ewigkeitsgehalt bekommen hat, – daß es sich darum handelt, ob Gott oder Gottlosigkeit die Herrschaft in Zukunft haben soll. – Ist uns aber der Kampf befohlen gegen die dämonischen Mächte des Unglaubens – liebe Christen: ein ernsterer Aufruf, uns selbst zu vertiefen und uns unseres Glaubens bewußt zu werden, kann wirklich nicht an uns ergehen. Wir wollen ihn hören, wie ihn uns das eben verlesene Wort unserer Epistel nahelegt: *„Der Tag des Herrn wird kommen!"* [...]

---

[40] Textquelle | Pastoralblätter Jg. 1942/43, S. 528.

Nr. 42

WEIHNACHTEN DRAUßEN[41]

Eine Ansprache am Vorabend
von M. Braun
(1942)

Als einst der ros'ge Christ geboren / in Bethlehem zur Weihenacht /
hat Gott den Hirten vor den Toren / durch schöne Engel auserkoren/
die erste Kunde zugebracht.

Die grauen Hüter auf dem Felde / in dunkler Weihenacht sind wir /
O, daß vom Wasgau bis zur Schelde /
der nächt'ge Himmel sich erhelle /
und Gottes Engel trät herfür.

Das ist das Weihnachtslied der deutschen Soldaten! Unser großer toter
Bruder, Walter Flex, hat es gesungen, der auf Oesel den Soldatentod
starb, hat es gesungen, als er mit seiner Kompanie irgendwo in einem
Stollen der Materialschlacht die „heilige Nacht" feierte. „Die grauen Hüter auf dem Felde in dunkler Weihenacht sind wir ..."

Und nun wird dieses Lied der Toten des vorigen, großen Krieges wieder lebendig für uns, in uns, bei unserer Kriegsweihnacht und wir rufen
es uns zu, und denen, die wir liebhaben in der Heimat, zu.

Wie oft haben nun schon wieder Soldatenfäuste Weihnachtsbäume
geschmückt: 1939 in den Bunkern des Westwalls; hinter uns lag der Po-
lenkrieg, der wie ein jähes Wetterleuchten, wie ein kurzer Wirbelwind
das anbrechende Ungewitter voller Feuer und Sturm ankündigte. 1940
dann in den Quartieren des Westens; herrliche Siege lagen hinter uns,
und die Lichtlein, die wir anzündeten, in den kleinen, französischen Bür-
gerquartieren, in den gotischen Kirchen und Kathedralen Frankreichs
leuchteten so siegesfroh und fast heimatnah. Und wieder ein Jahr später;
zum dritten Mal schien das Weihnachtslicht fast im Eis der Ostfront zu

---

[41] Textquelle | Das evangelische Deutschland, 25.12.1942.

erstarren. Und wenn es nun auch so aussieht, als wolle das Brennen der Welt das Leuchten der Kerzen ersticken, wir sehen es doch, wir hören es doch. Denn wo wir auch stehen im fremden Land, ob auf den Schneesteppen Rußlands, in den Sandwüsten Afrikas, ob unten im Balkan, ob droben am Eismeer, ob auf wogenden Meeren, ob in pfeifenden Lüften, wir stehen ja alle am selben Platz: wir stehen an den Hürden, wir „hüteten des nachts unsre Herden". „Die grauen Hüter auf dem Felde in dunkler Weihenacht sind wir." Soldatenstand ist Hirtenamt! Wenn auch der Stab zum Schwert geworden! Wir hüten hier draußen in der Nacht, was Gott uns gegeben, wir hüten „unsere Herde", wir hüten, was wir liebhaben. Wir hüten unser Land und Volk, unser Reich und unsere Heimat, wir hüten Heimatdorf und Vaterstadt, Hof und Scholle und Werkstatt, wir hüten Fried' und Gesundheit, Zucht und Ehre, Kunst und Wissen, Treu und Glauben; wir hüten Vater und Mutter daheim, mit ihrem Sorgen und Bangen und Lieben, wir hüten deine und meine Frau, wir hüten deine und meine Kinder; wir hüten sie wie die Hirten auf dem Felde, wir bauen Hürden, wenn es sein muß mit unsern Leibern, über die der Feind nicht steigen kann ... „Die grauen Hüter auf dem Felde in dunkler Weihenacht sind wir."

Und während wir so denken, gehen wir im Geiste einen weiten Weg und stehn still ein jeder an der Stelle, an der ihm sein kleines Leben so groß wird, in einem lieben Haus irgendwo in der Ferne, in einem vertrauten Zimmer. Dort haben sie nun auch die Lichter angezündet, dort sitzen sie nun um den Baum, sie lesen unseren Brief, und sie suchen uns in Gedanken, dich und mich ... und manchen, der sonst in dieser Stunde zu ihnen gehörte, und der jetzt irgendwo in der Ferne, in der Nacht an den Hürden steht ... wohl manchen auch, der unter einem Kreuz des Krieges schläft und unter einem höheren, ewigen Licht der Weihnacht steht.

Und es geht in dieser Nacht ein Grüßen besonders lebensvoll und lebensstark von uns zur Heimat und von der Heimat zu uns; und dieses Grüßen ist wie ein Rufen und Rüsten, stark zu sein und getrost zu bleiben. Noch stehen wir in der Nacht, noch bläst der Sturm, noch ziehen immer dichtere Wetterwolken zusammen, noch wissen wir nicht, wann der Morgen anbricht, an den wir glauben und dem wir mit vereinten Kräften entgegengehen, aber wir spüren den Strom „der Liebe", der

durch das Volk pulst, der uns alle umschließt und verpflichtet und wir
haben, – heute zur Weihenacht werden wir dessen wieder gewiß – wir
haben die „große Freude, die allem Volk widerfahren" wird, „Liebe"
und „Freude". Das ist der Sinn der Stunde! Und ich sage euch von
„Liebe" und „Freude", es sind „Tatsachen", nicht Gefühle und Stimmungen: Gefühle und Stimmungen kommen von unten, kommen aus
dem Menschen, Tatsachen sind Geschichte, sind „Geschehen" von Gott
her, kommen von oben, sind wirklich da und sind uns wirklich nah. Gefühle und Stimmungen sind dem Wechsel der Zeit unterworfen, Tatsachen aus Gott „waren" und „sind" und „werden sein". Liebe und
Freude, ich kann darüber nicht laute Worte machen, weil ich sie nicht
immer sehe, in unserer harten, schweren Zeit so gar nicht „sehe", aber
ich glaube" an sie, an Liebe und Freude, weil es Weihnachten gewesen
ist, weil Gott uns sein Herz geschenkt hat in dem Kind in der Krippe.

Das ist die Liebe, in der wir geborgen sind, wir hier draußen in unserem Kämpfen, Sterben und Siegen, sie daheim in ihrem Ringen, Bangen
und Beten. „Also hat Gott die Welt geliebt, daß er seinen eingeborenen
Sohn gab, auf daß alle, die an Ihn glauben, nicht verloren werden, sondern das ewige Leben haben."

Das ist die Freude, in der wir stehen, wir an den Hürden und sie dort,
die wir hüten. „Fürchtet euch nicht – große Freude, die allem Volk widerfahren wird – euch ist heute der Heiland geboren!"

Einmal gibt Gott uns doch den Frieden
so oder so, nach seinem Sinn,
sei's droben, sei's im Sieg hinieden,
wir nehmen, was Er uns beschieden,
demütiglich als Weihnacht hin.

Mit deinen Engeln, deinen schönen,
Du ros'ger Christ, kehr ein, kehr ein,
Die wunden Herzen zu versöhnen
laß du dein „Friede-Freude" tönen!
Die grauen Hüter harren dein.
(Walter Flex)

Nr. 43

KREUZ UND KRONE[42]

Predigt zum Heldengedenktag über 1. Kor. 15,49

Von Kriegspfarrer A. Fischer z.Z. im Felde
(1940/41)

Wir gedenken der Kameraden, die für uns, für unser deutsches Volk gefallen sind; jeder von uns denkt in dieser Stunde an einen, den er vor
allen anderen seinen guten Kameraden nannte. In seinem Sterben begreift er die unsagbare Größe *aller* Opfer. Es bedarf hier nicht der Mahnung, die teuren Toten nicht zu vergessen, brüderlich nahe sind sie uns,
nicht nur in dieser Stunde des Gedenkens: „Es trägt ein jeder Toter des
Bruders Angesicht!" Ist es nicht, als stünden sie mitten unter uns, wenn
wir im Gedenken an ihr Sterben vor Gottes Antlitz treten in der Zuversicht: „Wie wir getragen haben das Bild des irdischen Menschen, also
werden wir auch tragen das Bild des himmlischen Menschen."

Das Bild des irdischen Menschen – tausend Bilder statt eines werden
wach heute an den Gräbern der Gefallenen: der Mensch in *Kampf und
Glück und Sterben*. Endlose Märsche in Polen und Frankreich und am
Ende immer wieder Kampf. Endlose Märsche im weiten Rußland und
noch hitzigere Gefechte, erbarmungsloser Krieg bei Tag und Nacht, einen heißen Sommer lang und noch einen langen, schweren Winter hindurch.

Geht es euch nicht auch so: da steht jetzt oft jäh das Bild vor uns, das
wir uns einmal vom Leben gemacht, vor Jahren, als noch Friede war.
Leben? Das ist – was ich daraus mache! Schicksal? Das sind meine Pläne
und Taten, meine Arbeit und mein Wille. Da war keine Frage mehr, da
blieb kein ungelöster Rest, kein banges Ermatten. Mit rohem Zugriff hat
der Krieg diese Träume zerschlagen: tausend Schicksale – was sind sie
vor einem Tage dieses Krieges? Wie ein Strom reißt er alles in einen ungeheuren Strudel, im besten Falle bleibt dem Menschen die Wahl: zu
steuern und Vertrauen zu bewahren – oder wie Treibholz zu schwim-
men! Wenn man dann Nachts irgendwo in der Marschkolonne unter den

---

[42] Textquelle | Pastoralblätter Jg. 1940/41, S. 151-154.

Sternen stand, spürte man untrüglich: wir sind nicht groß!! Über uns sind Gewalten, die stärker sind als der Mensch.

Und selbst der Kampf mit dem Feind, dessen Feuer aus der Ferne dumpf herüberklingt, ist der gefährlichste nicht. Es geht dem Menschen wie dem Baum: „Der Wind, den wir nicht sehen, der quält und biegt ihn, wohin er will. Wir werden am schlimmsten von unsichtbaren Händen gebogen und gequält."

Da ist eine Schuld, mit der wir nicht fertig werden, eine Sorge, ein Zweifel. Da steht ungelöst am Rande die Frage nach Gott. Kein Kampflärm draußen übertönt die Stimme da drinnen: So jemand auch kämpft, wird er doch nicht gekrönt, er kämpfe denn recht!

Und doch – ist dieser Kampf nicht zugleich *unser Glück*? Haben wir je mächtiger gefühlt, was Gott uns alles an Kräften ins Herz gelegt hat? Haben die Sonnenblumen je leuchtender geblüht, die Wälder uns tiefer erfreut, war die Welt je schöner als in diesen letzten Jahren?

Haben wir die schwere, dunkle Fruchtbarkeit eines Roggenfeldes je so erlebt, wie an einem letzten Urlaubstag, wenn wir mit der Frau noch einmal durch die Felder gingen? Aber von allem Glück weiß der Soldat auf seine Weise, was die Bibel sagt: Wir haben als hätten wir nichts. Was besitzen wir so sicher, daß wir sagen dürften: das ist mein?!

Ja, auch die höchste Menschentat bleibt Menschenwerk, irdisch, dem Tode unterworfen. Aber da, wo ein Mensch sein Glück darin findet, für andere da zu sein? Auch über die reinste Tat fallen Schatten. Auf die Botschaft: „Kommet her zu mir alle, die ihr mühselig und beladen seid!" antwortet die Welt mit dem Ruf: Wir wollen nicht, daß dieser über uns herrsche! Ans Kreuz mit ihm!

So vollendet sich das Bild des irdischen Menschen – im Sterben, in dem Menschen unter dem Kreuz. So haben ihn die großen Meister immer wieder dargestellt: „Er trug sein Kreuz und ging hinaus zur Schädelstätte." Der Tod – das Letzte von allem, was der Mensch an seinem eigenen Bilde erkennen kann. Da steht er an den Marken seines Lebens: einsam, alles, was sonst dies unruhige Herz brausend erfüllt, wird wesenlos vor der stillen, dunklen Gewalt des Todes. Die ganze Elendigkeit dieses armen bißchen Lebens wird ihm bewußt. „Es fährt dahin, als flögen wir davon."

Da drüben stehen 61 Kreuze, gepflanzt in weniger als einer Woche; wieviele Schicksale, Pläne, Anstrengungen – weggewischt in einem Sturm; das Bild des irdischen Menschen: Kamerad, verstehst du, was einer, dem auch das Gedenken dieser Stunde gilt, der Dichter Gorch Fock, aus dem Kriege heimgeschrieben hat: „Gott steht an meinen Grenzen, solange ich diese nicht überschreite, solange ich in meinem Kreise bleibe, fühl ich ihn nicht, kaum, daß ich ihn dumpf ahne. Aber komme ich an meine Grenzen – und eine durchwachte Nacht kann mich dahin bringen, auch ein Sturm vermag es schon – dann steigt er ernst und gewaltig vor mir auf, und ich fühle seine Hände"?

Da stehen wir – Wandrer zwischen beiden Welten – ahnend vor dem Bild des himmlischen Menschen! Welch ein Sturm ist hereingebrochen in unseren Kreis – am frühen Morgen des 22. Juni! Wie haben wir Gottes Ernst und Größe flammen gespürt in diesen Monaten! Und ist wohl einer unter uns, der nicht auch Gottes Güte erfahren, der nicht seine Hände in schwerer Stunde gefühlt hätte, nah und gut und stark?! Nicht bloß durchwachte Nächte haben uns an unsere Grenzen geführt, die ganze Härte dieses mitleidlosen Krieges, die Trostlosigkeit dieses endlosen Landes und seiner Menschen, die ganze Untermenschlichkeit eines Gegners, von dem wir vorher nur von Ferne Undeutliches gehört. Aber wenn wir heute der Kameraden gedenken, die ihr Leben vollendet haben im Kampf gegen diesen Feind – dann wissen wir: sie haben das Bild des irdischen Menschen getragen in *Bewährung und Erfüllung* bis zum *ewigen Leben*. Sie sagen uns: Treue ist mehr als Glück und Leben!

Statt an viele, denke ich in diesem Augenblick nur an einen, an einen Feldwebel, der beim Angriff auf Kiew fiel, bis zuletzt mit seinem Leib zwei Verwundete deckend, die nicht mehr zurückgebracht werden konnten. In seinem Tagebuch befand sich das Bekenntnis: „Es ist wunderbar, wie froh und geborgen man sich selbst im schwersten Artilleriefeuer fühlt, wenn man weiß, wie nahe einem Gott ist. Diese Gewißheit ist mehr wert als ein Panzerdeckungsloch"! Ja, und ich bin gewiß, daß das Opfer dieses Kameraden in der Wagschale des Geschickes unseres Volkes schwerer wiegt als tausend glänzende Taten, Namen und Worte.

Da, wo das Herz eines Menschen reif wird zu solcher völligen Hingabe, werden andere Herzen empfänglich für die Hoffnung: wie wir getragen haben das Bild des irdischen, also werden wir auch tragen das

Bild des himmlischen Menschen. Über uns Menschen ist nicht bloß das Kreuz. Der am Kreuz für uns gestorben, ist der Auferstandene. Und wir gehören zu ihm. Uns Christen ist es gesagt, daß wir den Mut gewinnen zum rechten Leben: „Der Mann, der bewährt ist, wird die Krone des Lebens empfangen, welche Gott verheißen hat denen, die ihn liebhaben."

So steht vor uns in diesem Augenblick das Bild manches guten Kameraden: bewährt und bewahrt. Bewahrt in dem Glauben: der Tod hat keine wirkliche Macht mehr über mich, ich bin durch Christus aus dem Tode in das Leben gekommen, in der dunkelsten Anfechtung dieses Krieges bleibt mir eins gewiß: „Ich kann nicht tiefer fallen als einer großen Liebe in die Hände." Und bewährt – weil er nicht sein eigenes Glück und Leben, sondern Gottes Willen in seinem Geschick geliebt hat, getreu bis an den Tod.

In *der* Liebe haben wir die *Erfüllung*, die dem Menschen sonst niemals zuteil wird. Solange wir nur uns selber haben, bleiben wir auch mit unserem höchsten Streben in Unrast und Unfrieden, immer wieder werden unsere Pläne durchkreuzt, der Tod zerreißt, was wir an Bändern für die Zukunft geknüpft, zuletzt stehen wir als Bettler am Tor: Herr, ich war nicht Licht, wie ich gesollt, ich war nicht Salz, ich bin weniger als ein unnutzer Knecht! Aber gerade des Menschen hat sich Gott angenommen; in der Christliebe, die das Leben läßt für die Freunde, hat er ihm einen Weg gewiesen aus seiner Unvollkommenheit – in die Erfüllung, in die Vollendung zum Bilde des himmlischen Menschen.

Der Christ weiß: ich steh nicht allein unter meinem Kreuz, in meinen Zweifeln und Unvollkommenheiten: Mein dorngekrönter Bruder steht mir bei. Auch da, wo die anderen sagen – wie die Juden zum Gekreuzigten – es ist aus mit ihm, es ist vorbei, wo ist nun sein Gott?! – da weiß er sich geborgen unter der Krone, die Gott denen verheißen hat, die ihn liebhaben …

Seht, es geht da, anders gesprochen, um die nackte Entscheidung, die ich so grob beim Namen nennen will, wie es die Sache fordert: Hat einer, der fällt, Pech gehabt? Ist er „Hin" und ist es „schade um ihn" – oder aber hat er durch sein Sterben letzte, gültige Erfüllung gefunden?

Das ist die Verkündigung, um die es uns heute geht: seitdem Jesus Christus am Kreuz gestorben ist, stirbt kein Christ mehr in einen dunklen, verlorenen Tod hinein. Hinter dem Tod steht der Vater, in dessen Hände wir uns befehlen.

Seitdem aber Christus auferstanden ist von den Toten, ist die neue Schöpfungsordnung auch bei uns Wirklichkeit geworden: das Weizenkorn, das in die Erde fällt und stirbt, bringt viele Früchte. Wer sich an Gott verliert, findet sich ewig in ihm wieder. Und es ist nicht die geringste Erfahrung dieses Krieges, für die wir dankbar bleiben werden, daß solche Worte für uns nicht mehr bloß in alten Büchern stecken, sondern daß Gott sie uns übersetzt hat in unsern Alltag. Da gelten sie nun und helfen uns – im täglichen Dienst, draußen im Gefecht, in den Lazaretten im Angesicht des vielfachen, schweren Sterbens.

Wie hätten wir das alles auf uns nehmen und dabei getrost und fröhlich leben sollen ohne die Zuversicht der *Ewigkeit*?

Mit Gewalt reißt uns der Krieg immer wieder aus allem, was uns bindet an unsere Welt. Aber – Gott sei Dank! – er reißt uns auch aus dem halben und lahmen Meinen und Ahnen, das uns bindet, hinein in ein fröhliches Wagen und in jähe gewisse Gegenwart unzerstörbaren Lebens, in Gott.

Ich denke an das Requiem für einen Kameraden, von einem Flieger, der inzwischen selber im Luftkampf gefallen ist; der Pilot grüßt im Sturz mit letztem Blick noch einmal den Himmel, Wolken und Sonne. Aber ist es das Licht der Sonne, in das es ihm nun steil hinabreißt? Er fühlt, es ist das Licht des letzten starken Tages – der Ewigkeit:

„Gleich ist es über mir und rührt mich an,
Herr Gott, hab Dank, ich sehe dich: Du bists!
Nun weiß ich, daß ich niemals sterben kann."

Liebe Kameraden, daß in unsere Welt der Maschinen und Motore und Stuka diese Wirklichkeit der hellen Gottesnähe und eines unverlierbaren Lebens hineinragt, das ist es, warum es sich zu leben lohnt! Das macht das Herz froh – trotz allem, was uns dieser Winter aufgepackt hat, denn es gibt unserm Menschenleben in Kampf und Glück und Last erst seinen lebendigen Sinn. Und diese Erfahrung soll uns nichts und niemand aus dem Herzen fortzweifeln oder lügen! Ebenso wahr und wirklich wie etwa die schlimme Nacht der Panzerschlacht um Dubno ist uns die andere Wirklichkeit – die Zuversicht eines schwerverwundeten Soldaten, der mir da von dem L.K.W., der ihn zurückbringen sollte, herunter die Hand hinstreckte und rief: Jesus lebt und ich mit ihm!

Da wird unser Heldengedenken zum rechten Gottesdienst, wo wir uns eins wissen mit Lebenden und Toten in Gottes ewigen Händen und ihn anbeten, der unser irdisches Leben umgibt mit seiner Ewigkeit, daß wir mitten in der Unruhe des Krieges unverwirrt unseren Weg, seinen Weg gehen müssen.

Wir tragen das Bild des irdischen Menschen solange wir leben. Jedesmal, wenn wir über die Grenze gingen, zu neuem Einsatz, haben wir dies Bild ein wenig besser sehen und erkennen gelernt. Die da drüben unter den hellen Kreuzen liegen, haben es vollendet in völliger Liebe und Treue. Wenn wir nachher an ihre Gräber treten, wollen wir es tun stellvertretend für ihre Frauen, Mütter Kinder in der fernen Heimat.

Wir wollen zu ihnen hindenken: Bleib du im ewgen Leben, mein guter Kamerad! Und wollen zu Gott beten: Bewahre uns mit ihnen, mit ihren und unseren Lieben daheim durch Jesus Christus in dem Leben, das stärker ist als Krieg und Tod und Trauer! Bewahre uns in der Zuversicht: Wie wir getragen haben das Bild des irdischen Menschen, also werden wir auch tragen das Bild des *himmlischen* Menschen.

Nr. 44

BRIEFWECHSEL DER SCHRIFTLEITUNG
(DER PASTORALBLÄTTER)[43]

Allein Gott in der Höh sei Ehr!
(1942/43)

Einer unserer Kriegspfarrer schreibt:

„Immer wieder freue sich mich über Ihren Briefen darüber, daß doch in der Kirche daheim starke Kräfte so tief eins sind mit dem besten Wollen der „feldgrauen Kirche im Osten".

Und immer wieder habe ich die gewisse Hoffnung – ·Gott muß es uns finden lassen, das lösende Wort: „wir müssen durch die große Not dieses Krieges dem Christus ein Stück näher kommen: ... „im Geist und in der Wahrheit anbeten".

Uns wird es ja in vieler Hinsicht leicht gemacht; nach einem Gottesdienst kam der Adjutant einer Art.-Abt. zu mir und sagte: „Es wird vielen so gehen wie mir: niemals vorher bin ich mir so bewußt gewesen, einen *Gottesdienst* gefeiert zuhaben."

Aber es ist auch nicht zu übersehen: zur Rechten liegt die Ruine einer Kirche, aus dem Tor quillt der Schutt, über dem Bild der Schande und Verwüstung Johannes der Täufer vor Jesus: ... „und du kommst zu mir?" Zur Linken, aus den Steinen der Kirche gebaut, vom Kriege zerstört – das pomphafte klotzige Parteihaus. Da „sieht" man *mit einem* Blick, worum es hier geht: um den alten Versuch „Hohn zu sprechen dem lebendigen Gott". An die Stelle Gottes eine menschliche Idee zu setzen, an die Stätte des Gottesdienstes einen Monumentalbau, zu bekunden: „es gibt keinen Gott außer dem Sowjetstaat".

Da kommt· in einem Nest 5 Kilometer hinter der Front eine zerlumpte Panjefrau und fragt mit einem Blick auf das Kreuz an meiner Feldmütze, ob ich ein Pfarrer sei? Katholisch oder Evangelisch? Es wäre gleich, ob ich nicht ihre 3- und 4-jähr. Kinder taufen könnte?

---

[43] Textquelle | Pastoralblätter Jg. 1942/43, S. 130f.

Sehen Sie, diese Russin, die ihr Brot aus den erfrorenen Kartoffeln, die sie im April aus der Erde geholt hat, backen muß, die weiß, was der arme Reiche in Europa nicht mehr versteht: daß Feierlichkeit, Innerlichkeit – und Wirklichkeit (Substanz) voneinander geschieden sein können wie Himmel und Erde. Daß aber Geburt und Tod mit Gott zu tun haben, ob sie „feierlich" daherkommen oder so nackig wie in Russland. Und daß deshalb Gottes Wort und Gottes Segen dabei sein müssen, wenn der Mensch nicht verloren gehen soll. Das alles trägt man mit sich herum, wenn man da in einer Gemeinde von 100 bis 150 Soldaten zwischen den beiden Ruinen steht und anhebt zu singen: „Allein Gott in der Höh sei Ehr …"!

Auf einmal sieht man lebendig vor sich die verzweifelte Lage eines Jeremia, der da predigen muß: „Alle, die dich verlassen, müssen zu Schanden werden, denn sie verlassen den Herrn, die Quelle des lebendigen Wassers."

Und man wird so froh, daß man dies erleben darf, diesen fröhlichen Gesang: „Allein Gott in der Höh sei Ehr und Dank für seine Gnade!"

Wir achten streng darauf, daß die Teilnahme am Gottesdienst freiwillig ist, es kommen bei den allermeisten Einheiten etwa 80 Prozent der Evangelischen."

Nr. 45

GEBET UM DEN SIEG ÜBER DIE DEUTSCHEN
BEI STALINGRAD[44]
(1943)

Archimandrit Johann Rasumow, der ständig in der Begleitung des Patriarchatsverweser Sergij ist, berichtet von den entscheidenden Tagen aus der Umgebung der russisch-orthodoxen Kirchenleitung folgendes:

„Am Epiphanistage führte der Hochheilige (das ist der Metropoli Sergij) eine Kirchenprozession zum Jordan, einem Platz an dem Fluß, wo das Jordansfest am 6. Januar abgehalten wird. Es waren gerade die entscheidenden Kämpfe um Stalingrad, und der Hochheilige hatte besonders heiß die himmlische Hilfe für unser tapferes Heer herabgefleht. Eine plötzlich eintretende Krankheit ließ ihn bettlägerig werden. In der Nacht zum 2. Februar 1943 raffte der Hochheilige alle seine Kräfte zusammen und bat mich, ihm aufzuhelfen. Nachdem er aufgestanden war, verbeugte er sich mühselig dreimal bis zur Erde vor dem Heiligenbild und dankte Gott. Als ich dem Hochheiligen beim Niederlegen half, sagte er mir: ‚Der Herr der Heere, der im Kampfe Mächtige, hat diejenigen besiegt, die sich gegen uns erhoben haben. Es segne der Herr die Menschen mit seinem Frieden! Vielleicht wird dieser Anfang zum glücklichen Ende führen.' Am Morgen hörten wir durch den Rundfunk die frohe Botschaft, daß die deutschen Armeen bei Stalingrad geschlagen waren."

Losungen und Lehrtexte der Brüdergemeine 1943

(Zur handschriftlichen Weitergabe in den Gemeinden)

Mit dem hinter einer Bibelstelle stehenden Buchstaben a, b, c wird der 1., 2. oder 3. Teil des angegebenen Bibelwortes bezeichnet.

JANUAR

1. Pf. 111 9; Offb. 1, 8
2. Pf. 56, 11; Mt. 4, 20
3. 5. Mf. 6, 6. 7 a; Mt. 10, 14 b
4. 1. Sam. 23, 16; Offb. 3, 2 a
5. 2. Mf. 3, 5; Hebr. 10, 19
6. Pf. 127, 3 a; Mt. 2, 1. 2
7. Klgl. 3, 41; Hebr. 6, 12
8. Jef. 42, 10; Mt. 6, 21
9. Pf. 56, 12; Lf. 12, 32
10. 2. Mf. 14, 14; Apg. 20, 23b. 24a
11. Pf. 119, 73; Joh. 15, 14
12. Pf. 146, 9 a u. b; Mt. 9, 29 b
13. Pf. 35, 3 b; Lf. 8, 48
14. Pf. 18, 29; Mt. 6, 22. 23 a
15. Jer. 3, 23 b; Apg. 4, 29
16. Jef. 26, 19 a; Lf. 20, 38
17. Pf. 84, 11; Lf. 24, 53
18. Pf. 86, 3; Mt. 7, 7 a
19. Pf. 71, 17; Lf. 22, 35
20. 1. Mf. 28, 16; Joh. 15, 9
21. Pf. 103, 22; Hebr. 13, 15
22. Pf. 2, 8; Hebr. 1, 2 b
23. Pf. 63, 5; Lf. 24, 29 a
24. Jer. 50, 20; Hebr. 10, 12
25. 1. Mf. 49, 18; Apg. 2, 47 a
26. Spr. 21, 30; Apg. 5, 38 b . 39 a
27. Jof. 24, 15 a u. c; Lf. 23, 18
28. 1. Mf. 1, 27 a; Hebr. 9, 26 b
29. 5. Mf. 4, 39. 40a; Hbr. 6, 18c 19a
30. Dan. 9, 19 a; Lf. 18, 7
31. Hiob 9, 4; Mt. 24. 13

FEBRUAR

1. Pf. 104, 33; Mt. 12, 34 b
2. Pf. 107, 23 a. 24.31; Mt. 8, 26 b
3. Pf. 47, 7; Apg. 16, 34 b
4. Spr. 3, 3a; Joh. 18, 9 b
5. 2. Mf. 16, 12c; Joh. 14, 21
6. Pf. 62, 6; Joh. 13, 7
7. Pf. 103, 1; Apg. 8, 39 c
8. Pf. 119, 54; Mt. 24, 35
9. Pf. 27, 10; Mt. 10, 37
10. Zeph. 3, 15b; Mt. 17, 20b
11. 1. Sam. 2, 8a; Lf. 15, 2 b
12. 5. Mf. 32, 4 a u. b; Offb. 2, 5 a

13. Jof. 24, 23; Mt. 19, 30
14. Jef. 53, 8b; Hebr. 9, 28a
15. 1. Mf. 12, 3b; Mt. 8, 11
16. Hof. 10, 12; Mt. 7, 13. 14
17. Jef. 49, 15; Joh. 14, 18
18. Pf. 69, 2; Joh. 16, 38b
19. Spr. 3, 27; Apg. 20, 35 c
20. Sach. 9, 10b; Apg. 10, 36 b
21. Pf. 34, 3; Joh. 20, 26 c
22. Jer. 4, 3 b; Offb. 21, 5 a
23. 4. Mf. 14, 21; Offb. 2, 8 b
24. Pf. 82 8 b; Apg. 28, 28
25. Mal. 3, 1; Offb. 1, 17 c. 18 a
26. 2. Mf. 34, 6 b. 7 a; Hebr. 4, 16
27. 2. Chron. 18, 13; Offb. 8, 8
28. Pf. 43, 3 a; Lf. 8, 15

MÄRZ

1. Pf. 86, 9; Mt. 5, 16
2. 5. Mf. 8, 10a; Offb. 21, 6 b
3. Pf. 71, 12; Joh. 16, 22
4. 2. Chron. 15, 2 b u. c; Mt. 11, 6
5. Amos 3, 6b; Offb. 3, 19 a

128

Nr. 47

DER LETZTE AUGENBLICK
IM SPIEGEL VON TRAUER-ANNONCEN

Einige Landeskirchen (Mecklenburg, Hamburg, Ostpreußen), auch das Verordnungsblatt des Feldbischofs geben in Trauerannoncen[45] u.a. noch eine ausführliche Beschreibung des Werdeganges, des Wirkens in der Gemeinde, der militärischen Auszeichnungen und der näheren Umstände des Todes an. Das soll den Wert des Opfers und das Angebot des Trostes erhöhen. Vom „letzten Augenblick" ist häufig am ausführlichsten die Rede:

„Am 27. November 1942 fiel im Osten der Leutnant Lothar Strecker Kandidat der Theologie. An der Spitze seines Zuges vorstürmend, fand er im Angriff auf einen russischen Stützpunkt den Tod. Er gehört zu der großen Zahl derer, die ihr irdisches Leben dahingaben, um das Leben unseres Volkes in seiner Gesamtheit zu erhalten, und dadurch zugleich das ewige Leben gewannen."
(Aus: Kirchliches Amtsblatt für Mecklenburg, 6. März 1943)

„Im festen Glauben an Jesus Christus, seinen Herrn und Heiland, fiel im Osten am 9. Februar 1944 der Hauptmann und Batteriechef in einem Artillerieregiment Friedrich-Karl Doering, Pastor zu Brüel, Inhaber des Eisernen Kreuzes I. und II. Klasse, des Sturm- und Verwundetenabzeichens, der Ostmedaille und des Demjansk-Schildes, im Alter von 33 Jahren. Der nun Vollendete bezeugte noch kurz vor seinem Tode: Ich bin stets sehr glücklich gewesen, und wenn ich im Kriege sterben sollte, dann ist es ja ein hoher Ruhm, sein Leben für die Brüder zu lassen – und ich liebe ja mein Vaterland und seine Menschen so sehr – und ich bin

---

[45] Es ist unvermeidbar, daß bei Annoncen und Ehrentafeln die Namen genannt werden. Es ist vielleicht nötig darauf hinzuweisen, daß die in diesem Band zitierten oder abgebildeten Annoncen nicht die Meinung der Familienangehörigen wiedergeben sondern jener Kirchenbehörden, die die Annoncen in ihre Amtsblätter aufgenommen haben.

bewußt im Kriege, um meine Heimat zu schützen, stellvertretend die Menschen, die mir ganz nahe stehen."
(Aus: Kirchliches Amtsblatt für Mecklenburg, 6. April 1944)

„Am 1. September 1944 rief Gott der Herr seinen Diener, Oberleutnant Karl Friedrich Schrader, Pastor zu Sternburg, mitten aus den Kämpfen um den Bestand unseres Volkes gegen die tödliche Bedrohung durch den Bolschewismus zu sich in sein ewiges Reich. Er fiel in der Feuerstellung seiner Batterie und wurde in Wasewo, ostwärts Rozan, beigesetzt … Als ein Kreuzfahrer zog er unter des Reiches Fahnen auf den Straßen des großen Krieges. Die Liebe zu seinem eigenen Volk ließ ihn nicht blind werden für die Nöte der in den Kampfzonen leidenden Menschen. Wo er stand, da stand er im Zeichen des Kreuzes."
(Aus: Kirchliches Amtsblatt für Mecklenburg, 27. September 1944)

„Im Juli 1941 fiel im Osten Leutnant Traugott Schliemann, Pastor zu Behren-Lübchin, Inhaber des E.K. II. Sein Vorgesetzter teilt mit, daß er als Zugführer einer Vorausabteilung mit einem Spähtrupp eine Erkundung ausführte und dabei mit drei Kameraden erschossen wurde. Er habe durch sein persönliches und vorbildlich mutiges Verhalten als Führer den größten Teil des ihm folgenden Zuges vor dem gleichen Schicksal bewahrt. Es heißt dann weiter: ‚Wir verlieren in ihm den tapfersten und treuesten Zugführer der Vorausabteilung, den bei seiner Kompanie am meisten verehrten Offizier sowie unseren beliebtesten Kameraden'."
(Aus: Kirchliches Amtsblatt für Mecklenburg, 3. September 1941)

„Im August 1941 fiel im Osten Leutnant in einem Artillerie-Regiment Günther Koch, Pastor in Neuß Kaliß. Am 12. August schrieb er dem Landesbischof u.a.: ‚Wirklich hier ist Krieg in seiner schrecklichsten Form, aber auch Gottesnähe. Soviel habe ich noch nie gebetet. Getrost bin ich Sturm auf Sturm, Tag für Tag, mit der Infanterie in vorderster Linie mitgelaufen und fand die Kraft, im tollsten Feuerhagel ruhig meine Kommandos dem Funker zu geben … Meine Gedanken sind immer zu Hause bei meiner lieben Frau und meinen Kindern und dem Haus ach, wie fern liegt das alles.' In dem Brief seines Regimentkommandeurs über seinen Heldentod heißt es: ‚Er opferte sein Leben für den Erfolg des Kampfes

und für die Erhaltung des Lebens vieler Kameraden in der Umgebung seines unmittelbaren Wirkens. Für Tapferkeit vor dem Feinde sollte er jetzt zum Eisernen Kreuz eingereicht werden'."
(Aus: Kirchliches Amtsblatt für Mecklenburg, 17. März 1945)

„Im Dezember 1941 fiel an der Ostfront für Deutschland der Leutnant Herbert Schultz, Pastor zu Frauenmark. Drei Tage vor seinem Tode schrieb er über die Aufgaben unserer Kirche im neuen Reich: ‚Die Kirche muß ihren Platz in der neuen Ordnung einnehmen. Sie muß aber auch kämpfen, rücksichtslos, gegen Verleumdung von außen und Irrungen von innen. Und wenn dann der Krieg vorbei ist, so denke ich es mir wenigstens, können auch wir sagen: Nun heran an die Arbeit, wir helfen, indem wir von Gnade und Segen Gottes zum Volke reden, um so der Welt ein anderes, das ihr bestimmte Gesicht zu geben'."
(Aus: Kirchliches Amtsblatt für Mecklenburg, 24. März 1942)

*„Gefallen
R. Kühnke-Degeler*

Du zogst – ein blühend Leben –
hinaus in Kampf und Streit.
Dich willig hinzugeben
für uns, warst du bereit.

Die Siegesglocken schallen
hellauf von Turm zu Turm.
Du kehrst nicht mehr. Gefallen …
Hinweggerafft vom Sturm.

Du gabst dein teures Leben
Für Führer, Volk und Land …
Du gingst vom Tod ins Leben:
Du fielst in Gottes Hand!"

(Aus: Evangelisches Gemeindeblatt für Stuttgart, 7. Juli 1940)

Graphik aus: Der Deutsche Christ.
Nationalkirchliches Sonntagsblatt
Nr. 38 vom 17. September 1939

Nr. 48

AGENDA ZUM GEFALLENEN-GEDÄCHTNIS[46]
Evangelisches Konsistorium Sachsen
1943

Evangelisches Konsistorium der Provinz Sachsen.
VIII. 1387/42.II

Magdeburg, den 19. Januar 1943.
Es ist für eine christliche Gemeinde eine selbstverständliche Pflicht, ihrer Gefallenen fürbittend im Gottesdienst zu gedenken. Über die Weise, in der das geschehen soll, entscheidet der Gemeindekirchenrat. In der Übung der Gemeinden haben sich verschiedene Formen herausgebildet, für die wir den Geistlichen und Gemeindekirchenräten nachstehend die vom Oberkonsistorialrat Lic. Dr. Söhngen erarbeitete Handreichung bieten.

I.
Einschaltung in das Schlußgebet.
Für Führer, Volk und Vaterland ist (sind) aus unserer Gemeinde auf dem Felde der Ehre gefallen … Herr, laß ihn (sie) ruhen in Frieden und dein ewiges Licht leuchte ihm (ihnen). Laß das Opfer seines (ihres) Lebens nicht vergeblich sein, sondern führe du bald herauf einen Frieden der Ehre und der Gerechtigkeit.

II.
Erweiterte Abkündigung im Hauptgottesdienst
(Die nachstehende Abkündigung erfolgt entweder von der Kanzel oder vom Altar zu Beginn der Schlußliturgie während sich die Gemeinde erhebt. Wo üblich, wird die Kirchenglocke geläutet.)
Vor dem Angesichte Gottes gedenken wir in Trauer und Dankbarkeit (wiederum) eines Gliedes unserer Gemeinde, das im Kampf für Führer, Volk und Vaterland sein Leben gelassen hat. Dem Herrn über Leben und

---

[46] Textquelle | Kirchliches Amtsblatt der Kirchenprovinz Sachsen (Magdeburg), 75. Jahrgang, Nr. 1 vom 28. Januar 1943, S. 1-3.

Tod hat es gefallen, den (milit. Rang) … (Name) … im Alter von … Jahren aus dieser Zeitlichkeit abzuberufen. Er fiel am … in den Kämpfen an der … front. (Hier können weitere Mitteilungen über die näheren Umstände des Todes oder auch über das Leben des Gefallenen folgen.) Um den Gefallenen trauern seine Eltern (ggf. Namen), seine Ehefrau …, (Zahl) … Kinder und seine Geschwister (ggf. Namen). Wir befehlen den Gefallenen, unseren Bruder in Christus, der Gnade Gottes, in der zuversichtlichen und gewissen Hoffnung, der Auferstehung zum ewigen Leben durch unsern Herrn Jesum Christum, welcher unsern nichtigen Leib verklären wird, daß er ähnlich werde seinem verklärten Leibe. Er ruhe in Frieden und das ewige Licht leuchte ihm. Amen.

So spricht der Herr:
Meine Gedanken sind nicht eure Gedanken, und eure Wege sind nicht meine Wege, sondern soviel der Himmel höher ist denn die Erde, so sind auch meine Wege höher denn eure Wege und meine Gedanken denn eure Gedanken.
Ich weiß wohl, was ich für Gedanken über euch habe, Gedanken des Friedens und nicht des Leides, daß ich euch gebe das Ende, des ihr wartet.
Der Heiland spricht:
Ihr habt nun Traurigkeit, aber ich will euch wiedersehen, und euer Herz soll sich freuen, und eure Freude soll niemand von euch nehmen.
Ich bin die Auferstehung und das Leben. Wer an mich glaubet, der wird leben, ob er gleich stürbe; und wer da lebet und glaubet an mich, der wird nimmermehr sterben.
Ich lebe und ihr sollt auch leben.
Niemand hat größere Liebe denn die, daß er sein Leben lässet für seine Freunde.
Der Apostel spricht:
Wir wissen, daß denen, die Gott lieben, alle Dinge zum besten dienen.
Wir sehen jetzt durch einen Spiegel in einem dunkeln Wort, dann aber von Angesicht zu Angesicht.
Leben wir, so leben wir dem Herrn; sterben wir, so sterben wir dem Herrn; darum, wir leben oder sterben, so sind wir des Herrn. Gott

aber sei Dank, der uns den Sieg gegeben hat durch unsern Herrn Jesum Christum.

Lasset uns beten:
Herr Gott, himmlischer Vater, wir preisen dich für alle Liebe und Treue, die du unserem gefallenen Bruder in seinem Leben erwiesen hast, und danken dir für alles, was du den Seinen durch ihn schenktest. Wir bitten dich, sei ihm barmherzig in der Stunde des Gerichts und nimm ihn auf in dein ewiges Reich. Gib, daß wir sein Opfer nicht vergessen und laß sein Gedächtnis unter uns zum Segen werden. Tröste, du Gott alles Trostes, die um den Heimgegangenen trauern, und stärke uns, wenn wir verzagen, in der Gewißheit, daß wir weder im Leben noch im Tode aus deiner Hand fallen können. Leite und schütze väterlich alle unsere Lieben, die daheim und draußen für den Sieg unseres Volkes ihr Leben einsetzen, und laß aus der Aussaat soviel teuren Lebens eine gesegnete Frucht des Friedens erwachsen. Herr Gott, sei uns gnädig und erbarme dich unser, erhöre unser Gebet um Jesu Christi willen. Amen.

Wir singen dem (n) Gefallenen zum Gedächtnis und den Trauernden zum Trost die 2. bis 4. Strophe des Liedes Nr. 572.

III.

Gefallenen-Gedenkgottesdienst.

Der Gedenkgottesdienst kann einem einzelnen oder auch einer Reihe von Gefallenen gelten; grundsätzlich ist nichts dagegen einzuwenden, daß das Gedächtnis auch solcher Gefallener in den Gedenkgottesdienst einbezogen wird, für die schon unmittelbar nach dem Bekanntwerden der Todesnachricht mit den unter I oder II bezeichneten Formen von der Gemeinde Fürbitte geleistet worden ist. Die Gedenkgottesdienste sind der Gemeinde rechtzeitig bekanntzugeben; die Angehörigen der Gefallenen sollen persönlich eingeladen werden; besondere Plätze sind für sie freizuhalten. Die Altar- und Kanzelbekleidung ist schwarz; eine Ausschmückung des Altars oder auch des Altarraumes mit frischem Grün und Blumen ist zu begrüßen. Wo die Niederlegung von Kränzen üblich ist, erfolgt sie anschließend an den Gottesdienst am Gefallenenmal in der Kirche oder vor der Kirche. Die Dauer des Gedenkgottesdienstes soll eine Stunde nicht überschreiten.

Bei der Auswahl des Textes, der der Gedenkrede zugrundegelegt werden soll, wird der Geistliche meist dem Einzelfall Rechnung tragen. Oft empfiehlt sich dafür der Tauf- oder Konfirmationsspruch des Gefallenen.

1. *Eingangslied.*

(z.B. 304, 305, 307, 308, 311, 324, 327, 330.)

2. *Eingangsspruch.*

Aus der Tiefe rufe ich, Herr, zu dir. Herr, höre meine Stimme, laß deine Ohren merken auf die Stimme meines Flehens! So du willst, Herr, Sünden zurechnen, Herr, wer wird bestehen? Denn bei dir ist die Vergebung, daß man dich fürchte. Ich harre des Herrn; meine Seele harret und ich hoffe auf sein Wort. (Psalm 130, 1-5.)

Oder:

Gelobet sei Gott und der Vater unsers Herrn Jesu Christi, der uns nach seiner großen Barmherzigkeit wiedergeboren hat zu einer lebendigen Hoffnung durch die Auferstehung Jesu Christi von den Toten, zu einem unvergänglichen und unbefleckten und unverwelklichen Erbe, das behalten wird im Himmel! (1. Petri 1,3f.)

Oder:

Wir haben nichts in die Welt gebracht; darum offenbar ist, wir werden nichts hinausbringen. Ich bin nackt von meiner Mutter Leib gekommen, nackt werde ich wieder dahinfahren. Der Herr hat's gegeben, der Herr hat's genommen; der Name des Herrn sei gelobt! (1. Tim. 6,7; Hiob 1,21.)

Oder:

Kommt, wir wollen wieder zum Herrn; denn er hat uns zerrissen, er wird uns auch heilen; er hat uns geschlagen, er wird uns auch verbinden. (Hos. 6,1)

3. *Gemeinde*:

Herr, erbarme dich unser. Christe, erbarme dich unser. Herr, erbarme dich unser.

4. *Lasset uns beten*:

Allmächtiger, ewiger Gott, der du durch deinen Sohn Vergebung der Sünden und Rettung vom ewigen Tode uns zugesagt hast, wir bitten dich, stärke uns durch deinen heiligen Geist, daß wir in solchem Vertrauen auf deine Gnade durch Christum täglich zunehmen und die Hoffnung fest und gewiß behalten, daß wir nicht sterben, sondern einschlafen und am jüngsten Tage zum ewigen Leben erweckt werden sollen, durch deinen Sohn, Jesum Christum, unsern Herrn. Amen.

5. *Schriftlesung.*

(Geeignete Abschnitte: Psalm 39, 5-8, 13; Psalm 90 in Auswahl; Psalm 103, 14-18; Joh. 5,24-25; 6,35-40; 10,27-29; 11,25-26; 14,18-19, 27; 14,-1-6 und 17,24; Röm. 5,1-5; 8,31-39; 14,7-9; Offb. 21,3-4.)

6. *Gemeinde*: Amen, Amen, Amen.

7. *Predigtlied.*

(z.B. 150, 162, 164, 197, 198, 209, 210, 211, 213, 214, 217, 218, 219, 222, 223, 578.)

8. *Gedenkrede*: Textwort und Auslegung.

9. *Liederverse.*

(z.B. 45,9-10; 223,3 und 8; 312,3 und 5; 214; 338; 339.)

10. *Geistlicher*:

Nachdem es dem Herrn über Leben und Tod gefallen hat, unsern Bruder in Christus (Namen) … aus diesem Leben abzuberufen, befehlen wir ihn der Gnade Gottes, in der zuversichtlichen und gewissen Hoffnung der Auferstehung zum ewigen Leben durch unsern Herrn Jesum Christum, welcher unsern nichtigen Leib verklären wird, daß er ähnlich werde seinem verklärten Leibe. Er ruhe in Frieden und das ewige Licht leuchte ihm. Amen.

11. *Lasset uns beten*: (siehe das Schlußgebet unter II)

oder:

Herr Gott, wir sind hier versammelt als deine Gemeinde auf Erden und haben aus deinem Wort von neuem Trost und Kraft und Gewißheit ewigen Lebens empfangen. Nun treten wir vor dir ein im Gedenken und Fürbitte für unsern Bruder in Christus … Du hast ihn für wert erachtet, daß er sein Leben lassen durfte für sein und unser deutsches Volk und Land und für uns alle. Wir danken dir für das Opfer, das er gebracht hat, und bitten dich, du wollest ihm das Opfer deines lieben Sohnes zurechnen. Wir als deine Gemeinde bleiben mit ihm in dir verbunden, denn auch der Tod kann uns nicht scheiden von deiner Liebe, die in Christo Jesu ist. Vor allem aber bitten wir dich für die Hinterbliebenen (…). Schenke ihnen den rechten Stolz auf ihren lieben Gefallenem, aber auch die Kraft, sich in deinen Willen zu fügen. Sorge, du Beschützer der Witwen und Waisen, auch für ihre Nahrung und Notdurft·(hilf der Mutter, die vaterlosen Kinder im gläubigen Ausblick auf dich zu erziehen) und rufe uns, deine Gemeinde, immer wieder auf, ihre Lasten mitzutragen. Zuletzt aber bitten wir dich, laß das Opfer des Heimgegangenen nicht vergebens gebracht sein. Sei du mit der Sache unseres Volkes und segne den Führer in allen schweren Entscheidungen, vor die er gestellt ist. Segne die Wehrmacht zu Lande, zu Wasser und in der Luft. Dir befehlen wir alle kranken, verwundeten, gefallenen und vermißten Brüder. Dir befehlen wir die Heimat. Wehre dem Streite und schenke der Welt Frieden. Amen.

(Nach Gerhard Kunz, Evangelisches Kirchenbuch für Kriegszeiten [,Göttingen] 1939, S. 59.)

12. *Stilles Gebet.*

13. *Vaterunser.*

14. *Segen.*

15. *Gemeinde*: Amen, Amen, Amen.

Nr. 49

GEDÄCHTNIS DER GEFALLENEN IM GOTTESDIENST[47]
[Kirchliche Richtlinien – Hamburg, 1941]

Im Weltkriege, als die Übermittlung der Todesnachrichten und die Überbringung der Gedenkblätter noch in der Hand der Pfarrämter lag, war es Brauch, die Namen der Gefallenen in den Gemeinden zu sammeln und ihr Andenken noch während des Krieges und nach dem Kriege sichtbar zu ehren. In den Landkirchen wurden Kränze für die Gefallenen aufgehängt, in den Stadtkirchen Ehrenbücher ausgelegt oder Gedenktafeln errichtet. Im Laufe des Krieges kam die schöne Sitte auf, die Familien der Gefallenen zum Gottesdienst einzuladen und im Gottesdienst

---

[47] Textquelle | Archiv der Nordelbischen Landeskirche – Sprengel Hamburg, Bestand B XVIII 3.

selbst das Andenken der auf dem Felde der Ehre Gebliebenen in schlichter Weise zu feiern. Heute, da der Krieg um die Ehre und das Leben der Nation aufs neue das große Opfer des Lebens von vielen deutschen Häusern fordert, ist die Frage in unseren Gemeinden wieder lebendig geworden, in welcher Weise wir unserer Gefallenen, die nicht mehr in die Heimatgemeinde zurückkehren, gedenken sollen. Dabei handelt es sich zunächst nur um *die gottesdienstliche Frage.* Es ist nicht möglich, allgemein verbindliche Anordnungen zu treffen, da die Verhältnisse sehr verschieden sind, nicht nur zwischen Stadt und Land, sondern auch je nach der Struktur der großstädtischen Gemeinden. Ich möchte aber einige Richtlinien geben, immer in der Voraussetzung, daß die Pfarrämter und Kirchenvorstände einheitliche Regelungen für ihre Gemeinden zu treffen sich bemühen.

1. Wo die Bekanntgabe der Todesfälle in der Gemeinde *im Rahmen der Abkündigungen nach der Predigt* sonntäglich üblich ist, wird die Fürbitte für die Abgeschiedenen auch die Gefallenen der Woche einschließen. In der in jeder Sakristei ausliegenden Agende aus der Bayrischen Landeskirche „Gebete der Kirche im Kriege" finden sich einleitende Sätze und Gebete, die sehr geeignet sind. Bei dieser Eingliederung in die Toten der Woche sollte vermieden werden, auf den Lebenslauf der Gefallenen näher einzugehen. Dieses ist vielmehr einer besonderen Gedenkfeier vorzubehalten.

2. Wo die obigen Voraussetzungen nicht zutreffen, möchte ich anraten, *in größeren Zeitabständen im Gottesdienst* der Gefallenen aus der Gemeinde zu gedenken und die Hinterbliebenen zu dieser Feier gemeinsam einzuladen. Auch dabei sind die Lebensdaten in aller Kürze zu halten, während der Gesangvers oder die Weise von der Orgel, deren Einfügung bei allsonntäglicher Abkündigung vermieden werden muß, hier nicht fehlen sollten.

3. Darüber hinaus können auch *eigene Gedenkfeiern* in einem besonderen Gedächtnisgottesdienst gehalten werden, wie sie in Landgemeinden für jeden Gefallenen noch vielfach üblich sind. Im Stadtgebiet dürfte es sich empfehlen, diese besonderen Gedenkfeiern im Rahmen der Kriegsgebetstunden an Wochentagen oder Sonntagabenden zu halten. Ein besonderes Formular wird im Pfarramt zu erarbeiten sein. Die kirchlichen Amtsblätter der lutherischen Landeskirchen Hannover (1941, S. 91f.)

und Bayern (Beilage zu Nr. 19) bieten Entwürfe einer Ordnung, die als
Vorlage dienen können.

4. *Am Totensonntag dieses ernsten Kriegsjahres* wird das würdige Gedenken an unsere Gefallenen in Trauer und Trost gottesdienstlicher Besinnung ein besonders dringliches Anliegen unserer Gemeinden sein.
Die Kirche, die am Heldengedenktag das große Gedenken der Nation
mitbegeht, wird auch am Ewigkeitssonntag dieses Gedenken nicht nur
in der Predigt feiern wollen, sondern nach der Predigt in feierlich gestal-
teter Abkündigung. Die Gemeinde nimmt die trauernden Familien, die
zu diesem Gottesdienst eingeladen werden, in ihre Mitte. Auf den wür-
digen Schmuck des Gotteshauses ist besonders Bedacht zu nehmen.

Für das feierliche Gedenken auf der Kanzel empfiehlt sich folgender
Gang:

Die Gemeinde erhebt sich.

Pastor: Nach Gottes heiligem Ratschluß haben folgende Glieder unserer Gemeinde im Kampf für das Vaterland ihr Leben gelassen: Es folgt
die Verlesung der Namen mit ihrem militärischen Rang, dem Alter und
dem Tag und Ort des Todes. Nach der Verlesung spricht der Pastor: Wir
gedenken unserer Gefallenen und ehren ihren Opfertod, der auch für
uns geschehen ist, mit dem Worte unseres Heilands: „Niemand hat größere Liebe denn die, daß er sein Leben läßt für seine Freunde" (Joh. 15,
13).

Danach leises Orgelspiel (Jesus, meine Zuversicht …, Ich bete an die
Macht der Liebe … oder Ich hatt einen Kameraden).

Sobald die Weise verklungen ist, setzt sich die Gemeinde.

Pastor: Laßt uns beten: Herr Gott, himmlischer Vater, wir preisen
dich für alle Liebe und Treue, die du unseren gefallenen Brüdern in ihrem Leben erwiesen hast. Wir danken dir für alles, was du den Ihrigen
durch sie schenktest. Wir bitten dich, vollende an ihnen das heilsame
Werk, das du in der heiligen Taufe angefangen hast, auf daß sie und wir
mit ihnen vom Tode zum Leben eingehen. Gib, daß wir ihr Opfer nicht
vergessen und laß ihr Vermächtnis unter uns zum Segen sein. Tröste die
lieben Angehörigen, die in Trauer und Herzeleid zurückgeblieben sind,
mit dem Wort deines Friedens und schenke ihnen und uns, daß wir im
Leben und im Sterben dein Eigentum sind. Halte deine Hand über alle
unsere Lieben, die daheim und draußen ihr Leben für unser Volk

einsetzen, und führe deine Gedanken über uns herrlich hinaus. Laß nach dem Kampfe über unserm deutschen Vaterlande einen Frieden aufgehen, der deines Namens Ehre ist. Herr, unser Gott, sei uns gnädig und erbarme dich über uns; erhöre unser Gebet um Jesu Christi, deines lieben Sohnes, unseres ewigen Erlösers willen. Amen (nach Hannoverscher Vorlage).

Pastor: Unsere Gefallenen, zumeist in ferner Erde gebettet, ruhen im Frieden! Denn die Erde ist überall des Herrn. Wir befehlen sie der Barmherzigkeit Gottes, in der Hoffnung der Auferstehung zum ewigen Leben durch unsern Herrn Jesum Christum, der da spricht: „Ich bin die Auferstehung und das Leben; wer an mich glaubt, der wird leben, ob er gleich stürbe, und wer da lebt und glaubt an mich, der wird nimmermehr sterben" (Joh. 11, 25-26).

Die Gemeinde singt einen Vers aus einem der Lieder von Tod und Auferstehung, etwa: Gesangbuch Nr. 327, 7.

Nachsatz: Auf allgemeinen Wunsch übersende ich den Amtsbrüdern den Entwurf zur Beratung und zum Gebrauch. Von einem Abdruck in GVM sehe ich ab, weil die Besprechung in den Konventen erweist, daß die Angelegenheit für eine Verordnung noch nicht reif ist. Der Südkreis wünscht das feierliche Gedenken nicht von der Kanzel, sondern vom Altar vor der Schlußliturgie. Ich rate davon ab. Aus dem Hauptkirchenkreis wünscht eine Einzelstimme ein stärkeres Hineingestelltsein in die vaterländische Gemeinschaft. Das ist abwegig, denn es handelt sich im Gotteshause ja gerade um die Ehrung und Tröstung in der Gemeinschaft, die aus dem ewigen Evangelium lebt. Für Lutheraner versteht sich das Vaterländische von selbst.

Tügel

Nr. 50

Landeskirchenamt München:

RICHTLINIEN ZUM GEFALLENEN-GEDÄCHTNIS[48]

(12.11.1942)

Evang.-Luth. Landeskirchenamt
München, den 12. November 1942
NR.9117 G.IV 584

An die
sämtlichen Pfarrämter und Expon. Vikariate

Betreff: Gedächtnis der Gefallenen.

Bei den gottesdienstlichen Feiern zum Gedächtnis der Gefallenen hat
sich über die in unserer Entschließung Nr. 9359 vom 21. September 1941
(Kirchl. Amtsbl. 1941 S. 75 f) angedeuteten Möglichkeiten hinaus bei unseren Gemeinden das Bedürfnis nach weiteren Zeichen sichtbaren Gedenkens gezeigt, die an den im ferner Land liegenden Gefallenen erinnern sollen. Aus menschlichen und kirchlichen Gründen können wir
diesem Bedürfnis das Recht nicht absprechen; wir haben ihm vielmehr
in der richtigen Weise Rechnung zu tragen. Damit dabei neben den Forderungen des Geschmacks die Würde des Gotteshauses sowie der evangelische Charakter des Gottesdienstes gewahrt bleibe, geben wir hierzu
folgende Anweisungen und Richtlinien:

1.) Nicht gestattet ist die Aufstellung von Bildern der Gefallenen auf
dem Altar, oder der Aufbau eines Katafalks oder eines Grabes in der Kirche.

2.) Wo ein Symbol gewünscht wird, kann im Altarraum ein einfaches
Kreuz mit Stahlhelm und Kranz aufgestellt werden, an dem auch Kränze
und Blumen niedergelegt werden können. An manchen Orten wird an
dem Kreuz eine Tafel angebracht, die den Namen des Gefallenen und
sein Geburts- und Todesdatum enthält.

---

[48] Faksimile in: KUESSNER 1991, S. 94.

Empfohlen wird weiter, provisorische Gedächtnistafeln im Innern der Kirche anzubringen, die die Namen der Gefallenen aufnehmen. Mancherlei Möglichkeiten der Gestaltung stehen hier offen. In kleineren Verhältnissen ist da und dort der Weg beschritten worden, daß für jeden Gefallenen ein kleines hölzernes Kreuz mit einer Namenstafel an der Wand der Kirche aufgehängt wurde.

3.) Es wird daran erinnert, daß für die Auswahl der im Gottesdienst zu singenden Lieder das Gesangbuch maßgebend ist.

4.) Für die Gedächtnisfeier selbst sind in unserer obengenannten Entschließung die nötigen Anweisungen gegeben, an deren Beachtung wir hiermit erinnern.

gez. *Meiser*

Nr. 51

Landeskirchenrat München:
KEIN GEDÄCHTNISGOTTESDIENST
FÜR BESTIMMTE SOLDATEN[49]

(18.02.1943)

Nr. 1197. Z IV 584   München, den 18. Februar 1943
Evang.-Luth. Landeskirchenrat.   *Abdruck* an die
                                     sämtlichen Dekanate.

Evang.-Luth. Dekanat *Wassertrüdingen.*

Betreff: Gedächtnisgottesdienst für wegen Kriegsverrat Erschossene und bei Strafkompanien verstorbene Wehrmachtangehörige

Auf die Anfrage des Pfarramts Ammelbruch vom 6.2.1942 erklären wir:

1) Das Pfarramt hat den Gedächtnisgottesdienst für den wegen Kriegsverrats erschossenen Soldaten mit Recht abgelehnt.

2) für den in einem Strafgefangenenlager der Wehrmacht im Osten an Krankheit verstorbenen Soldaten kann ein öffentlicher Gedächtnisgottesdienst nicht gewährt werden. Das Pfarramt kann jedoch, wenn es gewünscht wird und wenn es dienlich erscheint, den Angehörigen in der Sakristei der Kirche in einer kurzen Trauerfeier den Trost der Kirche gewähren.

3) Für Soldaten, die durch eigene Schuld den Tod gefunden haben, entfallen Gedächtnisgottesdienste.

gez. D. *Meiser*

---

[49] Faksimile in: KUESSNER 1991, S. 94.

Nr. 52
GEDÄCHTNISGOTTESDIENST
FÜR EINEN STURZKAMPFFLIEGER[50]
(1940)

*Von Pfarrer W. Stolze
in Zimmernsupra über Erfurt*

Der Vorsitzende der Kriegerkameradschaft und der Dorfgesangverein wurden benachrichtigt. Außerdem wurde Ort und Zeit des Gottesdienstes noch einmal durch die Konfirmanden den Eltern bekanntgegeben.

(A.B., 20 Jahre, bis zuletzt kirchlich, Gottesdienstbesucher.)

In der Kirche brennen alle Lichter, wie zu den Feldgottesdiensten. Vor dem Altar ist ein Lorbeerkranz – gewidmet von der Dorfjugend – niedergelegt.

Als Eingangslied wird „Jesus, meine Zuversicht" gesungen. Dann folgen auf der Kanzel Gottesworte Jer. 29,11; Joh. 10,14. 27. 28; Ps. 39,5-8, 10. 13. Danach singt der Dorfgesangverein „Näher mein Gott zu Dir" (zu Ehren des Gefallenen neu eingeübt).

Wir erheben uns und hören in Andacht den Konfirmationsspruch unseres Heimgegangenen: Jesaja 41,10: Fürchte dich nicht, ich bin mit dir; weiche nicht, denn ich bin dein Gott. Ich stärke dich, ich helfe dir auch, ich erhalte dich durch die rechte Hand meiner Gerechtigkeit.

In dieser Stunde sollen wir als Christen die Botschaft hören, die auf alle billigen, menschlichen Trostworte verzichtet. Es ist die Botschaft, die allein den leiderfüllten Elternherzen Trost und den Frieden, welcher höher ist als alle Vernunft, wiedergibt. So hört, wie Gott spricht: Fürchte dich nicht, ich bin mit dir. Es ist der Konfirmationsspruch unseres Arno B. Aus seinen Briefen und Tagebüchern habt ihr es gelesen, wie ihn dieser Spruch geleitet hat. „Weiche nicht", wie ist ihm das immer Mahnung und Stärke bei jedem Einsatz gegen den Feind gewesen. Nach alter

---

[50] Textquelle | Pastoralblätter Oktober 1940, S. 9f.

schöner Sitte hing sein Konfirmationsspruch über seinem Bett. Er bildet die Unterschrift zu dem bekannten Bilde von Albrecht Dürer: Ritter, Tod und Teufel. Wie oft mag unser lieber A. wohl dieses Bild und seine Unterschrift angesehen haben? Ja, wie dieser Ritter, der weder Tod noch Teufel fürchtet, hat er einst werden wollen. Furchtlos und glaubensstark reitet der wehrhafte Mann seinem Ziele, der Heimatburg zu, die hoch oben auf dem Berge ganz in der Ferne zu sehen ist. Der Ritter kennt seine Losung: Fürchte dich nicht, ich bin mit dir, weiche nicht, denn ich bin dein Gott. So hat auch A.B. als ein tapferer Ritter der Luft, als Sturzkampfflieger nach Gottes Willen den Weg zur Heimatburg gefunden. Nach hartem Luftkampf aus 800 Meter Höhe abgeschossen, östlich des Flusses Dyle in Mittelbelgien, lautete der Bericht seines Leutnants und Kompaniechefs. – Aus Gottes Hand in Gottes Hand. – Nicht Sturz ins Ungewisse –: „Fürchte dich nicht … denn ich bin dein Gott." Es ist dieser gewaltige Gott, der uns immer in seiner Hand hält und Tote zum ewigen Leben auferweckt. „Dein Gott", wie lind und so tröstend klingt dieses Wort in dieser Stunde. So haben auch unsere Väter und Vorväter mit Gottes ewigem Wort Abschied genommen von ihren toten Helden, die für die Freiheit unseres Volkes fielen (1813 – 1870 – 1914 – 1940 – wird dabei auf die besondere Tradition der Gefallenengedächtnisfeiern hingewiesen. Allerdings reißen dabei alte Wunden der Hörer wieder auf.)

Nun ist es soweit. Das Tor der Heimatburg ist erreicht. Aber noch einmal sieht unser Heimgegangener die ganze weite Welt vor sich liegen. Wie in einem Augenblick zieht sein ganzes Leben vorüber. Da sieht er sein Tröchtelborn, die Stätte seiner Kindheit. Sein Elternhaus liegt vor ihm. Hier wurde ihm das zarte Pflänzchen als Gotteswort von dem Herrn und Heiland in seine Seele eingepflanzt. Er erkennt seine Eltern, seine Brüder, seine Freunde und Jugendgespielen. Und es ist, als ob er zurufen würde: Euch gebe ich das Gotteswort weiter. „Fürchte dich nicht, ich bin bei dir; weiche nicht, denn ich bin dein Gott." Da sieht er seine Heimatkirche und er hört die Orgel erklingen und die Glocken läuten feierlicher denn je. Die Stunde seiner Konfirmation ist gekommen. Er kniet hier vor dem Altar unserer Kirche nieder und empfängt das Buch heiliger Schrift mit der Widmung: „Den besten Konfirmanden dieses Jahrganges." Es folgt seine Lehrzeit bei der AEG in Gotha. Als die Wehrmacht wieder errichtet wird, spürt er das heilige Muß in sich, als ein kühner Soldat, der keine Furchtkennt, seinem Volke zu dienen. So meldet er sich mit 17 Jahren freiwillig als Flieger. Noch einmal übersieht sein Auge die Schönheiten seines Vaterlandes, die er während seiner Ausbildungszeit kennenlernte. Sein Dienst führt ihn von den Alpen bis zur Nordsee. Nach Ausbildung als Bordfunker in Nordhausen wird er nach Polen versetzt. Von hier aus kämpft er im Polenfeldzug mit. In seinem Tagebuch, das ihn begleitete, erfahren wir, daß ihn die Sorge um seine Mutter quälte. „Ach, wenn doch meine Mutter sich um mich nicht ängstigen würde." So kann er seiner Mutter zurufen: „Lies meinen Einsegnungsspruch: Fürchte dich nicht ... Ich stärke dich, ich helfe dir auch, ich erhalte dich durch die rechte Hand meiner Gerechtigkeit." Während seines letzten Urlaubes holte er sich hier im Gottesdienst Kraft und Festigkeit. Dann geht es wieder hinaus zum entscheidenden Einsatz. Er erfüllt seine Pflicht bis zum letzten Atemzuge. Und nun kommt die Stunde, da er vor seinem ewigen Richter steht. Jetzt erst beginnt sein Konfirmationsspruch in seiner ganzen Herrlichkeit aufzuleuchten: Jesaja 41,10: „... ich erhalte dich durch die rechte Hand meiner Gerechtigkeit." Habt ihr, liebe Eltern, an Gottes Gerechtigkeit gezweifelt? Ihr habt das Wort gekannt: „Ich bin mit dir, ich *erhalte* dich." Und nun, hat Gott sein Wort wahr gemacht?! Wir lernen immer mehr, die Schrift auslegen. Gottes Wort und seine Zusage ist ja nicht nur für die wenigen Jahre unserer Pilgerfahrt gedacht, sondern gilt bei dem ewigen Gott auch für das ewige Leben. Das ist die frohe Botschaft, die ihr in dieser Stunde hört: Gott will euer liebes Kind erhalten, bis zu der Stunde, da ihr schauen sollt, was ihr hier geglaubt habt.

Dann erhebt sich die Gemeinde und hört, wie die Orgel leise spielt: „Ich hat einen Kameraden".

Gebet und Vaterunser. Segen. Gemeinsames Lied: Wenn ich einmal soll scheiden.

Nr. 53

Entwurf einer Grabrede bei einem Soldatenbegräbnis im Felde[51]

Damrath (Mitteilungsblatt des Feldbischofs 1942)

„Der Tod ist verschlungen in den Sieg. Tod, wo ist dein Stachel?
Hölle, wo ist dein Sieg?
Gott aber sei Dank, der uns den Sieg gegeben hat durch unsern
Herrn Jesus Christus!"
1. Kor. 15,55 und 57.

Liebe Kameraden! Das Unbegreifliche im Menschen- und Soldatenleben ist eingetreten. Ein Kamerad ist von uns genommen. Er gehörte zu uns, und wir müssen nun ohne ihn weitermarschieren. Um diesem unaussprechlichen Geschehen überhaupt einen Namen zu geben, sagen wir Schicksal. Das Schicksal hat ihn ereilt. Das Schicksal steht über uns allen. Soldatenschicksal. Das Schicksal macht mit uns, was es will: „Eine Kugel kam geflogen / gilt es mir oder gilt es dir? / Ihn hat es weggerissen."

Ja, weggerissen! Das Schicksal reißt den Kämpfer aus der Front. Wir verlieren in dem gefallenen Kameraden einen deutschen Soldaten, der seinen Mann gestanden hat. Er hat getan, was nur getan werden konnte: Sein Leben gegeben fürs Vaterland. Er hat an den Sieg geglaubt und hätte weiter für diesen Sieg gekämpft. Das Schicksal hat es anders gewollt. Es hat ihn weggerissen.

Das Schicksal reißt den Kameraden vom Kameraden. Wir beklagen einen Mann, der ganz zu uns gehörte. Was das Wort „Kamerad" uns bedeutet, das kann nur der ermessen, der den Gleichschritt kennt und den Gleichtakt der Herzen. Wir können ihm nichts Schöneres nachsagen als das: „Er liegt mir zu den Füßen, als wär's ein Stück von mir." Doch das Schicksal ist stärker gewesen. Es hat ihn weggerissen.

Es reißt den Sohn vom Vater, von der Mutter. Unsere Gedanken wandern in die Heimat des gefallenen Kameraden. Vor dem großen Schmerz seiner Angehörigen senken wir still unsere Schwerter. Eine Mutter, die

---

[51] Textquelle | Mitteilungsblatt des Ev. Feldbischofs der Wehrmacht für die ev. Wehrmachtsgeistlichkeit vom 10.07.1942.

ihren Sohn ins Grab legen muß, legt ein Teil ihres mütterlichen Herzens mit hinein. Wir möchten helfen, abnehmen, trösten. Aber an die Größe dieses Leides reichen unsere Worte nicht heran. Wir können sie nur Gott befehlen und bitten: Tröste Du! Denn das Schicksal hat gesprochen. Es hat ihm weggerissen.

Weggerissen. Wohin? In den Tod, in die Vernichtung, ins Nichts. Ist das alles, was wir in solcher Not und in solchem Augenblick zu sagen haben? Es ist alles. An Gräbern schweigt der Verstand, schweigt die Philosophie.

So sind wir also Menschen, die jeden Gegner bezwingen, die gegen Bunker springen und durch Flaksperren fliegen, aber vor dem einen kapitulieren, vor dem Schicksal, vor dem Tod? Werden wir mit allem fertig, um dann doch von dem Letzten im Menschenleben zerbrochen zu werden, dem Tod? Wir Christen sagen: Nein! Seitdem Jesus Christus uns geschenkt wurde, versinkt vor uns auch die Hölle und der Tod. „Tod, wo ist dein Stachel? Hölle, wo ist dein Sieg?"

Mögen wir an Gräbern alle persönlich erschüttert werden, daß auch wir einmal diesen Weg gehen müssen, beladen mit Menschenschuld, entstellt in Sterbensnot, wir haben einen Herrn, der mit den dunklen Mächten auch unseres Lebens gerungen hat und den Weg uns freigemacht hat durch Hölle und Tod hindurch zum ewigen Leben. Vor Jesus Christus erblaßt auch das Wort Schicksal. Dann ist es uns nicht mehr wichtig, ob wir heute oder morgen dahin müssen, sondern das ist uns wichtig, daß wir zu dem gehören, der auch mit Tod und Hölle fertig geworden ist. An Gräber kann man allein treten, und dann ist alles ein großes Unglück und eine laute Klage, oder man kann seinen Herrn mitnehmen und Sein Wort hören: „Wer an mich glaubt, wird leben, ob er gleich stürbe."

Kameraden! Das Kreuz von Golgatha war einmal mit Blut übergossen. Wir würden sonst nicht verstehen, daß Jesu Versöhnung und Auferstehung auch über die blutigen Schlachtfelder und über die Leiber der Gefallenen geht. Dieser Herr, der in blutigem Kampf Hölle und Tod besiegt hat, wird auch uns nicht allein lassen, wenn unsere letzte Not kommt. Es wird immer ein Siegen sein. „Tod, wo ist dein Stachel? Hölle, wo ist dein Sieg? Gott aber sei Dank, der uns den Sieg gegeben hat durch unseren Herrn Jesus Christus."

Nr. 54
Ein Lied für Gedächtnisgottesdienste[52]

1. Glocken klingen dumpf und schwere
durch das Tal mit seinem Frieden,
rufen's in die Weit' umher,
dass ein Tapferer geschieden,
der im Kampfe dieser Zeit
trug das graue Kriegerkleid.

2. Tränen in den Augen stehn
und die Brust durchzieht der Kummer;
nimmer ist der Held zu sehn,
der nun schläft den grossen Schlummer
bis zu jener hehren Stund,
da die Ewigkeit wird kund.

3. Die ihr fühlet Traurigkeit
und auch ihr, des Toten Freunde,
dankt dem Herrn der Herrlichkeit
mit der gläubigen Gemeinde,
dass der wackre Bruder war
euch geschenket so viel Jahr.

4. Traget ihr in Jesu Kraft –
Gott gehorsam seinem Willen –
Leiden, das jetzt an euch haft',
wird ER euren Jammer stillen:
alles Ding zum Segen dient,
wo zu Gott die Liebe grünt.

5. Betet auch fürs deutsche Land,
hebet all empor die Hände,

---

[52] Faksimile (ohne Quellen- und Datumsangabe) in: Kuessner 1991, S. 98.

dass doch bald des Krieges Brand
siegreich find' ein frohes Ende
und dann alle Deutschen treu
Christ, den Herrn bekennen frei.

W. H. Sch.

Mel. Jesus, meine Zuversicht

Nr. 55

DREI DANKSAGUNGEN 1943[53]

Danksagung

Für das tiefe Mitgefühl und die innige Anteilnahme, die uns von nah und fern bei dem so überaus schweren Verlust durch den Heldentod unseres inniggeliebten, unvergeßlichen Sohnes, unseres guten Bruders, des Grenadiers Otto Grotefendt, zuteil wurden, bitten wir alle, die unser in der schweren Stunden gedachten, unseren herzlichen Dank entgegenzunehmen. Besonders danken wir Herrn Oberkirchenrat Seebatz (Braunschweig) für seine trostreichen Worte bei der Trauerfeier. Wir danken auch herzlich für den regen Besuch bei der Trauerfeier. Familie Otto Grotefendt.
Engelnstedt, den 17. Februar 1943.

Danksagung

Für das tiefe Mitgefühl und die innige Anteilnahme anläßlich des so schweren Verlustes, den wir durch den Heldentod meines lieben Mannes, unseres herzensguten Vaters, meines lieben Schwiegersohnes, guten Sohnes, Schwagers und Onkels, des Obergefreiten Heinrich Bosse, der am 23. Dezember 1942 bei den schweren Kämpfen in Stalingrad sein junges Leben lassen mußte, sind uns so überaus viele Beweise herzlicher

---

[53] Faksimile in: KUESSNER 1991, S. 98.

Teilnahme bekundet worden, daß es uns unmöglich ist, jedem einzelnen zu danken. Wir bitten daher alle, auf diesem Wege unseren Dank entgegenzunehmen. Besonders danken wir Herrn Pastor Meier aus Ochsendorf für seine trostreichen Worte bei der Trauerfeier. Wir danken auch herzlichst für den regen Besuch der Trauerfeier der Gemeindemitglieder Beienrode. Im Namen der trauernden Hinterbliebenen:
Frau Elfriede Bosse und Kinder,
Emma Speltig als Schwiegermutter,
Heinrich Bosse und Frau als Eltern.
Beienrode über Helmstedt, den 18. Februar 1943.

Danksagung – Statt Karten
Bei dem schweren Verlust, den wir [*erlitten*] durch den Heldentod unseres lieben, ältesten Sohnes und Bruders, des Soldaten Willi Ottmers, der am 21. Nov. 1942 sein junges Leben in Stalingrad lassen mußte, sind uns so überaus viele Beweise inniger Anteilnahme bekundet worden, daß es uns unmöglich ist, jedem einzelnen zu danken. Wir bitten daher alle, auf diesem Wege unseren Dank entgegenzunehmen. Ferner danken wir Herrn Pastor Dr. Hachmeister für seine trostreichen Worte. Desgleichen danken wir dem Kriegerverein, dem Musikverein, der Partei, der NS-Frauenschaft und den Gemeindemitgliedern herzlichst.
Wilhelm Ottmers und Frau Gertrud
geb. Dreyer, Gustav Ottmers.
Sehlde (Innerste), den 4. Febr. 1943.

Nr. 56
ENTSCHLIEßUNG
DER BRESLAUER BEKENNTNISSYNODE
1943[54]

„Die Obrigkeit ist dem dreieinigen Gott auch was den Krieg betrifft dafür verantwortlich, daß sie das Schwert nur zur Eindämmung des Bösen gebraucht. Friedfertig Wehrlose dürfen nicht getötet werden … Über die Tötung des Verbrechers und des Feindes im Krieg hinaus ist dem Staat das Schwert nicht zur Handhabung gegeben. Was er dennoch tut, tut er zu seinem eigenen Schaden in Willkür. Wird das Leben aus anderen als den genannten Gründen genommen, so wird das Vertrauen der Menschen zueinander untergraben und damit die Gemeinschaft des Volkes zerstört. Begriffe wie ‚Ausmerzen', ‚Liquidieren', und wie ‚unwertes Leben' kennt die göttliche Ordnung nicht. Vernichtung von Menschen, lediglich weil sie Angehörige eines Verbrechers, alt oder geisteskrank sind, oder einer fremden Rasse angehören, ist keine Führung des Schwertes, das der Obrigkeit von Gott gegeben ist … Sein [des Christen] Nächster ist allemal der, der hilflos ist und seiner besonders bedarf, und zwar ohne Unterschied der Rassen, Völker und Religionen. Denn das Leben aller Menschen gehört Gott allein. Es ist ihm heilig, auch das Leben des Volkes Israel … Wo wir aber deutlich erkennen, daß Unrechtes von uns verlangt wird, oder daß es uns verwehrt wird, das nach Gottes Willen Rechte zu tun, haben wir in eigener Verantwortung zu tun, was vor Gott recht ist und haben darin Gott mehr als den Menschen zu gehorchen … Wir können uns nicht von den Vorgesetzten die Verantwortung vor Gott abnehmen lassen. Gott wird die von uns fordern, die wir zu Unrecht töten."

Nr. 57
Vier Gedichte
(H.-W. Wolff, A. Goes, S. Stehmann)

Wo zwei und drei in Jesu Christi Namen
Von Hans-Walter Wolff

Wo zwei und drei in Jesu Christi Namen
ihr Haus verließen und zusammenkamen
in freiem Feld, in dunkel – engen Hütten
    war Er inmitten

Wo einer euch den hohen Namen nennet
wo ihr ihn als des Herren Knecht erkennet,
wo ihr euch freut der einen, frohen Kunde
    ist er im Bunde.

Wo ich auf weitem Feld den Bruder finde,
wo wir gewillt, im Wetter und im Winde
zu ihm zu wandern bis ans letzte Ende
    hält Er die Hände.

Das Bild im Feldquartier
Von Albrecht Goes

Und jeden Abend horchen meine Sinne
hinaus in diese, in des Ostens Nacht
und hören alle: die Kommandostimme,
den Ruf des Melders und das Wort der Wacht.
Schrei und Gesang und Flüche und Gebete,
einsamen Laut, – wer diesen Laut wohl gab?
O schmerzliches, o endliches Verstummen,
O Tod, o Niemandsgrab.

Und jeden Morgen finden meine Augen
in eine Welt aus lauter Grün zurück.
Die blickt mich an, getröstet und getröstend
in Albrecht Dürers Großem Rasenstück.
O Halm und Rispe, Wurzel, Blatt und Strauch,
o kleine Zier, in kleinem o wie groß!
So kehrt dereinst die ganze Schöpfung heim,
heim in den ew'gen Schoß.

ABGESANG
Von Siegbert Stehmann

In Deine Gnade sei es hingegeben
Das gnadenlose arme Menschenjahr.
Der Tod hält ein. Wir fühlen, daß das Leben
In aller Mühsal, Herr, doch köstlich war.

Wir haben nichts mehr, was wir sicher hatten.
Ein neu Gesetz gab uns das neue Maß.
Und über Nacht ward eine Welt zu Schatten
Und eigen wurde, was ich nie besaß.

Nun habe ich die ungeheure Stille,
Die das Zerrissene noch einen mag.
Gib Liebe uns und Heimat, Herr! Dein Wille
Geschehe wie am ersten Tag.

FREMDER WEG UND FREMDE HÜTTE
Von Siegbert Stehmann

Fremder Weg und fremde Hütte
fremdes Bett und fremder Herd.
Auch der Staub, den ich verschütte,
ist von fremder Glut verzehrt.

Fremder Wind fährt um die Wände,
fremdes Licht brennt warm und rot,
und es brechen fremde Hände
auf dem Tisch das fremde Brot.

Fremde Hände? Fremde Speise?
Hebe, Fremdling, dein Gesicht!
Ist nicht einer auf der Reise,
der das Brot gen Abend bricht?

Kurt Reuber (1906-1944): Porträt – während des Russlandfeldzuges

212

Nr. 58

Zum 30. Januar[55]
(Kirchliche Rundschau, 1939)

Mit dem gesamten deutschen Volk vereinigen sich die Glieder der evangelischen Kirchen, um den 30. Januar 1939 in rechter Feier würdig zu begehen. Unser aller Herzen schlagen an diesem Jahrestag der Gründung des Dritten Reiches in dankbarster Verbundenheit dem einen Manne entgegen, Adolf Hitler. Er ist der Führer unseres Volkes. Er ist der Schöpfer des deutschen Volksstaates. Er ist der Gründer des Großdeutschen Reiches.

Bei der äußeren Anerkennung größter geschichtlicher Erfolge und Leistungen, wie sie zumal das abgeschlossene Jahr ausweist, kann es aber nicht sein Bewenden haben. Sinnen wir dem Geheimnis der wunderbaren Kraftentfaltung unseres deutschen Volkes in diesen ersten sechs Jahren nationalsozialistischer Staatsführung nach, dann stehen wir vor der Tatsache einer inneren Wendung und Wandlung in der Geisteshaltung unseres Volkes, dann wird uns der 30. Januar – was er in der Tat ist – zum selbstverschuldeten Ende einer abgelaufenen geistesgeschichtlichen Epoche und zum verheißungsvollen *Beginn einer neuen Zeit*. Von einem anderen Mittelpunkt her gewinnt das Leben in den Volksordnungen erneut eine Sinngebung. Dieser Mittelpunkt unseres Denkens ist nicht mehr das Ich, sondern die *Gemeinschaft*. In diesem gemeinschafts- und volksbetonten Denken enthüllt sich das Wesen der deutschen Erhebung. Wir erleben einen geistigen Umbruch, dessen Auswirkungen sich auf allen Gebieten bemerkbar machen. Das Recht, die Wirtschaft, die Kultur, sie sind nun vom *Volksganzen* her bestimmt. Der einzelne deutsche Mensch begreift und versteht sich als dienendes Glied des *Ganzen*, seinem Volk verpflichtet in guten und in schweren Tagen.

Darum wird die Feier des 30. Januar für uns zu einem verpflichtenden Ruf. Die Kirche der Reformation hört und vernimmt ihn. Immer ist ja die Kirche Luthers im tiefsten Grund eine *dienende* gewesen; ohne zu politisieren oder politisiert zu sein, hat sie schlicht und treu ihren *Dienst*

---

[55] Textquelle | Das Evangelische Deutschland – Kirchliche Rundschau für das Gesamtgebiet der Deutschen Evangelischen Kirche (Berlin), Nr. 5 vom 29. Januar 1939.

an unserem Volke ausgerichtet. Sie weiß sich auch heute und jetzt gerufen und verpflichtet, ihren Auftrag der Evangeliumsverkündigung an unserem lieben Volk, das neu geworden ist, zu erfüllen. Im schlichten Gewand der dienenden Liebe steht sie zur deutschen Nation in der schicksalhaften Zeit ihrer Neuwerdung, bereit durch den Dienst am Wort ihre Glieder, die zugleich Volksglieder sind, vor Gottes Angesicht zu mahnen, ihren Glauben im Leben zu bewähren und in vorbildlicher Treue ihre Pflichten zu erfüllen in Staat und Volksgemeinschaft, in Arbeit und Beruf, in Ehe und Familie.

Am Tage der nationalen Erhebung grüßen wir den Führer, mit und in ihm Deutschland und vereinigen mit dem Treuegelöbnis für Führer und Volk unser fürbittendes Gedenken vor Gott.

Nr. 59
CHRISTLICHE REDENSARTEN HITLERS[56]

„Indem wir für dieses Ziel des Lebens und der Freiheit unserer Völker und nicht für Geld und Geschäfte kämpfen, glauben wir, den Herrgott wieder bitten zu dürfen, uns auch im kommenden Jahr wie in den vergangenen seinen Segen zu geben."
Adolf Hitler am 1. Januar 1943

„Unser einziges Gebet soll nicht sein, daß er uns den Sieg schenkt, sondern daß er uns gerecht abwägen möge ... seine Gerechtigkeit wird uns so lange prüfen, bis er sein Urteil sprechen kann. Unsere Pflicht ist es, dafür zu sorgen, daß wir vor seinen Augen als nicht zu leicht erscheinen, sondern jenen gnädigen Richtspruch erfahren, der ‚Sieg' heißt und damit das Leben bedeutet."
Adolf Hitler am 1. Januar 1944

---

[56] Textquelle | DOMARUS 1973, S. 1971 und S. 2074.

Nr. 60

Evangelisch-Lutherischer Landesbischof (Bayern):
FÜHRER-TREUEID DER PFARRER[57], 1938

Bekanntmachungen
Nr. 5952

Betreff: Treueid der Pfarrer

Auf Grund des Art. 1 Abs. 1 des durch Beschluß der ao. Landessynode
vom 12.9.1933 ohne zeitliche Einschränkung verlängerten Gesetzes über
die Ermächtigung des Landesbischofs zum Erlaß von Kirchengesetzen
vom 8.5.1933 (kirchl. Amtsblatt 1933, S. 54) wird nach Anhörung des
Landessynodalausschusses in Ausführung der in § 174 des Deutschen
Beamtengesetzes erteilten Ermächtigung das folgende Kirchengesetz
verkündigt.
München, den 18. Mai 1938
Der Landesbischof:
D. Meiser.

Kirchengesetz über den Treueid der Pfarrer
§ 1.
Die Pfarrer der bayerischen Landeskirche haben als Träger eines öffentlichen Amtes folgenden Eid zu leisten:
„Ich schwöre bei Gott dem Allmächtigen und Allwissenden: Ich werde
dem Führer des Deutschen Reiches und Volkes, Adolf Hitler, treu und
gehorsam sein, die Gesetze beachten und meine Amtspflichten gewis-
senhaft erfüllen, so wahr mir Gott helfe."
§ 2.
I. Die Pfarrer haben den in § 1 aufgeführten Eid beim Antritt ihrer ersten
Dienststelle abzulegen.
II. Für die bereits im Amt befindlichen Pfarrer bestimmt der Landeskirchenrat den Zeitpunkt der Abnahme des Eides.

---

[57] Textquelle | Amtsblatt für die Evangelisch-Lutherische Kirche in Bayern rechts des
Rheins. Amtlich herausgegeben vom Evangelisch-Lutherischen Landeskirchenrat in München, Nr. 19 vom 21. Mai 1938.

§ 3. Die erforderlichen Ausführungsvorschriften erläßt der Landeskirchenrat.

§ 4. Das Gesetz tritt sofort in Kraft.

Nr. 61

Landesbischof Sasse, Thüringen:

MELDUNG ZUM TREUEEID AN FÜHRER (1938)[58]

„An den Führer und Reichskanzler, Wien.

Mein Führer, ich melde:

In großer geschichtlicher Stunde haben sämtliche Pfarrer der Thüringer evangelischen Kirche, einem inneren Befehl gehorchend, den Treueid auf Führer und Reich freudigen Herzens geleistet. Möge Gott, der Allmächtige, weiter mit Ihnen sein! Unsere Treue zu Ihnen sei der Dank an die Vorsehung, die den Retter aus tiefster Not, den Gründer Großdeutschlands gesandt. Ein Volk – ein Führer – ein Reich. Ein Gott – ein Gehorsam im Glauben.

Heil Ihnen, mein Führer!   gez. Sasse, Landesbischof.“

Nr. 62

FÜHREREID – EINZELNE PROTESTIEREN[59]

Der württembergische Pfarrer Paul Schrempp schreibt an seine Kirchenbehörde: „Was für eine Lakaienkirche, die von Freiheit predigt, was für eine Hurenkirche, die von Hingabe an Christus predigt, was für eine Diplomatenkirche, die von Einfalt predigt ...“

---

[58] Textquelle | „Die Junge Kirche“, Jahrgang 1938, S. 368.
[59] Textquelle | Angelika GERLACH-PRÄTORIUS: Die Kirche vor der Eidesfrage, Göttingen: Vandenhoeck & Ruprecht 1967, S. 164.

Nr. 63

Reichsbund der deutschen Pfarrervereine
Zu des Führers Geburtstag (April 1938)[60]

Unserem Führer!

Dem Führer des deutschen Volkes entbieten zu seinem fünfzigsten Geburtstag die im Reichsbund der deutschen evangelischen Pfarrervereine zusammengeschlossenen 16.000 evangelischen Geistlichen ehrerbietigen Glückwunsch.

Am heutigen Tag vereinen wir uns mit allen unseren Gemeinden in dem Gefühl demütigen Dankes vor dem lebendigen Gott, daß er uns zur rechten Stunde den Führer geschenkt und durch ihn den Weg des deutschen Volkes aus der Tiefe der Ohnmacht und der Schmach in machtvollem Aufschwung zur leuchtenden Höhe Großdeutschlands geschenkt hat.

Es bleibt auch in Zukunft unser und unserer Gemeinden allsonntägliches Gebet, Gott wolle uns den Führer erhalten, ihn schützen und segnen und das Werk seiner Hände fördern.

Der Reichsbund der deutschen evangelischen Pfarrervereine
Klingler – Reichsbundführer.

„Hilf du, mein Gott, deinem Knechte, der sich verläßt auf dich. Erfreue die Seele deine Knechtes, stärke ihn mit deiner Kraft. Denn du bist groß und tust Wunder. Gott der Heer ist Sonne und Schild, der Herr gibt Gnade und Ehre. Durch ihn ist alles geschaffen, das im Himmel und auf Erden ist, das Sichtbare und Unsichtbare, es seien Throne oder Herrschaften oder Fürstentümer oder Obrigkeiten. Es ist alles durch ihn und zu ihm erschaffen. So ermahne ich nun, daß man vor allen Dingen zuerst tue Bitte, Gebet, Fürbitte und Danksagung für die Könige und für alle Obrigkeit. Hilf, Herr, dem Herrscher und erhöre uns, wenn wir rufen. Gelobt sei der Herr, der seinem Volk Frieden gegeben hat. Der Herr unser Gott, sei mit uns, wie er gewesen ist mit unsern Vätern. Er verlasse uns nicht und ziehe die Hand nicht ab von uns. – Worte der Bibel"

---

[60] Textquelle | Deutsches Pfarrerblatt. Bundesblatt der deutschen evangelischen Pfarrervereine und des Bundes der preußischen Pfarrervereine (Postort Essen): 43. Jahrgang, Nr. 16 vom 18. April 1939 (Misericordias Domini).

Nr. 64

Das Evangelische Deutschland 1942:
GEBURTSTAG DES FÜHRERS[61]

Zu seinem Geburtstag, den er auch in diesem Jahr ohne Rast im eisernen Dienst der Pflicht begeht, wenden sich aller Herzen dem Manne zu, der mit seiner Lebenshingabe von menschlicher Einzigartigkeit nur dem einen Ziele dient, seinem geliebten Volk den Platz in der Welt zu sichern, der ihm gebührt. Mehr denn je zuvor darf er in den Entscheidungen, vor die wir gestellt sind, das Bewußtsein haben, daß die gesamte Nation in unwandelbarer Treue und unerschütterlicher Geschlossenheit hinter ihm steht. Rückhaltloser Einsatz für die Freiheit und den Sieg unseres Volkes sei das Geschenk, das wir dem Führer darbringen. Mit den Wünschen des gesamten deutschen Volkes vereint sich unser Gebet, daß Gott auch fernerhin über dem Führer und seinem Werk seine segnende und schützende Hand halte.

Nr. 65

Evangelisch-Lutherische Kirche Bayern 1943
GEBURTSTAG DES FÜHRERS[62]

„Bekanntmachungen Nr. 2634   *Betreff: Geburtstag des Führers.*

Das Großdeutsche Reich feiert am 20. April den 54. Geburtstag seines Gründers und Führers. Unsere Gemeinden werden am Palmsonntag, den 18. April, im Allgemeinen Kirchengebet des Führers fürbittend gedenken und Gott bitten, daß er ihm mit seinem Geist und seiner Hilfe zur Seite stehe und sein Werk mit seinem Segen kröne.

München, den 15. April 1943.

Evang.-Luth. Landeskirchenrat.

D. Meiser."

---

[61] Textquelle | Das Evangelische Deutschland – Kirchliche Rundschau für das Gesamtgebiet der Deutschen Evangelischen Kirche (Berlin), 19. Jahrgang, Nr. 16 vom 19. April 1942.

[62] Textquelle | Amtsblatt für die Evangelisch-Lutherische Kirche in Bayern rechts des Rheins. Amtlich herausgegeben vom Evangelisch-Lutherischen Landeskirchenrat in München, Nr. 8 vom 15. April 1943.

Nr. 66

Das Evangelische Deutschland 1944:
GEBURTSTAG DES FÜHRERS[63]

Wenn die äußere Feier des alle Deutschen vereinigenden Tages, an dem diese Nummer hinausgeht, vielleicht stiller als sonst verläuft, um so bewegter weilen die Gedanken bei dem Mann, der die Last einer Aufgabe und Verantwortung trägt, wie sie, seit es deutsche Geschichte gibt, noch nie einem einzelnen auferlegt war. Gott schütze den Führer, er verleihe ihm guten Rat und kraftvolle Tat und gebe ihm Weisheit und Kraft, daß sich das von ihm begonnene Werk vollende zum Wohl für unser Volk.

Nr. 67

Sonntagsblatt Bayern zum ‚Führergeburtstag' 1941[64]
ZUM 20. APRIL

Wieder fällt der Geburtstag unseres Führers in die Kriegszeit. Und abermals sind, ebenso wie vor einem Jahre, größte geschichtliche Ereignisse im Gang. Was ist seit dem 20. April des Jahres 1940 doch alles erreicht worden! Und wieder stehen wir am Vorabend von kriegerischen Handlungen, die einst in den Büchern der Weltgeschichte zu lesen sind. Die deutschen Heersäulen stoßen tief in den Südosten Europas vor, auf afrikanischem Boden sind unsere Krieger in siegreichem Vordringen. Bangen Herzens wartet England, das Land der Staatsmänner, die jetzt wieder gezeigt haben, daß sie immer und immer wieder andere Völker für sich kämpfen und untergehen lassen wollen, auf sein Gericht. Da wollen wir als Christen des Mannes, dessen Schultern nicht nur eine ganz gewaltige Arbeitslast, sondern auch ungeheuere Verantwortung liegt, in ernstlicher Fürbitte vor Gott gedenken. ER schenke dem Führer auch im neuen Lebensjahr Kraft und Erfolg. Er schenke ihm volles Gelingen der weltgeschichtlichen Aufgabe, die ihm gestellt ist!

---

[63] Textquelle | Das Evangelische Deutschland, 23. April 1944.
[64] Textquelle | Evangel. Sonntagsblatt aus Bayern (Rothenburg o. Tauber), 57. Jahrgang, Nr. 16 vom 20. April 1941.

Nr. 68
Öffentliches Leben
GEBURTSTAG DES FÜHRERS[65]
(Das Evangelische Deutschland, 1943)

Am Tage, an dem diese Nummer in Druck geht, gedenkt alles, was deutschen Namen trägt, in Einmütigkeit des Danks und Gelöbnisses des Mannes, der mit einer Lebenshingabe von menschlicher Einzigartigkeit nur dem einen Ziele dient, seinem Volk den Platz in der Welt zu sichern, der ihm gebührt. Je mehr ihn Mißgunst der Feinde verfolgt, um so mehr soll er sich von der Treue seines Volkes getragen wissen und das Bewußtsein haben, daß die gesamte Nation im Kampf um ihr Lebensrecht in unerschütterlicher Geschlossenheit hinter ihm steht. Rückhaltloser Einsatz für die Freiheit und den Sieg unseres Volkes sei das Geschenk, das wir dem Führer darbringen! Gott segne auch ferner den Führer und sein Werk; er behüte ihn mit seinem starken Arm und gebe ihm im Ansturm der Feinde weiterhin guten Rat und machtvolle Tat; er verleihe ihm Kraft und Weisheit, daß sich sein Werk vollende zum Wohl für unser Volk.

Nr. 69
Bekanntmachungen des Oberkirchenrats.
OKR 30.1.1942. NATIONALE GEDENKFEIERN BETR.[66]

Am Montag, dem 20. April 1942, feiert das deutsche Volk den Geburtstag des Führers. Wir gedenken auch in diesem Jahr seiner mit der besonderen Fürbitte, daß Gott ihn vor allen Gefahren bewahren und ihn mit Weisheit und Kraft angesichts der ernsten Entscheidung, die er zu treffen hat, erfülle, damit er den uns aufgezwungenen Kampf zu einem siegreichen Ende führen kann.

---

[65] Textquelle I Das Evangelische Deutschland, 25. April 1943.
[66] Textquelle I Gesetzesblatt der Badischen Landeskirche 1942, S. 18.

Am Sonntag Misericordias domini ist in diesem Sinn in Predigt und Kirchengebeten auf den Geburtstag des Führers Bezug zu nehmen.

Ebenso ist am Sonntag, dem 3. Mai 1942, (Cantate) in Gottesdiensten der Bedeutung des „Tages der Arbeit" (1. Mai) zu gedenken.

Nr. 70

„Junge Kirche" zum Münchener Anschlag 1939[67]

„Der frevelhafte *Anschlag auf das Leben des Führers in München* hat nach seinem Bekanntwerden durch den Rundfunk und die Tageszeitungen alle Kreise des deutschen Volkes mit tiefem Entsetzen und Empörung erfüllt. In allen vorangegangenen Jahren begann die traditionelle Versammlung des 8. November um 20,30 Uhr. Der Führer sprach in der Regel anderthalb Stunden und blieb dann gewöhnlich noch eine weitere halbe Stunde bei den alten Kampfgefährten, um sich in persönlicher Kameradschaft mit ihnen auszusprechen. Nur in diesem Jahr mußte kurz vorher der Beginn der Versammlung bereits auf 20 Uhr vorverlegt werden, und der Führer konnte nur etwa eine Stunde lang sprechen, weil ihn dringende Staatsgeschäfte eilig nach Berlin zurückriefen. Nur 20 Minuten nachdem der Führer den Saal verlassen hatte, gerade als sein Zug München verließ, explodierte an der Stelle, an der er noch kurz vorher gestanden und gesprochen hatte, die Bombe, welche frevelhafte Hände gelegt hatten. Acht Volksgenossen fielen dem Verbrechen zum Opfer. Zahlreiche Schwerverletzte und Leichtverletzte lagen unter den drei Meter hohen Trümmern der niedergebrochenen Saaldecke. Im Interesse des ganzen deutschen Volkes und aller Aufrechtdenkenden in der Welt liegt es, daß die Urheber des Attentats gefunden und gerecht bestraft werden, und daß es gelingt, die intellektuellen Anstifter nachzuweisen. Wir danken für die so außerordentliche Bewahrung des Führers. Wir stehen mit dem ganzen deutschen Volk in tiefer Trauer an den Gräbern der Volks-

---

[67] Textquelle | Junge Kirche. Halbmonatschrift für reformatorisches Christentum (Göttingen), 7. Jahrgang, Heft 22 vom 18. November 1939.

genossen, die das Opfer dieses Anschlages wurden. Überraschend und auffällig ist es, in wie kurzer Zeit der Rundfunk und die Presse des feindlichen Auslandes über das Attentat berichten konnten. Gerade die Presse des neutralen Auslandes hat auf diesen auffälligen Tatbestand aufmerksam gemacht. Der „Völkische Beobachter" wies in seiner Ausgabe vom 10. November darauf hin, daß Chamberlain in seiner Unterhausrede am zweiten Kriegstage gesagt habe: „Ich hoffe bis zu dem Tage zu leben, an dem Hitler vernichtet ist!" Nicht von der Regierung Deutschlands hat er dabei gesprochen, sondern diese Worte waren einzig und allein auf die Person Adolf Hitlers abgestellt. –

Die Staatsoberhäupter aller neutralen Staaten sprachen dem Führer zu der wunderbaren Bewahrung durch die Vorsehung ihre Glückwünsche aus. Die Presse des neutralen Auslandes rückte von den Attentätern ab. Die Reichsregierung setzte 500.000 RM. Belohnung für die Erfassung der Attentäter aus. Dieser Betrag wurde durch freiwilligen Beitrag von privater Seite um 100.000 RM. erhöht. Der Reichsführer SS. hat eine weitere Belohnung in Höhe von 300.000 RM., zahlbar in ausländischer Währung, für zweckdienliche Mitteilungen aus dem Ausland ausgesetzt. Im Verfolg dieses Attentats hat sich das nationalsozialistische Deutschland noch fester und zum Siege entschlossener um seinen Führer geschart.

Nr. 71

Hamburgische Kirche - Hamburg den 28. November 1939

DANK UND FÜRBITTE FÜR DEN FÜHRER AM SONNTAG, DEN 12. NOVEMBER 1939[68]

(Bereits durch besondere Rundschreiben mitgeteilt)

Ich ordne an, daß in allen Gottesdiensten des kommenden Sonntags das Dankgebet für Gottes gnädiges Walten in der Bewahrung unseres Führers gehalten und in besonderer Fürbitte das Leben und Werk des Führers dem Schutz und Segen unseres Gottes befohlen wird.

---

[68] Textquelle | Gesetze, Verordnungen und Mitteilungen aus der Hamburgischen Kirche, Jahrgang 1939, S. 133.

Nr. 72
Kirchenprovinz Pommern
TELEGRAMM AN DEN FÜHRER, JULI 1944[69]

Stettin, den 21. Juli 1944
Telegramm
An den Führer des Großdeutschen Reiches
Führerhauptquartier

Mit Dank gegen Gott für gnädige Errettung grüßt den Führer mit dem Gelöbnis hingebenden Einsatzes und weiterer treuer Fürbitte in dieser entscheidungsvollen Stunde des Krieges
Die Pommersche Evangelische Kirche.
gez.: D. *Wahn.*

Nr. 73
Evangelisch-lutherische Landeskirche Sachsen[70]
MITTEILUNGEN JULI 1944

Das nachstehende Telegramm habe ich heute an die Kanzlei der NSDAP. in München und an das Führerhauptquartier in Berlin geschickt:

„Über die wunderbare Errettung des geliebten Führers bringt die Evangelisch-lutherische Landeskirche Sachsens durch mich ihre herzliche Freude zum Ausdruck."

In unerschütterlicher Siegeszuversicht
Heil dem Führer!
Präsident *Klotsche,*
Ehrenzeichenträger.

---

[69] Textquelle | Kirchliches Amtsblatt der Kirchenprovinz Pommern (Stettin), 76. Jahrgang, Nr. 7 vom 29. Juli 1944.
[70] Textquelle | Kirchliches Gesetz- und Verordnungsblatt der ev.-lutherischen Landeskirche des Freistaates Sachsen, 31. Juli 1944.

HAMBURGER KRIEGSBRIEF DES LANDESBISCHOFS
vom Juli 1944[71]

Der Landesbischof   Hamburg, 31. Juli 1944

59. Kriegsbrief

Dienstlich! An alle Geistlichen

Liebe Brüder!

Bei der feierlichen Einweihung des Nationaldenkmals auf dem Nieder-
wald am 28. September 1883 hat sich bekanntlich folgendes ereignet: Die
Festversammlung mit dem Deutschen Kaiser, seinen Fürsten und hohen
auswärtigen Gästen war oberhalb von Rüdesheim auf dem Platz am
Denkmal versammelt, als ein außerordentlich heftiger Gewitterregen
losbrach. Straßen und Wege verwandelten sich in flutende Bäche, die
Festversammlung und unzählige Zuschauer an allen Ecken und Enden
flüchteten sich nach allen Seiten, um irgend ein schützenden Stelle an
der Höhe oder drunten im Ort habhaft zu werden. Alles war verstimmt,
und des Scheltens und Murrens war kein Mangel. Nach etlicher Zeit
klärte sich der Himmel auf, und der Festakt konnte zu Ende geführt werden. Niemand ahnte in jenen Minuten da der Himmel seine Schleusen
öffnete, daß die unangenehme Störung des festlichen Tages in Wirklichkeit ein Akt gnädiger Bewahrung durch die Allmacht des Gottes war,
der die Welt regiert trotz Tod und Teufel. Anarchisten hatten nämlich
mit aller Sorgfalt einen Anschlag vorbereitet und eine Dynamitladung
angebracht, die im Moment der Explosion die festliche Versammlung
mit dem Kaiser an der Spitze in die Luft gesprengt haben würde. Nur
die ungeheuren Wassermassen, die den Boden durchtränkten und alle
Gänge und Rinnen durchströmten, verhinderten das Attentat, indem sie
die seitlich vom Berge her vorgetriebene Zündschnur unwirksam machten. Als das herauskam, stieg manch stilles Dankgebet gen Himmel, und

---

[71] Faksimile in: KUESSNER 1991, S. 114.

als die Hauptschuldigen ihr Verbrechen büßen mußten, obwohl der wackere Polizeirat, dem die Entdeckung zu danken war, durch Anarchistenhand fallen sollte, konnte die ganze Nation für die Abwendung eines unübersehbaren Unheils den Herrn des Himmels und der Erde preisen. An diese Begebenheit, die ich meinen Konfirmanden beim Kapitel der *Gebetserhörung* wohl in dem Jahre erzählt habe, mußte ich an jenem Nachmittage denken, als die Kunde von dem verbrecherischen Anschlag auf den Führer über die stillen Parkwege zu Oeynhausen drang und gleichzeitig von seiner gnädigen Bewahrung berichtet werden konnte. So haben wir Christenleute aus allen Gauen des Vaterlandes an diesem 20. Juli mit dem ganzen Volk der Deutschen dem Herrn der Geschichte danken dürfen und dieser Dank wird am darauffolgenden Sonntag durch alle Gottesdienste im Reich und an den Fronten hindurchgeklungen sein. Die christliche Gemeinde glaubt nicht nur an Gott, sondern redet auch mit ihm im täglichen Gebet. Sie weiß, daß ein Reden von Gott noch kein Reden mit Gott ist, aber sie ist auch dessen gewiß, daß das Gebet für den Führer und das Vaterland, das sie übt und mit Treue durch jede Versammlung hindurchträgt, bis an Gottes Thron, ja an Gottes Herz reicht und nicht vergeblich ist. Aus diesem Grunde sagte Luther seinem Kurfürsten, er, der Arme und Machtlose, könne „Seine Kurfürstliche Gnaden" mehr schützen als diese ihn, den gehetzten und im Reich für vogelfrei erklärten Mann. Wir gedenken bei dieser Lutherschen Auffassung vom wichtigsten Dienst der Kirche am Staat, ohne den wirklich auf die Dauer kein Staat zu machen ist, zu bleiben. Die Gebete der Gläubigen können Mauern errichten, stärker als Eisen und Granit. Die es gut mit dem Vaterlande meinen, sollten uns nicht in die betend erhobenen Arme fallen, sondern diese stützen! Es wird noch manche Stunde kommen, in der dieser Tatbestand sonnenklar wird.

Kirchliches Amtsblatt der Rheinprovinz
DANK FÜR DIE ERRETTUNG DES FÜHRERS[72]

1. Dank für die Errettung des Führers.
Nr. 4606   Düsseldorf, den 1. August 1944
Abschrift.
Evangelischer Oberkirchenrat.
EO I 586/44
Berlin-Charlottenburg, den 24. Juli 1944

Wie die sonntägliche Fürbitte im Kirchengebet selbstverständlich Ausdruck der Stellung der evangelischen Kirche gegenüber Führer und Obrigkeit ist, so werden die Herren Geistlichen am gestrigen Sonntag mit ihren Gemeinden voll innerer Bewegung der Errettung des Führers aus tödlicher Gefahr gedacht haben, auch ohne dass es uns möglich war, rechtzeitig eine ausdrückliche Anweisung dazu ergehen zu lassen. Wo das etwa wegen des vierzehntägigen Turnus der Gottesdienste unterblieben ist, wollen die Evangelischen Konsistorien die Herren Geistlichen ersuchen, am kommenden Sonntag im Gottesdienst die Danksagung nachzuholen und Gott zugleich das Leben des Führers weiterhin in gläubigem Vertrauen zu befehlen.

In Vertretung: gez. Evers.

An die Evangelischen Konsistorien unseres Aufsichtsbereichs.

— — —

Vorstehenden Erlaß geben wir nachträglich zur Kenntnis der Kirchengemeinden. Aus technischen Gründen waren wir nicht in der Lage, vorstehende Kundgebung des Evangelischen Oberkirchenrats rechtzeitig zu veröffentlichen. Wir legen aber Wert darauf, diese Kundgebung nachträglich bekanntzugeben. Unmittelbar nach Bekanntwerden der Nachricht von dem mißlungenen Attentat auf den Führer haben wir durch

---

[72] Textquelle | Kirchliches Amtsblatt der Rheinprovinz (Düsseldorf), Nr. 9 vom 26. August 1944.

Vermittlung der Herren Superintendenten die Herren Geistlichen unseres Aufsichtsbereichs fernmündlich angewiesen, am darauffolgenden Sonntag mit der Fürbitte für den Führer den Dank für seine gnädige Bewahrung und für die Abwendung grössten Unheils von unserem Volk und unserer Wehrmacht zu verbinden und dies in besonderer Weise zum Ausdruck zu bringen. Die evangelische Kirche des Rheinlandes wird nach der wunderbaren Errettung unseres Führers ihre stete und treue Fürbitte für den Führer, die Wehrmacht, das Volk und das Reich noch inniger gestalten und in herzlicher Verbundenheit hinter den schwerringenden Fronten draußen und in der Heimat ungebrochen und ungebeugt stehen: Gott der Allmächtige segne unsere gerechte Sache!

Evangelisches Konsistorium der Rheinprovinz

Dr. *Koch*

Nr. 76

Dank für die gnädige Errettung des Führers[73]
Hannover, den 21. Juli 1944.

Tief erschüttert von den heutigen Nachrichten über das auf den Führer verübte Attentat ordnen wir hierdurch an, dass, soweit es nicht bereits am Sonntag, dem 23. Juli, geschehen ist, am Sonntag, dem 30. Juli, im Kirchengebet der Gemeinde etwa in folgender Form gedacht wird:

„Heiliger barmherziger Gott! Von Grund unseres Herzens danken wir Dir, daß Du unserm Führer bei dem verbrecherischen Anschlag Leben und Gesundheit bewahrt und ihn unserem Volke in einer Stunde höchster Gefahr erhalten hast. In Deine Hände befehlen wir ihn. Nimm ihn in Deinen gnädigen Schutz. Sei und bleibe Du sein starker Helfer und Retter. Walte in Gnaden über den Männern, die in dieser für unser Volk so entscheidungsschweren Zeit an seiner Seite arbeiteten. Sei mit unserem tapferen Heere. Laß unsere Soldaten im Aufblick zu Dir kämpfen; im Ansturm der Feinde sei ihr Schild, im tapferen Vordringen ihr Geleiter. Erhalte unserem Volke in unbeirrter Treue Mut und Opfersinn. Hilf uns durch deine gnädige Führung auf den Weg des Friedens und laß unserem Volke aus der blutigen Saat des Krieges eine Segensernte erwachsen. Wecke die Herzen auf durch den Ernst der Zeit. Decke zu in Jesus Christus unserm Herrn alles, was wider Dich streitet. Gib, dass Dein Evangelium treuer gepredigt und williger gehört werde, und dass wir unser Leben in Liebe und Gehorsam tapfer und unverdrossen unter die Zucht Deines Heiligen Geistes stellen.

Der Landesbischof.   Das Landeskirchenamt.
D. *Marahrens.*   I.V.: *Stalmann.*

---

[73] Textquelle | Kirchliches Amtsblatt für die Evangelisch-lutherische Landeskirche Hannovers – Stück 11 vom 21. Juli 1944.

Nr. 77

LOCCUMER BISCHOFSWORT VOM JULI 1944[74]

Der Landesbischof
Nr. 1827 XI,14.

Loccum, den 24. Juli 1944
Hannover

Meine Brüder!

Je stürmischer die Zeiten sind, um so besser ists, sich einzureihen in den Chor der Beter, die durch die Jahrhunderte hin ihre Stimme erheben. Michael Weiße, der sudetendeutsche Sänger aus den Tagen Luthers, hat seinen Aufruf an das „gläubige Herz", den wir in diesen Wochen wieder singen wollen, ausklingen lassen in ein tapferes Gebet, daß [sic] gerade heute in unsern Herzen wiederklingen soll:

„O hilf, daß wir mit Deiner Kraft / durch eine gute Ritterschaft /
des Lebens Kron erringen!

„Des Lebens Kron", das ist das eine Lebensziel, um das es sich lohnt zu ringen. Die „gute Ritterschaft", die dazu nötig ist, ist, wie Weiße ursprünglich sagt, eine „recht geistliche Ritterschaft", dem Kampfpreis angemessen, um den es geht. Wie es dem Volk schlimm erginge, das seine irdische Existenz nicht im Kampfe zu erringen und zu verteidigen verstünde, so der Kirche, in der solche geistliche Ritterschaft ausstürbe. Freilich, nur in der Kraft Gottes kann sie solchen heiligen Kampfgeist bewähren. Gott will darum gebeten sein, auch von uns, auch in diesen Tagen.

I. Der verbrecherische Anschlag, der dem Leben des Führers galt, ist in seinen unübersehbaren Folgen, die er für unser Volk in seinem Kampf auf Leben und Tod gehabt haben würde, durch Gottes Gnade abgewandt. Unmittelbar nachdem uns das Attentat zur Kenntnis kam, haben wir deshalb bestimmt, daß im Kirchengebet des nächsten Sonntags der gnädigen Bewahrung des Führers in Dank und Fürbitte gedacht werde. Wir danken Gott, daß er unserm Führer Leben und Gesundheit bewahrt und ihn in der Stunde höchster Gefahr unserem Volke erhalten hat. Möchte die überwundene Gefahr unserem dankbaren Volk die Kraft restlosen Einsatzes erhöhen.

---

[74] Faksimile in: KUESSNER 1991, S. 116.

$$\text{Nr. 78}$$

THÜRINGER PREDIGT

ANLÄßLICH DER ERRETTUNG DES FÜHRERS[75]

(Kirchenblatt 1944)

„Ist Gott für uns, wer mag wider uns sein?" (*Röm.* 8,31)
Nachstehend wird die *Predigt* veröffentlicht, die der Präsident der Thüringer evangelischen Kirche in einem Dankgottesdienst anläßlich der Errettung des Führers aus höchster Gefahr am 23. Juli 1944 in der Georgenkirche zu Eisenach gehalten hat. Es wird den Herren Pfarrern anheimgegeben, auf Konferenzen, Gemeindeabenden und mit den Kirchenvertretern den Inhalt der Predigt zu besprechen.
Eisenach, den 1. August 1944
Das Landeskirchenamt – *Büchner* i.A.

Liebe Gemeinde!

Als ich von dem ruchlosen Anschlag heimtückischer Feinde auf das Leben unseres Führers erfuhr, wurden in meiner Erinnerung zwei Erlebnisse wieder mit besonderer Eindringlichkeit lebendig, die mich seit je tief bewegt haben. Es handelt sich um zwei Begegnungen mit dem Führer, von denen ich die eine Auge in Auge, die andere – nicht minder eindringlich – mittelbar erfahren durfte:

Es war in Nürnberg während des Reichsparteitages 1929. Ich gehörte damals einem SS-Sturm an, der die Ehre hatte, zur unmittelbaren Leibwache des Führers während des Parteitages befohlen zu werden. Eine ganze Nacht lang durften wir vor der Tür seines Arbeitszimmers Dienst tun. Anderntags hatte ich mit meinen Kameraden das Glück, während des Vorbeimarsches der Verbände den Wagen des Führers zu schützen. Stundenlang zogen sie vorüber, die brauen Kolonnen der SA, SS und Hitler-Jugend. Als der Aufmarsch beendet war, ereignete sich etwas, das man nachträglich nur schwer recht schildern kann, weil hier eigentlich verborgene seelische Regungen plötzlich für wenige Augenblicke sicht-

---

[75] Textquelle | Thüringer Kirchenblatt und Kirchlicher Anzeiger – Gesetz- und Nachrichtenblatt der Thüringer evangelischen Kirche (B: Kirchliche Anzeigen), Nr. 15/1944, S. 89-90.

bar wurden. Unter meinen SS-Kameraden war kaum einer, der nicht Auszeichnungen aus dem ersten Weltkrieg trug. Wir waren eine soldatische, schon damals in besonderer Weise straff ausgerichtete Formation und stolz auf die strenge Disziplin, der wir uns freiwillig unterworfen hatten. Als aber nach jenem Vorbeimarsch auf dem altehrwürdigen Nürnberger Marktplatz der Wagen des Führers sich zur Abfahrt in Bewegung setzte, da war mit einem Male alle äußere Disziplin scheinbar dahin. Inmitten einer jubelnden Menschenmenge faßten wir uns wie Kinder an den Händen und liefen vor und hinter dem langsam fahrenden Wagen Adolf Hitlers jubelnd eine weite Strecke mit durch die Straßen Nürnbergs. Viele von den Männern, deren Gesichter durch die harten Erfahrungen des Weltkrieges geprägt waren, hatten Tränen in den Augen und schämten sich ihrer nicht. Man hätte in jener Notzeit des deutschen Volkes nur schwer entscheiden können, ob es Tränen der Freude oder Zeichen einer leidenschaftlichen Sorge um Deutschlands Zukunft waren.

Das zweite Erlebnis, von dem ich hier berichten will, hatte ich kurz nach der Machtübernahme in Weimar. Ich tat seinerzeit in einem höheren Stabe der SA Dienst und war aus irgend einem Anlaß zu dem damaligen Thüringer SA-Gruppenführer befohlen worden. Der war Sohn eines bekannten Thüringer Pfarrergeschlechtes, der Bruder eines unserer Superintendenten und die heimlichen religiösen Hintergründe der nationalsozialistischen Bewegung lagen ihm besonders am Herzen. Unser Gespräch bewegte sich auch um die Gottesfrage der Deutschen. In diesem Zusammenhang erzählte mir der SA-Gruppenführer folgendes: Einmal in der Kampfzeit sei der Führer von Männern seiner engeren Umgebung gebeten worden, mehr Rücksicht auf seine Person zu nehmen, als er das zumal in jenen Zeiten der Wahlkämpfe zu tun pflegte. Man habe dem Führer mancherlei Gefahren vorgehalten, denen er sich nicht unnötig aussetzen dürfe. Von stürmischen Gewitterflügen, wilden Autofahrten quer durch ganz Deutschland von Versammlung zu Versammlung und vom Haß der Gegner war die Rede. Adolf Hitler habe auf diese gut gemeinten Vorstellungen ungefähr erwidert: „Wer so kleinmütig denken wollte, der müßte wahrlich Angst haben vor jedem Ziegelstein, der jedermann allerwärts von irgendeinem Dache auf den Kopf fallen könnte. Ich glaube aber, daß der Allmächtige, der mich durch die Schlachtfelder des Weltkrieges geführt, und der mir in Deutschland meine Aufgabe gab, wohl wissen wird, wie lange er mich zur Erfüllung dieser Aufgabe in meinem Volke braucht!"

Für mich war es eine tragische Ironie des Schicksals, daß der Mann, der mir dies berichtete, anderntags selbst im Dienste für Führer und Volk bei einem Kraftwagenunfall ums Leben kam. Um so gewichtiger mußten mir jene Worte unseres letzten Gespräches erscheinen. Sie sind mir auch in mancher besinnlichen Stunde immer wieder nachgegangen. Vornehmlich im Blick auf bestimmte religiöse Vorstellungen erschien mir des Führers Glaube an die Vorsehung wesentlich: Wie oft haben wir nicht als junge Menschen im Vollgefühl erwachenden Mannestumes uns irgendwie befremdet gefühlt, wenn im Evangelium von einem „Kinderglauben" gesprochen wurde! Wen hätten nicht jene tiefsinnigen Heilandsworte schon bewegt, die ein einfältiges Kindergemüt dem heimlichen Reiche Gottes näher rücken als das kluge Wissen von Denkern und Grüblern? Hat uns da jene schlichte, fromme Gesinnung Adolf Hitlers, der als ein Mann von wahrhaft heldischem Wesen doch offenbar um solche Gotteskindschaft, um die Geborgenheit redlichen Glaubens in Gottes Vaterhand weiß, nicht allen viel zu sagen?

Ich darf heute von diesen Dingen sprechen, nachdem jene Vorgänge inzwischen auch in einem Buche der Oeffentlichkeit zugängig gemacht worden sind. Ich rede hier auf der Kanzel davon, weil ich meine, daß die Besinnung auf solche Geschehnisse uns zutiefst Antwort zu geben vermag auf die Frage, die uns in dieser Stunde bewegt: Was ist uns unser Führer? Warum haben gerade auch wir, denen die fromme Ueberlieferung der protestantischen Kirche zu hüten aufgetragen ist, alle Ursache, in diesen Tagen dem mit allem Ernst nachzudenken?

Nr. 79

Öffentliches Leben

DER ANSCHLAG AUF DEN FÜHRER[76]

Evangelisches Deutschland, 1944

Mit Empörung und Abscheu wendet sich das deutsche Volk von der Tat des 20. Juli ab, die in einer Stunde, die das Aeußerste an Geschlossenheit erfordert, es unternahm, mit Mitteln des Mordes und Verrats das Reich in Wirren unabsehbaren Ausmaßes zu stürzen. Aus tiefstem Herzen danken wir dem Allmächtigen für die Errettung des Führers und bitten ihn, Er möge ihn weiterhin in seinen Schutz nehmen. Mit dieser Bitte soll sich das Gelöbnis neuer Treue und der Entschluß verbinden, uns ernster noch als zuvor der unerbittlichen Forderung dieser Zeit zu unterwerfen, für die der Führer rastlos sein Alles einsetzt.

*

Die Deutsche Evang. Kirchenkanzlei und der Geistliche Vertrauensrat der Deutschen Evang. Kirche haben nach dem Anschlag auf das Leben des Führers in Treuetelegrammen an ihn dem Dank gegen Gott für die gnädige Bewahrung Ausdruck verliehen. Zugleich wurde dabei vom Geistl. Vertrauensrat zur Kenntnis gebracht, daß am Sonntag nach dem Mordanschlag allgemein in den evang. Gottesdiensten des Reiches fürbittend des Führers gedacht worden ist.

---

[76] Textquelle | Das Evangelische Deutschland, 30. Juli 1944.

Nr. 80

AUS DEM BERICHT
EINES BERLINER MINISTERIALBEAMTEN[77]

(Sommer 1943)

„Trotz der den Ostarbeitern offiziell zustehenden Rationen ist einwandfrei festgestellt worden, daß die Ernährung in den Lagern folgendermaßen aussieht: Morgens einen halben Liter Kohlrübensuppe. Mittags, im Betrieb, einen Liter Kohlrübensuppe. Abends einen Liter Kohlrübensuppe. Zugleich erhält der Ostarbeiter 300 g Brot täglich. Hinzu kommen wöchentlich 50-75 g Margarine, 25 g Fleisch oder Fleischwaren, die je nach Willkür der Lagerführer verteilt oder vorenthalten werden. Große Mengen von Lebensmitteln werden verschoben. Die größte Geißel der Lager aber bildet die Tuberkulose, die sich auch unter den Minderjährigen sehr stark ausbreitet. Im Rahmen der sanitären und gesundheitlichen Lage, in der sich die Ostarbeiter befinden, muß unterstrichen werden, daß es den deutschen und russischen Ärzten von den Betriebskrankenkassen verboten wird, irgendwelche Medikamente den Ostarbeitern zu verabfolgen. Die an Tuberkulose Erkrankten werden nicht einmal isoliert. Die Erkrankten werden mit Schlägen gezwungen, ihrer Arbeit nachzugehen, weil die Lagerbehörden die Zuständigkeit der behandelnden Ärzte anzweifeln. Es entzieht sich meiner Kenntnis, aus welchen Gründen die deutschen Stellen eine große Anzahl Kinder aus den besetzten Ostgebieten nach Deutschland ‚importieren‘. Es steht jedoch fest, daß sich zahlreiche Kinder von 4-15 Jahren in den Lagern befinden, und daß sie in Deutschland weder Eltern noch sonstige Verwandte besitzen. Der größte Teil der Kinder ist erkrankt und erhält als einzige Aufbauernährung dieselbe Kohlrübenwassersuppe wie die älteren Ostarbeiter.“

---

[77] Textquelle | Niedersächsischer Arbeitskreis „Frieden und Versöhnung mit den Völkern der Sowjetunion“: Materialsammlung „erinnern und versöhnen“, Seite 15. [Zitiert auch in Ulrich HERBERT: Geschichte der Ausländerpolitik in Deutschland. München: C.H. Beck 2001, S. 159.]

Nr. 81

ZEITUNGSBERICHT

ZU EINEM GEDENKGOTTESDIENST

1988[78]

„Hohe Geistliche bei der Gedenkfeier im Jammertal
Abschlußgottesdienst in vollbesetzter Andreaskirche

In den verschiedenen Stadtteilen und in den Gemeinden im Umland fanden gestern Gedenkfeiern und Kranzniederlegungen für die Opfer beider Weltkriege und der Gewaltherrschaft statt Die bedeutendste Feierstunde war bereits am Sonnabend auf dem Ehrenfriedhof Jammertal, nachdem vorher in der vollbesetzten St-Andreas-Kirche in Alt-Lebenstedt der Abschlußgottesdienst der Gebetskette für den Frieden stattgefunden hatte. Die Friedensbitte hatten diesmal der evangelisch-lutherische Landesbischof Professor Dr. Müller, Bischof Longin als Vertreter des Moskauer Patriarchats, und Generalvikar Prälat Schenk aufgenommen und danach am Bittgottesdienst auf dem Ehrenfriedhof teilgenommen.

Bereits am Vortage hatten Vorstand und Betriebsrat der Salzgitter AG anläßlich des Volkstrauertages die Opfer des Krieges, der Gewalt und Willkür geehrt. Es wurden auf den Friedhöfen Jammertal und Westerholz Kränze an den Mahnmalen niedergelegt. Bei diesem Gang zu den Mahnmalen der verschiedenen Nationen und Religionen gedachten sie der großen Zahl von Todesopfern der nationalsozialistischen Gewaltherrschaft in Salzgitter.

Beim Abschlußgottesdienst in der St-Andreas-Kirche hatte Bischof Longin die Predigt gehalten und über das Gebot der Liebe gesprochen. ‚Niemand habe eine größere Liebe bewiesen als der, der sein Leben gibt für seine Freunde', sagte der Bischof. Die Liebe gehöre zum Menschlichen, ohne daß man verstehe, was mit Liebe eigentlich gemeint sei. Werde die Liebe praktiziert, wie sie Jesus meinte, dann werde der Bruch zwischen Kirchen, Völkern und Mächten abgebaut.

---

[78] Textquelle | Salzgitter-Zeitung vom 14.11.1988.

235

‚Die Resonanz des Friedensgebets, das zum fünftenmal stattfindet und als Fürbitte der Christen aus Dresden aufgenommen worden ist, hat noch nie eine so starke Resonanz gefunden wie in diesem Jahr‘, stellte Pastor Beyer von der St.-Andreas-Gemeinde fest. Auf dem Ehrenfriedhof leitete unter Teilnahme zahlreicher Bürger und Politiker der Posaunenchor der Propstei die Feierstunde ein, in der Pastor Brackhahn sprach und dabei betonte, hier werde gebetet für ein gerechtes menschliches Verhältnis und für Frieden in der Welt, hier an einer Stelle, wo so viele Namen der verschiedenen Völker auf den Gedenksteinen zu finden sind. ‚Wir wissen, daß wir im Namen Jesu bitten dürfen, Gott vergib die Schuld und helfe, das Unrecht zu überwinden‘, sagte Propst Brackhahn.

Er betonte zur Anwesenheit von Excellenz Longin, daß neben dem polnischen Volk kein anderes Volk durch Deutsche so zu leiden hatte, wie das russische und die Teilnahme an dem Fürbittgebet ein Zeichen sei, wie die russisch-orthodoxe Kirche auf die hiesigen Kirchen zukomme. Die orthodoxe Kirche habe auch in der Zeit des kalten Krieges im Weltkirchenrat mitgearbeitet, um im christlichen Geist die Gräben zwischen den Völkern zuzuschütten.

Dankesworte richtete Propst Brackhahn auch an die Politiker, die durch Partnerschaften versuchen, die Beziehungen zwischen den Völkern zu verbessern. Gedankt wurde Bischof Dr. Müller und Prälat Schenk, daß sie durch ihre Anwesenheit der Friedenskette und Gedenkfeier ein besonders Gewicht verliehen haben.“

Nr. 82

LASST UNS BRÜCKEN BAUEN[79]

Aus einem Bericht von Kurt Dockhorn

Unter diesem Motto, als Umschrift um eine weiße Taube auf blauem Grund auf einem Anstecker zu lesen, trat am 26. Oktober 1989 für die Dauer der Herbstferien eine Gruppe der landeskirchlichen Friedensinitiative eine Bahnfahrt in die Sowjetunion an. Es war nach fast vierjähriger Pause die zweite Fahrt der Friedensinitiative „auf den Spuren der Väter", die den Krieg in dieses Land getragen haben. Die Stationen der Reise waren Smolensk, 450 km vor Moskau am Dnjepr gelegen, Minsk, die Hauptstadt Bjelorußlands, sowie die litauische Hauptstadt Vilnius. Schon auf der langen Zugfahrt erwies sich der Anstecker als Anknüpfungspunkt für Gespräche, als Anreiz zum Nachfragen: Was für eine Gruppe seid Ihr? Was wollt Ihr in der SU? Und während des Aufenthaltes zeigte sich überall, daß unser doppeltes Interesse, uns dem im deutschen Namen begangenen Grauenhaften eines Vernichtungsfeldzuges gegen „Untermenschen" zu stellen und uns als Gruppe im Konziliaren Prozeß für Gerechtigkeit, Frieden und Bewahrung der Schöpfung bekannt zu machen, bei unserem Begegnungspartnern offene Ohren und Herzen fand.

Einige Stationen des namenlosen Schreckens und des Unfaßbaren: das Museum des Großen Vaterländischen Krieges an der Kremlmauer von Smolensk. Realistische Darstellung des Nahkampfes in und über den Schützengräben. „War das wirklich so? So entsetzlich habe ich mir das nicht vorgestellt". Der Freispruch für den Frankfurter Arzt, der Soldaten potentielle Mörder genannt hat und dessen Freispruch unsere etablierten Kräfte ihre gut einstudierte Empörung ausspielen läßt, fließt in die Reaktionen ein. Fotos zeigen in einzelnen Phasen die Erhängung einer jungen Frau durch deutsche Uniformierte mit zufriedenen Gesichtern und jenes berüchtigte Gruppenbild der „strammen 6. Kompanie" mit dem Schild: „Der Russe muß sterben, damit wir leben." Keine neuen

---

[79] Textquelle | Bericht von Kurt Dockhorn in: „Kirche von Unten", Heft 41 vom November 1989 S. 3ff. (Dort befinden sich weitere wichtige Artikel über die Reise von Detlef Quandt, Susanne Schuchardt, Marlies Bretall, Hermann Voigt.)

Bilder zwar, aber in diesem Land, an diesem Ort, lösen sie endlich die Betroffenheit aus, die ihnen zukommt. ...

Die Gedenkstätte Chatyn bei Minsk, ein Ort, an dem die Erinnerung an 186 verbrannte Dörfer Bjelorußlands wachgehalten wird, verbrannt wie Chatyn selbst mitsamt allen Einwohnern. Am Eingang die überlebensgroße Statue des einzigen Erwachsenen, der das Massaker überlebte, des Dorfschmieds Josef Kaminski mit seinem toten Kind auf dem Arm. Läßt sich das Entsetzen, das Verbrechen ästhetisch bewältigen? Sicher nicht, und doch spürt hier jeder, daß Trauern und Erinnern einen angemessenen Ausdruck bekommen haben. Welche Stärke muß dieser Josef Kaminski gehabt haben, daß er als alter Mann in den ersten Jahren nach der Einweihung der Gedenkstätte selber Gruppen geführt hat, vorbei an der in Granit symbolisch dargestellten Scheune, in der die Dorfbewohner zusammengetrieben und verbrannt wurden, und entlang an den Kaminen, die die Stellen markieren, an denen die Häuser der Familie Kaminski und der anderen Familien bis zu jenem 22. März 1943 gestanden haben, als das Kommando Oskar Dirlewanger 149 Bauersleute, darunter 75 Kinder, bei lebendigem Leibe verbrannte.

Unser anderes Anliegen: auf dieser Reise Stationen des Konziliaren Prozesses zu erleben. Nein, Stationen wäre zu viel gesagt. Aber Momente waren da. Wie z.B. in der goldglitzernden Uspenski-Kathedrale von Smolensk bei einem improvisierten Gespräch mit einem der dort amtierenden Priester. Immer mehr Russen scharen sich um die Gruppe mitten in der Kirche und hören dem Dialog zwischen dem Priester und uns zu, wollen selber dann auch zu Wort kommen. Ein Mann in Uniform, ein Offizier der Sowjetarmee, sagt: „Daß ich hier bin, ist möglich durch die Perestroika." Ein anderer, auf Englisch, stellt sich vor als Biologe aus Krasnojarsk in Sibirien, der eine Jugendgruppe anleitet, die sich gegen Umweltzerstörung in der Region durch Industrieprojekte wendet. Draußen auf den Treppen der Kathedrale, der Gottesdienst hat drinnen begonnen, geht das Gespräch um den Kampf in der Bewahrung der Schöpfung in der Sowjetunion und bei uns noch lange weiter. Es endet mit einer Einladung nach Braunschweig.

Oder bei der Begegnung mit Minsker Schülerinnen und Schülern in ihrem „politischen Club", der ein Forum für freien Meinungsaustausch über alle Probleme von Perestroika und Glasnost ist und in dem die jungen Leute sehr insistierten, daß Gerechtigkeit geschehen muß in der schonungslosen Aufdeckung der Verbrechen, die unter Stalin gegen Millionen von Menschen, namentlich auch in Bjelorußland, gegangen wurden.

Wir sind sehr neugierig, bald von den neu gewonnen Freunden, die wir zu uns eingeladen haben, weitere authentische Einblicke in den Prozeß der Erneuerung der Gerechtigkeit, der Erhaltung der Schöpfung und der Bewahrung des Friedens in der Sowjetunion zu bekommen.

Nr. 83

Brief an die Braunschweiger[80]

„FREMDARBEITER" KAM ALS FREUND

[Zeitungsbericht 1991]

Ein Ukrainer, der während des Krieges als „Fremdarbeiter" in Braunschweig gelebt hat und sich jetzt ein paar Tage in der Bundesrepublik aufhielt, kam mit seinen Gastgebern in Hessen noch einmal nach Braunschweig und sah die Straßen wieder, deren Namen er noch alle kennt. Aus übervollem Herzen schrieb der 66jährige nach dieser Reise in die Vergangenheit unserer Redaktion diesen Brief an die Leser unserer Zeitung:

„Liebe Braunschweiger!
Nehmen Sie bitte die Glückwünsche eines ehemaligen ukrainischen Zwangsarbeiters entgegen. Ich denke, daß ich Ihr Landsmann bin, denn ich war mit Ihnen in der schwersten Zeit der Geschichte Braunschweigs, 1943 bis 1945, zusammen. In dieser Zeit habe ich bei der Feuerwehr in Wache 2, Freisestraße 6, gedient, wo ich bei Leutnant Saubo war. Es arbeiteten dort Meister Binias, Fahrer Willi Roys, Walter Wiering und viele andere. Wir Ukrainer arbeiteten fest und fleißig, so wie es in jenem Lied hieß: ,Grau wie die Erde ist unser Kleid, graue Soldaten in schwerer Zeit ...'

---

[80] Textquelle | Braunschweiger Zeitung, 16. April 1991.

Ich habe bis zum Mai 1945 gearbeitet, und anschließend wollte ich nach Hause in die Ukraine zurück, zu meinem Vater (er hat 1943 bis 1945 in Magdeburg gearbeitet), meiner Mutter und Schwester. Aber es kam anders.

Als erstes gingen wir zu Fuß von Deutschland nach Brest-Litowsk in Polen; dann fuhren wir mit dem Zug zurück in die DDR nach Rostock und Barth. Dort wurden wir wieder der Sowjetarmee übergeben. 1946 wurde ich verhaftet und in ein Konzentrationslager verbracht, in ein Lager (auf DDR-Gebiet), in dem mehrere Tausende Deutsche an Hunger gestorben sind. Doch das ist eine andere Geschichte. Vielleicht bin ich noch der einzig lebende Zeuge dieses Verbrechens?

Später wurde ich nach Mittel-Asien zum Arbeiten in eine Urangrube gebracht. Nach ein paar Jahren wurde ich vom Gericht noch einmal zu 25 Jahren Gefängnis verurteilt. Insgesamt habe ich zehn Jahre in verschiedenen Lagern verbracht, doch da ich keine Verbrechen begangen habe, wurde ich früher freigelassen.

Im Jahre 1955 kam ich nach Hause, in die Ukraine. Meine Eltern waren schon verstorben und das Haus nur noch eine Ruine.

Ich ging erneut zur Feuerwehr und besuchte eine einjährige Schule. Nach 30 Jahren Feuerwehr ging ich 1985 in Rente; mit 60 Rubel im Monat, dies sind umgerechnet ungefähr drei bis vier Mark.

Das haben der allmächtige Gott und das Schicksal mit uns gemacht."

Der Verfasser dieses Briefes heißt Wladimir Wasilenko, vielleicht erinnert sich noch jemand an ihn. Falls ihm jemand schreiben will, leitet seine Gastgeberin solche Briefe gerne an ihn weiter. Ihre Anschrift: Valentina Beck [...] Gundelsheim.

Im Wortlaut: Überfall auf die Sowjetunion
Zum Teilen bereit

Nach der Überwindung der Teilung Deutschlands hat nach Ansicht der evangelischen Kirche „ein neues Kapitel der deutsch-sowjetischen Beziehungen begonnen". Jetzt müßten die Westeuropäer mit der Sowjetunion und den anderen zentraleuropäischen Ländern Solidarität zeigen und zum Teilen bereit sein, heißt es in einer gemeinsamen Erklärung der Evangelischen Kirche in Deutschland und des ostdeutschen Bundes der Evangelischen Kirchen zum 50. Jahrestag des deutschen Überfalls auf die UdSSR am 22. Juni 1941. Nachstehend der Wortlaut:

„Am 22. Juni 1991 jährt sich der militärische Überfall Deutschlands auf die Sowjetunion zum 50. Male. Den Frevel an Land und Menschen, der dem Überfall folgte, wollen wir nicht vergessen und nicht verdrängen. Erinnerung tut not, damit die Wunden wirklich heilen können. Die damaligen Schrecken dürfen sich nicht wiederholen. Mit Scham erinnern wir uns daran, daß im Zusammenhang des 22. Juni 1941 die Kirchen entweder geschwiegen oder unverantwortlich geredet haben.

Der 50. Jahrestag des Überfalls auf die Sowjetunion fällt in das erste Jahr, nachdem die staatliche Einheit Deutschlands neu gewonnen ist. Die deutsche Spaltung war das Ergebnis des von Deutschland ausgegangenen und besonders gegenüber der Sowjetunion grausam geführten Krieges. Nun haben sowjetische Politiker maßgeblich dazu geholfen, die Spaltung Deutschlands zu überwinden. Ein neues Kapitel der deutsch-sowjetischen Beziehungen hat begonnen. Wir sehen darin auch eine Erfüllung unserer Hoffnung und unserer Gebete, daß eine leidvolle Vergangenheit nicht auf Dauer zwischen den Völkern der Sowjetunion und dem deutschen Volk stehen und daß Vertrauen wachsen wird. Auch die

---

[81] Textquelle | Frankfurter Rundschau, Dienstag den 18. Juni 1991.

seit vielen Jahren sich entwickelnden Beziehungen zu den Kirchen und Christen in der Sowjetunion haben uns in dieser Erwartung bestärkt. Das Vertrauen wird sich in den kommenden Jahren auch darin erweisen müssen, wie Deutsche den sowjetischen Streitkräften begegnen, die noch in Ostdeutschland stationiert sein werden.

Die Sowjetunion befindet sich in einem tiefgreifenden Umwandlungsprozeß. Um so nötiger ist es, daß die begonnene Verständigung zwischen unseren Völkern fortgesetzt und vertieft wird. Als Christen leben wir von Gottes Vergebung. An die Stelle der Schuld tritt Versöhnung. Ihre Leben stiftende Kraft erfahren wir gerade auch in den Beziehungen von Kirchen, Christen und Bürgern. Wir freuen uns, daß die Möglichkeiten zur Begegnung gewachsen sind und daß sie auch von den Gemeinden zunehmend intensiver wahrgenommen werden.

Die Beziehungen zwischen den Völkern der Sowjetunion und dem deutschen Volk sind jetzt und in Zukunft eingebunden in die weitere gesamteuropäische Entwicklung. Der Umbruch in der Sowjetunion und in anderen zentral- und osteuropäischen Ländern verlangt von den Völkern des westlichen Europa, nicht allein auf ihr eigenes Wohl zu achten, sondern Solidarität mit denen zu beweisen, die von der Nachkriegsentwicklung benachteiligt wurden. Auch durch Teilen muß die Teilung des europäischen Kontinents überwunden werden. Die Verantwortung für ein größeres und soziales Europa zu wecken und lebendig zu erhalten, stellt für die Kirchen eine vordringliche Aufgabe dar.

‚Der Gerechtigkeit Frucht wird Friede sein‘, (Jesaja 32,17). Diese biblische Weisheit erinnert an die Voraussetzungen für die Bewahrung und die Förderung des Friedens. Ihre Verachtung hat das deutsche Volk ins Verderben geführt und Unheil über viele Nachbarvölker gebracht. Der 22. Juni 1941 markierte einen entscheidenden Schritt auf diesem Weg. Es liegt mit an uns, daß sich der leidgeprüfte europäische Kontinent von neuem der Wahrheit der biblischen Botschaft öffnet." (epd)

C.
ANHANG

Kurt Reuber (1906-1944): Porträt – während des Russlandfeldzuges

LITERATURVERZEICHNIS

(mit Kurztiteln)

ALISCH 1952 = Kurt Alisch (Hg): Patriarch Sergius und sein geistiges Erbe. Übersetzt aus dem im Verlag des Moskauer Patriarchats im Jahre 1947 erschienen Werk. Berlin: Union-Verlag 1952.

ALTHAUS 1946 = Paul Althaus: Der Trost Gottes. Predigten in schwerer Zeit. Gütersloh 1946.

BECKMANN 1976 = Joachim Beckmann (Hg.): Kirchliches Jahrbuch 1933-1944. Gütersloh: Gütersloher Verlagshaus Gerd Mohn 1976.

BEIER 1979 = Helmut Beier: Kirche in Not. Die bayrische Landeskirche im 2. Weltkrieg. Neustadt 1979.

BOURBECK 1947 = Christine Bourbeck (Hg): Trost und Licht des Wortes. Berlin 1947.

BRAKELMANN 1979 = Günter Brakelmann: Kirche im Krieg. Der deutsche Protestantismus am Beginn des II. Weltkriegs. München: Chr. Kaiser Verlag 1979.

BROSZAT/SCHWABE 1989 = Martin Broszat/Klaus Schwabe: Die deutschen Eliten und der Weg in den 2. Weltkrieg. München 1989.

BULTMANN 1956 = Rudolf Bultmann: Marburger Predigten. Tübingen 1956.

DEIST 1989 = Wilhelm Deist u.a.: Ursachen und Voraussetzungen des 2. Weltkrieges. Frankfurt 1989.

DOMARUS 1973 = Max Domarus: Hitler Reden 1932-1945. Wiesbaden: R. Löwit 1973. [Vier Bände]

DREßEN/KLEE 1989 = Willi Dreßen/Ernst Klee: „Gott mit uns". Frankfurt 1989.

EKHN-PROJEKTGRUPPE 1991 = Projektgruppe Sowjetunion in der EKHN (Hg.): Von deutschem Boden ... Zum 50. Jahrestag des deutschen Überfalls auf die Sowjetunion am 22.6.1941. Frankfurt: Pfarrstelle für Friedensarbeit in der EKHN 1991. [Din A 4; 74 Seiten]

HAUPTMANN/STRICKER 1988 = Peter Hauptmann / Gerd Stricker (Hg.): Die orthodoxe Kirche in Rußland. Dokumente ihrer Geschichte (860-1980). Göttingen 1988.

HÖCHSTÄDTER 1983 = Walter HÖCHSTÄDTER: „Durch den Strudel der Zeiten geführt". Erlangen: Verlag Bubenreuth 1983.

KLÜGEL 1964 = Eberhard Klügel: Die lutherische Landeskirche Hannovers und ihr Bischof. Berlin 1964.

KUESSNER 1991 = Dietrich Kuessner: Die Deutsche Evangelische Kirche und der Russlandfeldzug. Eine Arbeitshilfe. Zweite, durchgesehene und geringfügig ergänzte Auflage. Offleben: Selbstverlag 1991. [Din A 4; 130 Seiten]

LETZTE BRIEFE 1954 = Letzte Briefe aus Stalingrad. Gütersloh 1954.

LILJE 1941 = Hanns Lilje: Der Krieg als geistige Leistung. Furche-Schriften Nr. 26. Berlin: Furche-Verlag 1941.

LILJE 1973 = Hanns Lilje: Memorabilia. Schwerpunkte eines Lebens. Nürnberg: Laetare 1973.

MAYER 1989 = Arno M. Mayer: Der Krieg als Kreuzzug. Marburg 1989.

MEIER 1984 = Kurt Meier: Der Kirchenkampf. Band 3. Göttingen 1984.

MENSING 1991 = Björn Mensing: „Wollte Gott, der Sieg über den Bolschewismus würde bald gelingen". In: Nachrichten der Ev.-luth. Landeskirche in Bayern 1991, S. 219ff.

MICHALKA 1989 = Wolfgang Michalka (Hg.): Der zweite Weltkrieg. München 1989.

PAULSEN 1948 = Anna Paulsen: Der Glaube kann nicht schweigen. Lüneburg 1948.

PIEKALKIEWICZ 1988 = Janusz Piekalkiewicz: Der zweite Weltkrieg. München 1988.

RÜRUP 1991 = Reinhard Rürup (Hg.): Der Krieg gegen die Sowjetunion 1941-1945. Berlin 1991.

STREIT 1978 = Christian Streit: Keine Kameraden – Die Wehrmacht und die sowjetischen Kriegsgefangenen 1941-1945. Stuttgart 1978.

ZENTNER/BEDÜRFTIG 1988 = Christian Zentner / Friedemann Bedürftig: Das Große Lexikon des Zweiten Weltkrieges. München 1988.

Dietrich Kuessner, geb. 1934 in Ostpreußen, evangelischer Theologe und Historiker. Bereits Vater und Großvater waren Geistliche. Gegen Ende des Zweiten Weltkrieges flüchtete die Familie angesichts der heranrückenden Roten Armee nach Westen. – Nach Besuch des Predigerseminars in Braunschweig Vikar in Melverode und Schöningen; Dezember 1962 Ordination. 1963-1999 Pfarrer in den Gemeinden Offleben und Reinsdorf-Hohnsleben. Anschließend Ruhestand. „Zu einer heftigen Auseinandersetzung mit der Landeskirche kam es, als Kuessner sich 1998 als Bundestagskandidat für die Partei des Demokratischen Sozialismus (PDS) aufstellen ließ. Einem Ausschluss aus der Landessynode und einem Disziplinarverfahren konnte er wirksam entgegentreten […]. Seit Jahrzehnten beschäftigt sich Kuessner intensiv mit verschiedenen Aspekten der Geschichte der Stadt Braunschweig und des Landes Braunschweig unter besonderer Berücksichtigung der Rolle der Evangelisch-lutherischen Landeskirche in Braunschweig vor, während und nach der Zeit des Nationalsozialismus"[82].

Über Kuessners Forschungen teilte der Historiker Dr. Hans-Ulrich Ludewig vor einem Jahrzehnt mit: „Dietrich Kuessner habe ich zum ersten Mal im Frühjahr 1980 erlebt. Er sprach im völlig überfüllten Saal des Städtischen Museums im Rahmen der Vortragsreihe ‚Braunschweig unterm Hakenkreuz'. Sein Thema: Die Braunschweigische Landeskirche und der Nationalsozialismus. Dieses Thema hat ihn bis heute beschäftigt, umgetrieben. Der Vortrag damals – ich erinnere mich recht gut – war für ein historisches Thema ungemein fesselnd, pointiert, zuweilen polemisch formuliert. Gar nicht einverstanden war ich mit seiner Grundthese, der Hitlerstaat präsentiere sich als christliche Diktatur. Für mich, und das entsprach auch dem Forschungsstand, waren die Kirchen Widersacher des Nationalsozialismus. Heute, dreißig Jahre später, wird das Verhältnis zwischen Kirchen und NS-Staat viel kritischer gesehen. Kuessner hatte 1980 die richtigen Fragen gestellt. Scheinbar gesicherte Erkenntnisse aufzubrechen, unkonventionelle Fragen zu stellen, das

---

[82] Wikipedia.org, abgerufen am 25.06.2019.

scheint mir charakteristisch für Kuessners historisches Arbeiten zu sein. Jüngst war es zu beobachten bei der Diskussion um die Novemberrevolution 1918 in Braunschweig, als er lang gepflegte Revolutionsmythen in Frage stellte. Seine hierzu verfassten beiden Aufsätze, die in einem vor kurzen erschienenen Sammelband abgedruckt sind (,Von der Monarchie zur Demokratie'), zeigen eine weitere Stärke seiner historischen Arbeit: Er liest schon bekannte Quellen neu und er wertet Quellen aus, die vorher niemand für lesenswert gehalten (Tageszeitungen zum Beispiel), und er entnimmt sogar dem Staatshaushalt erstaunliche Informationen. Er verlässt ausgetretene Pfade, wenn er die auf die Stadt Braunschweig zentrierte Betrachtung kritisiert und auf ganz andere Entwicklungen draußen auf dem Land, in den Dörfern und Kleinstädten verweist. Die Arbeiten Kuessners zur Braunschweiger Landeskirche in der NS-Zeit waren Pionierarbeiten. Er hat das spannungsreiche Verhältnis von Staat, Kirche und Gesellschaft in der Weimarer Republik beschrieben. Zu einzelnen Personen der Landeskirche, zu Bischof Johnsen und Bischof Bernewitz, zu Pastor Schlott, zu Ottmar Palmer und der Bekennenden Kirche (welch reichhaltiges Quellenmaterial enthält diese Publikation!) liegen wichtige Untersuchungen vor. Eine faszinierende Momentaufnahme des politisch-ideologischen Denkens der Braunschweiger Pfarrerschaft im Jahr 1931 gibt Kuessners Analyse von Texten, welche die Pfarrer zum Thema ,Kirche und völkische Bewegung' beim Landeskirchenamt einreichen mussten; der Aufsatz ist 2005 in der Festschrift für Klaus Erich Pollmann erschienen. Kuessner war einer der ersten, welcher die Vorgänge in Braunschweig während der Pogromnacht 1938 thematisierte. – Unser gemeinsames Arbeiten geht auf die frühen neunziger Jahre zurück. Bei einem Aufenthalt im Staatsarchiv Wolfenbüttel stellten wir fest, dass wir uns mit demselben Thema beschäftigten, dem Sondergericht Braunschweig. Wir beschlossen, uns gemeinsam an die Arbeit zu machen. Wir teilten die Bereiche auf, trafen uns regelmäßig zu Diskussionen, fuhren zusammen ins Bundesarchiv nach Koblenz. Zehn Jahre haben wir an diesem Projekt gearbeitet, unterbrochen immer wieder von längeren Pausen. Im Jahr 2000 ist das Buch erschienen. Uns beiden wurde es zu einer Herzensangelegenheit; für mich wurde es das wichtigste Buch in meinem Historikerleben. In den neunziger Jahren erlebte ich Dietrich Kuessner bei vielen Sitzungen in der von der Landeskirche eingesetzten ‚Kommission für kirchliche Zeitgeschichte' unter der Leitung von Klaus Erich Pollmann. Sie hat in zwei Bänden den schwierigen Weg der Braunschweiger Landeskirche nach 1945 erarbeitet und publiziert; leider ist die Arbeit der Kommission nicht fortgesetzt worden. – Es ist Dietrich Kuessner zu verdanken, wenn die Braunschweiger Kirchengeschichte zu den am besten erforschten Bereichen der hiesigen Landesgeschichte zählt. Kirchengeschichte übrigens versteht Kuessner als umfassend, sie ist für ihn immer auch politische Geschichte, Sozialgeschichte, Alltagsgeschichte, Ideengeschichte, Mentalitätsgeschichte. – Treffen wir uns hin und wieder, denken wir auch über ein neues gemeinsames Projekt nach. Wir sollten, so seine hartnäckig vorgebrachte Anregung, ein lesbares Buch über die Geschichte des Nationalsozialismus in dieser Region schreiben, über seine Anfänge, seinen Aufstieg, die Jahre an der Macht und nicht zuletzt über sein Nachwirken; Vorarbeiten dazu hätten wir beide doch genug geleistet. Hier zeigt sich, dass bei aller Vielfalt seiner Publikationen und Vorträge das eigentliche Thema des Historikers Dietrich Kuessner ist und bleibt: die Deutschen und der Nationalsozialismus."[83]

Veröffentlichungen

KUESSNER 1980 = Dietrich Kuessner (Hg.): Kirche und Nationalsozialismus in Braunschweig. Braunschweig: Magni-Buchladen 1980.

KUESSNER 1981a = Dietrich Kuessner: Die Braunschweigische ev.-luth. Landeskirche und der Nationalsozialismus. In: Helmut Kramer (Hg.): Braunschweig unterm Hakenkreuz. Bürgertum, Justiz und Kirche – Eine Vortragsreihe und ihr Echo. Braunschweig: Magni-Buchladen 1981, S. 79-113. [http://www.spd-info.de/spd_dsv_mitglieder/kramer_BraunschweigUntermHakenkreuz.pdf]

KUESSNER 1981b = Dietrich Kuessner: Geschichte der Braunschweigischen Landeskirche 1930-1947 im Überblick. Braunschweig: Selbstverlag 1981.

KUESSNER 1982 = Dietrich Kuessner: Landesbischof Dr. Helmut Johnsen (1891-1947). Nationaler Lutheraner und Bischof der Mitte in Braunschweig. Büddenstedt: Evangelisches Pfarramt Offleben 1982. [149 Seiten]

---

[83] Hans-Ulrich LUDEWIG: Der Historiker Dietrich Kuessner. Extrablatt zum 75. Geburtstag Kuessners. Abgerufen am 01.05.2021 über das Archiv „Kirche von unten": http://bs.cyty.com/kirche-von-unten/archiv/kvu127/ludewig.pdf

KUESSNER/SAUL 1982 = Dietrich Kuessner / Norbert Saul: Materialsammlung zur Ausstellung „Die ev.-luth. Landeskirche in Braunschweig und der Nationalsozialismus". Braunschweig 1982. [289 Seiten]

KUESSNER 1983a = Dietrich Kuessner: Johannes Schlott (1878-1953). Ein Beispiel deutsch-christlicher Theologie in der Stadt Braunschweig. Braunschweig 1983. [118 Seiten]

KUESSNER 1983b = Dietrich Kuessner: Evangelische Kirche und Nationalsozialismus im Salzgittergebiet. Büddenstedt: Pfarramt Offleben 1983.

KUESSNER 1985 = Dietrich Kuessner: Landesbischof D. Alexander Bernewitz (1863-1935). Vom Baltikum nach Braunschweig. Büddenstedt 1985.

KUESSNER 1987 = „Gib ewigliche Freiheit". Eine Festschrift für Landesbischof D. Gerhard Heintze. Herausgegeben im Auftrag des Freundeskreis der Braunschweiger Kirchen- und Sozialgeschichte von Dietrich Kuessner. Büddenstedt: Selbstverlag 1987. [516 Seiten]

KUESSNER/ROLOFF/VÖGEL 1988 = Dietrich Kuessner / Ernst-August Roloff / Bernhild Vögel: „Kristallnacht" und Antisemitismus im Braunschweiger Land. Drei Vorträge im November 1988. [Büddenstedt-Offleben] 1988.

KUESSNER/VÖGEL 1988 = Dietrich Kuessner/Bernhild Vögel: Vom Antisemitismus zur Reichspogromnacht. Zwei Vorträge. [Volkshochschule Salzgitter, Arbeitskreis Stadtgeschichte] 1988. [52 Seiten]

KUESSNER 1991 = Dietrich Kuessner: Die Deutsche Evangelische Kirche und der Russlandfeldzug. Eine Arbeitshilfe. Zweite, durchgesehene und geringfügig ergänzte Auflage. (Druck: Haus der Kirchlichen Dienste, Braunschweig). Offleben: Selbstverlag des Verfassers 1991. [Din A 4; 130 Seiten]

LUDEWIG/KUESSNER 2000 = Hans-Ulrich Ludewig/Dietrich Kuessner. „Es sei also jeder gewarnt". Das Sondergericht Braunschweig 1933-1945. Braunschweig: Braunschweigischer Geschichtsverein 2000.

KUESSNER 2007 = Dietrich Kuessner: Das Braunschweigische Gesangbuch. Anfragen und Beobachtungen zu seiner Geschichte und Gestalt von der Reformation bis heute. Braunschweig 2007.

KUESSNER/OHNEZEIT/OTTE 2008 = Dietrich Kuessner / Maik Ohnezeit / Wulf Otte: Von der Monarchie zur Demokratie. Anmerkungen zur Novemberrevolution 1918/19 in Braunschweig und im Reich. Wendeburg: Krebs 2008.

KUESSNER 2012 = Dietrich Kuessner: Ansichten einer versunkenen Stadt. Die Braunschweiger Stadtkirchen 1933-1950. Wendeburg: Krebs 2012.

KUESSNER 2014 = Dietrich Kuessner (Hg.): Die Braunschweiger Landeskirche in den 70er Jahren und ihr Bischof Gerhard Heintze. Wendeburg: Krebs 2014.

KUESSNER 2019 = Dietrich Kuessner: Hitler in der Rolle eines christlichen Staatsmannes. Ein Beitrag zum Hitlerbild in der Deutschen Evangelischen Kirche und zu christlichen Mitte. Braunschweig: Selbstverlag 2019. [138 Seiten]

Kurt Reuber (1906-1944): „Madonna mit Kind", Weihnachten 1943

Reihe
Kirche & Weltkrieg

Band 1
Katholische Diskurse über Krieg und Frieden vor 1914
Ausgewählte Forschungen nebst Quellentexten
Norderstedt 2020 – ISBN: 978-3-7526-7268-8

Band 2
Protestantismus und Erster Weltkrieg
Aufsätze, Quellen und Propagandabilder
Norderstedt 2020 – ISBN: 978-3-7526-0414-6

Band 3
Frieden im Niemandsland
Die Minderheit der christlichen Botschafter
im Ersten Weltkrieg – Ein Lesebuch
Norderstedt 2021 – ISBN: 978-3-7534-0205-5

Band 4
Katholizismus und Erster Weltkrieg
Forschungen und ausgewählte Quellentexte
Norderstedt 2021 – ISBN: 978-3-7534-2805-5

Band 5
Franziskus Maria Stratmann O.P.
Weltkirche und Weltfriede
Katholische Gedanken zum Kriegs- und Friedensproblem
Norderstedt 2021 – ISBN: 978-3-7534-3993-8

Band 6
Adolf von Harnack
Schriften über Krieg und Christentum.
„Militia Christi" (1905) und Texte mit Bezug zum Ersten Weltkrieg
Norderstedt 2021 – ISBN: 978-3-7534-1759-2

Books on Demand – https://www.bod.de/buchshop/

Internetseite zum Editionsprojekt
https://kircheundweltkrieg.wordpress.com/